CRISES EMPRESARIAIS
Com a Opinião Pública

Como evitá-las e administrá-las

Casos e Histórias

Roberto de Castro Neves

CRISES EMPRESARIAIS
Com a Opinião Pública

Como evitá-las e administrá-las

Casos e Histórias

MAUAD

www.imagemempresarial.com
rcneves@attglobal.net

Direitos desta edição reservados à
MAUAD Editora Ltda.
Av. Treze de Maio, 13, Grupo 507 a 509 – Centro
CEP 20031-007 – Rio de Janeiro – RJ
Tel.: (21) 2533.7422 – Fax: (21) 2220.4451
mauad@mauad.com.br
www.mauad.com.br

Projeto Gráfico:
Núcleo de Arte/Mauad Editora

Revisão:
Sandra Pássaro

Foto do autor:
Doris Rocha Bonini

CATALOGAÇÃO NA FONTE
DEPARTAMENTO NACIONAL DO LIVRO

N518c

Neves, Roberto de Castro

Crises empresariais com a opinião pública: como evitá-las e administrá-las / Roberto de Castro Neves. – Rio de Janeiro: Mauad, 2002.

248p. ; 16cm x 23cm

ISBN 85-7478-085-5

Inclui bibliografia

1.Crises. 2. Administração de empresas — Estudo de casos. I. Título.

CDD – 658.15

Para

Doris, a companheira de viagem e de tantos sonhos;

Bel e José Roberto, Mirelle e Dado, Ciça, Monica e Bruno – os filhos;

Regina, a querida irmã.

Índice

Capítulo SETE – O que fazer DURANTE a crise

CAPÍTULO UM

PARA INÍCIO DE CONVERSA

1. Crises são Coisas da Vida

Johnson & Johnson, *IBM*, Petrobras, Clínica *Santé*, *Carrefour*, *Exxon*, Padaria do Seu Joaquim, *Air France*, Escola Base, *Nike*, *Schering*, *Bayer*, TAM, *ATT*, *Light, Coca-Cola...* Diga lá, você que é um(a) leitor(a) atento(a), o que essas empresas têm de diferenças e o que elas têm em comum?

Claro, do mesmo ramo de negócios, essas empresas não são – acertou! Essa era fácil.

Também não têm a mesma nacionalidade – muito bem!

Ok, têm tamanhos diferentes, faturamento, número de empregados – ótimo!

Isto tudo são diferenças. E o que é que elas têm em comum?

Beleza, cara! Certamente você se valeu do título do livro, mas tudo bem. O que essas empresas têm em comum é que elas já passaram por maus momentos na vida. Vivenciaram crises com a Opinião Pública. Enfrentaram a fúria do dragão. E, portanto, comeram o pão que o diabo amassou.

Ensinamento inaugural:

Qualquer empresa, independentemente de tamanho, ramo de atividade, origem, reputação, cor dos olhos, etc. pode vir a enfrentar uma crise com a Opinião Pública.

E um corolário deste ensinamento que vale como estímulo para você continuar me prestigiando com a sua leitura:

Se a sua empresa ainda não foi contemplada, não fique vaidoso(a), achando que isso se deve a méritos seus; nem supervalorize o trabalho do seu santo protetor; nem fique deprimido(a) por não ter o que contar

nas reuniões com seus pares: fique frio(a), seu dia chegará. Está escrito nas estrelas.

Veja bem, nada contra você. Saiba também que não sou chegado a jogar pragas ao ar, nem estou querendo vender serviços. É uma convicção construída em alguns anos de janela e de estrada, de casos e mais casos analisados. Acho que antes de terminar a leitura deste trabalho, você estará me dando razão.

2. Crises Empresariais Internas e Crises Empresariais com a Opinião Pública

O cotidiano empresarial é feito de crises. Não há céus de brigadeiro, nem mares de almirante no dia-a-dia do(a) empresário(a) ou do(a) executivo(a). Tédio, nem se fala. Sua rotina é apagar incêndios todos os dias. Uns, fogaréus; outros, fogueirinhas, mas sempre incêndios. Quando o empresário(a) ou executivo(a) se sente entediado(a) ou boceja, é sinal de que uma grande crise está a caminho e ele(a) não sabe. Questão de tempo.

Qualquer empresa moderna, medianamente estruturada, está preparada para enfrentar situações, tais como, desvalorização brusca da moeda, saída de um alto executivo para o concorrente, fracasso nas vendas de um produto recém-anunciado, perda de uma concorrência importante, falência de um cliente significativo. Todos estes – chamemos assim – "contratempos" fazem parte do chamado "*business as usual*", isto é, coisas da vida empresarial, rotina, cavacos do ofício. Embora esses "contratempos" possam injetar adrenalina no sistema e requerer doses extras de energia gerencial, cada um desses eventos certamente está considerado como uma real possibilidade nos processos de planejamento e de análise de riscos das organizações. Na maioria dos casos, as empresas têm, para esses "contratempos", um Plano B com pulos de gato e compensações. Quando ocorrem, a empresa sabe o que, como, quando fazer e quem deve comandar o esforço para trazer de volta a organização à normalidade operacional.

Todos os exemplos citados antes do parêntese acima – e seus similares – são **Crises Empresariais Internas**. Entretanto, nem sempre se transformam em **Crises Empresariais com a Opinião Pública** ainda que suas existências possam chegar ao conhecimento do mundo externo à organização e/ ou mesmo que afetem um ou outro interesse de terceiros.

Outro parêntese. Para facilitar a nossa vida, minha e sua, leitor(a), vamos doravante chamar, dependendo da conveniência, **Crise Empresarial Interna** de **CEI** e **Crise Empresarial com a Opinião Pública** de **CEOP**. Combinado? Fecha o parêntese.

Comecemos nossa conversa dando nome aos bois.

O que se entende por **Crise Empresarial com a Opinião Pública** é uma situação que surge quando algo feito – ou deixado de fazer – pela organização ou de sua responsabilidade afeta ou afetou ou poderá afetar interesses de públicos relacionados à empresa e o acontecimento tem repercussão negativa junto à Opinião Pública.

Parece complicado, né? Né, não. Mais tarde a gente vai dissecar esta definição e você vai ver como é simples. Por enquanto é importante dizer que, entre esses interesses estão o patrimônio ou a segurança ou a saúde ou a vida ou o bem-estar ou os direitos ou os princípios ou as crenças; e que os públicos que normalmente se relacionam com a empresa são consumidores, empregados, acionistas, fornecedores, comunidades, grupos de interesse, legisladores, mídia, etc. No jargão, são conhecidos internacionalmente por "*stakeholders*" e, neste trabalho, serão doravante chamados "constituintes".

3. Empresas, Opinião Pública, Conflitos: Ninguém é mais o Mesmo

O conflito entre a atividade empresarial e a Opinião Pública é antigo. A História Universal registra grandes barracos. Jesus Cristo rodou a baiana com os comerciantes no templo. Na Idade Média, mercadores eram linchados em praça pública sob a acusação de estarem enganando seus clientes. A literatura está cheia de empresas que enfrentaram revoltas populares. Portanto, **Crises Empresariais com a Opinião Pública** – as **CEOPs** – não são novidade.

Mas muita coisa mudou ao longo da História, principalmente nos últimos cem anos. Mudanças produzidas principalmente pelo avanço tecnológico e pela evolução da conscientização social. Por conta disso, empresas e Opinião Pública mudaram em suas essências. Como tudo mais.

As empresas, da água para o vinho. Lá pelos idos tempos dos *robber barons*, um dos mais importantes líderes empresariais americanos à época, disse: "A Opinião Pública que se dane". Embora ainda haja hoje seguidores do velho *Vanderbilt* – o autor da pérola –, a turma maneirou. A Opinião Pública, por sua vez, mudou seu perfil e nível cultural. Melhorou sua capacidade de organizar-se, de reivindicar e de participar. Aperfeiçoou seu instrumental de combate. Embora ainda tenha rompantes semelhantes aos que tinha na Idade Média, sofisticou o processo de formação de sua opinião. Em suma: tirante a instabilidade emocional, a Opinião Pública de nossos dias não tem nada a ver com a Opinião Pública de tempos atrás. É outra coisa. Idem o caráter dos conflitos, isto é, das crises empresariais em si, tanto em extensão, em profundidade e repercussão como em viabilidade.

"Viabilidade", o que vem a ser isto?

É o seguinte: há cem anos não existia um petroleiro com a capacidade para transportar 10 milhões de galões de petróleo. Não havia como construir um tanque com tal capacidade. Logo, um acidente como o de *Valdez*, no Alasca, em 1989, seria impossível acontecer no início do século 20 por inexistência de meios. Nem algo parecido com a explosão da nave espacial *Challenger*, ocorrida em 1986. Ou os problemas com vazamento em usinas nucleares como a de *Three Mile Island*, em 1979, e *Chernobyl*, em 1986. Hoje, acidentes do gênero são viáveis.

4. A Tecnologia democratizou o Acesso à Informação

Atualmente, canais internacionais de televisão espiam, como as câmeras do *Big Brother* imaginadas por *George Orwell*, cada canto do mundo durante 24 horas. Não há o que não seja percebido e imediatamente reportado a todo mundo sem exclusividade de público: queda de um avião, morte de uma celebridade, a descoberta de um escândalo. Pela internet, qualquer pessoa pode acessar informações – tempos atrás reservadas às elites – e participar da conversa. No que tange a empresas, nada que elas façam pode ser escondido dos olhos do mundo e eximido do julgamento da Opinião Pública.

5. A Tecnologia deu Velocidade ao Deslocamento da Informação

Na madrugada de 31 de agosto de 1997, estava eu assistindo, na minha casa, no Rio de Janeiro, à *CNN* quando a programação foi interrompida para mostrar imagens diretamente da *Pont l'Alma*, em Paris, onde acabara de acontecer o acidente com a *Ladi Di*. É bem provável que eu e a torcida do Flamengo tenhamos ficado sabendo da morte da princesa antes do pessoal no Palácio de *Buckinghan*, em Londres. Vale dizer que ficamos sabendo do fato antes daqueles que iriam gerenciar a crise recém-iniciada. Há cem anos, algo que acontecesse no Alasca, levaria dias para ser conhecido nos grandes centros. Outros tantos para ser repercutido. Não havia imagem para transportar a dimensão exata do que foi o acidente de *Valdez* em termos de agressão à natureza. Com a mídia observando o que se passa no mundo ininterruptamente, 24 horas por dia, pode acontecer que uma empresa venha a saber muito depois da torcida do Flamengo que o seu produto principal, seis sigma, o xodó da organização, campeoníssimo de vendas, provocou mortes de consumidores. E é o que mais acontece.

6. A Tecnologia mudou o Processo de Formação da Opinião Pública

Em 1937, quando o *Zeppelin Hindenburg* chocou-se com uma torre e explodiu em *New Jersey*, matando 39 pessoas, um locutor de rádio descrevia emocionado o que só ele via. Nos dias seguintes, jornais publicaram as fotos. Em 11 de setembro de 2001, acompanhamos ao vivo o desabamento das torres do *World Trade Center*. Vimos, ninguém nos contou. Não "vemos" mais apenas ouvindo relatos. Não "vemos" mais apenas vendo fotografias tiradas num momento do passado. Hoje, vemos as coisas em movimento e em tempo real. E recheadas. Durante o desdobramento do atentado ao *World Trade Center*, enquanto víamos na televisão as torres desabando, nossos ouvidos já captavam opiniões de analistas interpretando o acontecido à luz de suas ideologias e de seus interesses. Veja bem, eu disse "durante" e não "na semana seguinte", e não "no dia seguinte", e não "após". Fato, relato, imagem, análise e outros agregados: o pacote com tudo fresquinho e a domicílio.

Também isto: cresceu enormemente a importância e o raio de influência dos formadores de opinião – ou dos "fazedores de cabeças", como queira.

7. Novas Demandas Sociais

Outro fator que aumentou o repertório das **CEOPs** é a ampliação da democracia, tanto no que diz respeito à manifestação de opinião quanto na conscientização e na conquista de novos direitos: direitos trabalhistas, direitos do consumidor, direito das minorias, etc. Novas demandas sociais surgiram. Voltando ao exemplo de *Valdez*, se o acidente tivesse ocorrido no início do século 20, quem iria se importar com o derramamento de óleo acontecido lá nos cafundós de Judas? Quem estaria preocupado com agressões à natureza naqueles tempos? A notícia sairia num canto de página de um jornal e não se falaria mais no assunto. Não precisamos ir tão longe no tempo. Há 20 anos, se um chefe passasse a mão na bunda da funcionária, ai dela se botasse a boca no trombone. Esse chefe seria olhado com admiração pelos colegas e a funcionária não teria alternativa senão ir chorar no banheiro e bico calado.

8. Crises com a Opinião Pública são Evitáveis e Administráveis

Estamos de acordo, leitor(a), que qualquer instituição pode ser vitimada por uma **Crise com a Opinião Pública**. Não precisa ter a magnitude dos Casos *Valdez* (1984), ou *Bhopal* (1984), ou *Chernobyl* (1986), mas encrencas com a grandeza suficiente para produzir belos estragos. Como falamos, se já não aconteceu, mais dia, menos dia, toda organização vai passar por uma crise dessa natureza. Grande ou pequena, simples ou complexa, com seqüelas ou não. Portanto, tire o seu cavalinho da chuva achando que o que vamos falar neste trabalho não lhe interessa nem se aplica à sua empresa. Parece ser uma lei natural, faz parte da biologia empresarial: **CEOPs** acontecem.

Mas a boa notícia é que as **CEOPs**, na sua maioria, podem ser evitadas. E quando isso não for possível, em acontecendo, elas podem ser administradas de forma a reduzir os seus estragos.

E provar isto, mostrar como administrá-las, é o objetivo deste trabalho.

9. A Estratégia da Avestruz e a Presunção da Imunidade

É verdade: as **CEOPs** são administráveis. A questão é que a maioria das organizações não está preparada para administrá-las. Mesmo grandes empresas. Algumas delas fazem o seguinte raciocínio: "somos uma empresa ética, organizada, com bons controles e uma boa imagem na sociedade, pagamos corretamente os impostos, cumprimos rigorosamente as leis, não nos metemos em confusão, temos os melhores advogados, a cobertura de seguros, somos grandes anunciantes, etc. Logo, dificilmente algo de ruim pode nos acontecer. Então por que dar ouvido a esses urubus paranóicos de plantão, arautos do apocalipse, e montar "onerosos" esquemas especiais pra "se um dia..."? Ora, temos mais o que fazer. Vamos nos concentrar no *business*. Xô, sinistrose!".

Por que a presunção da imunidade? – quer você saber.

Vamos diretamente ao ponto, caro(a) leitor(a), sem meias-palavras. Por preguiça, ou por arrogância, ou por ignorância ou por irresponsabilidade ou por tudo junto.

Preguiça, porque não é nenhum bicho-de-sete-cabeças construir um **Sistema de Gerenciamento de Crises** (**SGC**).

Arrogância, porque basta olhar a lista de empresas mostrada no início desse capítulo para concluir que todas as organizações têm vulnerabilidades. Por que não a deles? Também são filhos de Deus. Ou não são? Ou fizeram pacto com o Diabo? Pois fiquem sabendo que até mesmo a *Procter & Gamble* – que segundo seus detratores seria assim, ó, com satanás – ardeu no mármore do inferno.

Ignorância, porque esses moços não sabem que o custo de um planejamento para administração de crises é uma bobagem se comparado com o que a empresa perde por não tê-lo quando o bicho pega.

Irresponsabilidade, por fim, porque as empresas devem estar preparadas para reparar o mais rápido possível danos produzidos a terceiros. Faz parte do moderno conceito de responsabilidade social das empresas estarem preparadas para administrar adequadamente as crises que afetem os interesses dos seus <u>constituintes</u> (consumidores, empregados, acionistas, comunidades, etc.).

Felizmente, você, leitor(a), como eu, não pensa assim. Mas tenha certeza, nós, os "urubus paranóicos de plantão", ainda somos minoria. Digo "ainda", porque felizmente a Idade Média empresarial está chegando ao fim.

10. O Efeito Cadáver na Estrada

Voltando à questão da inércia empresarial, é triste constatar que nem os exemplos de crises que acontecem com outras empresas animam o empresário a tomar providências. Numa palavra: organizar-se. O máximo que acontece é o efeito "cadáver na estrada". Esse efeito consiste no seguinte: o motorista vem sentando pé na estrada. De repente, vê um acidente. No acostamento, um cadáver estendido. Pensa: "este acidente poderia ter acontecido comigo". A reflexão faz com que ele diminua a velocidade. Mas apenas por alguns quilômetros. Logo a imagem do cadáver se desfaz na sua mente e ele volta a correr. Nas empresas, a crise que acontece com as outras organizações pode ser tema de uma reunião de diretoria ou abordada num almoço. É possível até que resulte em algumas providências dentro de casa, em alguns questionamentos internos, levantamentos, etc. Mas logo a burocracia joga água na fervura, a pressão do dia-a-dia toma conta da agenda, baixa de novo o espírito da avestruz, todo mundo esquece o cadáver e, de novo, pau na máquina.

Outra motivação está por trás dessa inércia: a falta de motivação. Explico: criar um **Sistema de Gerência de Crise** (**SGC**) está para executivos assim como fazer obra de esgoto está para administradores públicos. São obras que ninguém vê, ninguém dá valor, não dá para inaugurar, aparecer na mídia. Logo, executivos com visão e projetos pessoais imediatistas não querem nem ouvir falar no assunto. Quando dizem que estão preocupados, não estão sendo sinceros.

11. Nuvens Negras no Céu Empresarial

Mas há nuvens negras se formando no céu empresarial e os urubus – como eu e você – estão mandando todos os dias mensagens do tipo "quem avisa amigo é".

Algumas informações meteorológicas:

Nos últimos anos, em todo mundo, cresceram exponencialmente os processos contra empresas por violações ao meio ambiente. A maioria dos acusados não sabia o que tinha infringido e por que seus nomes estavam no jornal. Teve executivo sendo algemado pensando que a razão das algemas fosse outra.

Mais uma informação importante:

Nos Estados Unidos, pesquisas mostram que cresce entre entrevistados, gente como eu e você, a tese de que os executivos deveriam ser criminalmente responsáveis no caso de violação ambiental. Numa palavra: cadeia neles! Nas mesmas pesquisas, apurou-se que os crimes ambientais são – para aquele universo de entrevistados – mais graves do que práticas monopolísticas (violação da lei antitruste, concorrência desleal), do que espionagem industrial ou do que os chamados "crimes do colarinho-branco". Mesmo acidentes de trabalho têm sido considerados uma infração menor.

Mudou o Natal ou mudou a Opinião Pública?

Mas não é só na área ambiental que a coisa está ficando feia. Uma outra grande pesquisa sobre comportamento do consumidor merece muita reflexão. Perguntados se eles, consumidores, comprariam produtos ou serviços de empresas que cometem certos delitos, 89% desses entrevistados responderam: "NÃO!!! Não compraremos nada de empresas que cometam esses delitos. Que "delitos" são esses? Discriminação de minorias, exploração de trabalho infantil, corrupção, sonegação, operações ilegais.

Noutros tempos, a mesma pesquisa ouviria do consumidor: "se o produto é bom, bonito e barato, tô me lixando se a empresa fez isto ou aquilo".

No Brasil, pesquisas similares têm captado o mesmo sentimento.

Não falei que a Opinião Pública havia mudado?

Outras estatísticas, no mínimo, desagradáveis. Setenta por cento de todas as cartas de ameaça de bombas na Europa são dirigidas a CEOs das grandes empresas. Trinta por cento das atividades terroristas no mundo são dirigidas contra empresas e não contra embaixadas e consulados.

Portanto, esses moços rebeldes precisam saber que organizar-se para enfrentar **Crises Empresariais com Opinião Pública** não é mais uma questão de vontade. Além de ser bom para os negócios, é uma obrigação, um dever, uma postura ética. As legislações em todo o mundo estão fechando o cerco em torno das empresas. Os tribunais, idem. A mídia, nem se fala. Mesmo em sociedades onde há mais tolerância com a atividade empresarial. Nos Estados Unidos, por exemplo, desde 1977, é considerado crime a inexistência de um planejamento que possibilite o retorno da empresa à normalidade operacional em caso de desastres.[1] No Brasil, o direito penal já é o maior pesadelo dos empresários. A não-emissão de uma nota fiscal tem a mesma pena de uma tentativa de homicídio.[2] A crise mundial do sistema capitalista no início do terceiro milênio – inaugurada pelo Caso *Enron* e engordada por vários outros escândalos – certamente não vai resultar no fim do sistema. O que se seguirá será um aperto no cerco sobre empresas e empresários e num menor nível de tolerância da Opinião Pública com elas e com eles.

Esperamos que aquela imagem de executivos saindo algemados durem mais na memória dos que estão soltos do que a de um cadáver na beira da estrada.

12. Gerência de Crises, que Negócio é Esse

O acesso fácil à informação e a velocidade com que hoje ela se desloca, bem como o surgimento de novas demandas na sociedade complicou a administração das crises empresariais. Vale dizer que, se existia uma forma de lidar com elas no passado, isto é, se havia um embrião do que hoje chamamos de "gerência de crise", essa forma não serve mais.

"Gerência de Crises" é uma nova disciplina na ciência do *Management*. Em especial, com relação às **CEOPs**. É um campo complexo e desafiante que exige sensibilidade, habilidades e conhecimentos diferentes daqueles que resolvem a maioria das **Crises Empresariais Internas**. Está mais para as ciências humanas do que para as exatas. Por ser nova, a construção da disciplina vem sendo feita com material retirado dos escombros de crises que se abateram sobre organizações, de estudo desses casos, enfim, com a desgraça dos outros. Cada crise que acontece no mundo empresarial, bombeiros e pesquisadores escavam o local em busca de caixas-pretas. O que se descobre, é analisado e sistematizado.

Aprendeu-se muito do tema nos últimos 20 anos. Mas, diante da complexidade do assunto, ainda há muito que se aprender. Pra falar a verdade, estamos engatinhando na matéria.

Para iniciar a nossa conversa, vamos adiantar duas descobertas nessas escavações. Na Gerência de **Crises Empresariais com a Opinião Pública** é mandatório ter:

Primeiro, credibilidade, reputação, bons antecedentes, enfim, um estoque de boa vontade entre os principais constituintes. Estamos falando de **Imagem Empresarial**, algo que se constrói ao longo de anos, décadas através de trabalho paciente e disciplinado. A boa **Imagem Empresarial** não livra a cara de ninguém quanto à possibilidade de envolver-se numa **CEOP**. Não cria imunidades. Mas ajuda muito a sair dela, economiza tempo e dinheiro. Se tiver credibilidade, mesmo que a empresa seja culpada, vai encontrar mais tolerância por parte da mídia e dos outros públicos. Se não tiver credibilidade, ainda que seja inocente, danou-se. Se a sua empresa está bem neste quesito, você tem meio caminho andado. Se não tem boa imagem, huuuum... Cala-te, boca!

Ainda sobre o valor da **Imagem Empresarial**. Numa crise, se a empresa tiver que perder muito, que esse "muito" seja tudo – dinheiro, tempo, paciência, saúde – menos a reputação. Que seja "dinheiro", por exemplo. "Dinheiro" se recupera de outras formas e mais rápido. "Reputação", pra ser recuperada – quando é possível – leva tempo. E não há dinheiro que a recompre. A "reputação" é a única alavanca que uma empresa tem após uma crise para trazê-la de volta ao mundo dos bons.

Segundo, planejamento. Se a empresa não tiver um **Sistema de Comunicação Empresarial Integrada**, tendo embutido um **Sistema de Gerência de Crise** (**SGC**), precisa ter, pelo menos, um plano de contingência. A gente vai falar dessas opções mais à frente.

13. Este Trabalho

Para estar lendo este livro, você deve ser empresário ou executivo ou jornalista ou interessado em Comunicação Empresarial – relações públicas, publicitário, assessor de imprensa –, profissional ou professor ou aluno de alguma dessas disciplinas. Se não é nada disso, você pode estar de cama, sem nada pra ler e uma alma caridosa, pensando em estar lhe fazendo um favor, emprestou-lhe este tijolo.

Quem quer que seja você, gostaria de terminar este início de conversa falando-lhe sobre o meu Credo. Creio que muitos dos problemas da humanidade poderiam ser resolvidos ou controlados se a comunicação entre os vários segmentos da sociedade fosse de boa qualidade. Não é. Está longe de ser. Nações se comunicam mal. Governos se comunicam mal. Empresas, instituições de todas as naturezas, categorias profissionais – se comunicam mal. Quer saber do pior? Comunicadores se comunicam mal. E mais essa.

Uma das perversas conseqüências dessa comunicação de má qualidade é que todos nós nos entreolhamos com muita reserva. Estamos sempre com o pé atrás em relação ao outro. Para ficar apenas no nosso mundinho, empresas e empresários têm com relação a segmentos em sua volta – mídia, políticos, acadêmicos, ong's, sindicatos – fortes preconceitos. E a recíproca é verdadeira. Empresas e empresários são mal vistos pelos demais companheiros de universo. Resultado: o ambiente está em estado de tensão permanente. Em pé de guerra. As crises entre os segmentos estão prontinhas pra explodir. A palha seca espera apenas uma brasa e um ventinho pra virar um fogaréu.

Creio nisso.

Este trabalho dá continuidade e – de certa forma – complementa dois livros anteriores: **IMAGEM EMPRESARIAL – Como as organizações [e as pessoas] podem proteger e tirar partido do seu maior patrimônio** – e **COMUNICAÇÃO EMPRESARIAL INTEGRADA**, publicados em 1998 e 2000 respectivamente pela Editora Mauad e ambos já reeditados. Enquanto o primeiro trabalho faz uma varredura de conceitos e de teorias em torno da Comunicação Empresarial, o segundo se dedica ao estudo de processos que a integram e fazem a coisa toda funcionar. Este trabalho, **CRISES EMPRESARIAIS COM A OPINIÃO PÚBLICA**, se aprofunda no problema agudo e doloroso na vida empresarial – o fogaréu – responsável por enormes perdas para a sociedade como um todo. No conjunto dos três trabalhos – ou em cada um deles em separado – a proposta é a mesma: contribuir para conscientização dos leitores quanto à necessidade de investir em comunicação para sucesso dos negócios e até mesmo no campo pessoal.

O livro está organizado em nove capítulos. Quatro deles cobrem a parte – chamemos assim – "teórica" da disciplina; três, ao focalizar "o que fazer" nos momentos de uma crise – ANTES, DURANTE e DEPOIS – reúnem sugestões de como pôr a mão na massa ; o primeiro capítulo é de introdução ao tema e o último, de desfecho. Ao longo dos capítulos, você vai encontrar casos e histórias relacionadas a crises empresariais. Não houve a intenção de aprofundar-se muito nos casos. O objetivo foi apenas dar uma geral e recolher elementos que pudessem ser associados às questões teóricas. A propósito: foram pesquisados e analisados em torno de uma centena de casos.

O(a) leitor(a) certamente vai notar que casos com empresas estrangeiras – principalmente americanas – são mais citados do que casos com empresas brasileiras. A razão é que a documentação referente às empresas estrangeiras é farta e acessível. Há muita literatura a respeito e fontes para serem citadas. Quanto às crises vividas por empresas brasileiras, infelizmente, a documentação não é tão generosa. A principal – e muitas vezes, a única – fonte é a mídia. Baseando-me apenas em noticiário de jornal, sem ouvir as empresas – o que também é muito difícil no Brasil – poderia estar cometendo injustiças e introduzindo ruídos na discussão do tema.

Espero que você goste deste trabalho. Se for empresário ou executivo encontrará material para uma boa reflexão. Se for alguém interessado em Comunicação Empresarial, acho que o livro vai ter bastante utilidade. Há muitos conselhos e recomendações de especialistas no tema. Gente que viu o dragão de perto. Falou com ele. Sentiu seu bafo. E se você for aquele que agora está de cama, e que não tem outra alternativa senão encarar este tijolo, sugiro que se concentre nos casos e histórias. Os ensinamentos que estão ali valem pra qualquer um. Ah! E melhoras!

CAPÍTULO DOIS

CRISES EMPRESARIAIS COM A OPINIÃO PÚBLICA

14. O Caso *EXXON-VALDEZ – An Affair to Remember*

Valdez, por sua beleza natural, era conhecida como a "pequena Suíça do Alasca". Na primavera, era o lugar procurado pelas baleias, salmões, pássaros marítimos, espécies que as pessoas nem imaginam existirem. Pois bem, foi nesse paraíso ecológico, único no mundo, que, no dia, 24 de março de 1989, um petroleiro da *EXXON* – então uma das 5 maiores empresas dos EUA (faturamento de 80 bilhões de dólares) – se chocou com o "*Bligh Reef*", um gigantesco *iceberg* de 10 quilômetros de comprimento. O choque furou o casco do petroleiro provocando o vazamento de 10 milhões de galões (260 mil barris) de óleo. Uma área de 7 quilômetros de comprimento foi atingida. Estima-se que 600 mil pássaros, 2.800 lontras, 22 baleias, bilhões de salmões e ovas de arenque pereceram por causa do vazamento. Um horror.

Se sem fazer nada, as empresas de petróleo já são criticadas, imagine, leitor(a), numa situação dessas.

O mundo veio abaixo. A empresa foi atacada por todos os públicos conhecidos. A mídia caiu de pau com força total; governo e políticos tiraram seu sarro; formadores de opinião – como acontece nessas horas – babando, correram para os *talk-shows*; clientes boicotaram produtos da empresa; organizações não-governamentais dedicadas às questões ambientais, agradecendo a Deus pelo cadáver que precisavam para o *marketing* da causa, fizeram carnaval. Enfim, não houve quem não ficasse contra a *EXXON*. No mundo todo. Principalmente dentro dos Estados Unidos.

Passados mais de dez anos do acidente, tendo a empresa desembolsado 5 bilhões de dólares em indenizações a pescadores da região, o local já está limpo mas a imagem da instituição continua manchada. O Caso *EXXON-Valdez* ainda é – disparado – o mais citado, o mais estudado e dissecado nas universidades e na literatura empresarial.

Mas *EXXON-Valdez* não é um grande caso de vazamento de óleo e de desastre ecológico. Num *ranking* mundial de grandeza de vazamentos, ele ocupa um modesto trigésimo lugar. Até o momento desta publicação, disputam o primeiro lugar no *ranking* um ocorrido em 1978 – portanto antes de *Valdez* – quando a *AMOCO CADIZ* despejou 70 milhões de galões de óleo na costa da França; e outro, em 1995 – depois de *Valdez* – no oceano Ártico, produzido por uma empresa russa e calculado em 80 milhões de galões. Aconteceram outros acidentes, além dos acima citados, antes e depois de *Valdez*, também de maior grandeza. Entretanto, em nenhum deles, o rebu foi de perto parecido.

Se foi assim a pergunta que você deve estar fazendo é por que o Caso *EXXON-Valdez* tomou tamanha proporção e desperta ainda tanto interesse. A resposta é que, mesmo não sendo um dos primeiros do *ranking* em desastres ecológicos, *EXXON-Valdez* é um grande caso de desastre de administração de **Crise Empresarial com a Opinião Pública.**

Comecemos a analisar o caso levantando a primeira questão:

Quão preparada estava a empresa para uma crise como aquela?

Cara, acredite, numa escala de 0 a 10, zero.

Incrível, né? Em 1989, uma empresa de 80 bilhões de dólares, cruzando dia e noite os mares e oceanos com gigantescos petroleiros, havendo já precedentes de vazamentos, não ter um plano de emergência, um '*just in case*', é mais um elemento para questionar-se a propalada competência das grandes corporações. E olha que eles dispunham de um batalhão de Relações Públicas...

Vimos que a disciplina conhecida por Gerência de Crises é coisa nova. Está ainda engatinhando. E o Caso *EXXON-Valdez* foi um dos grandes contribuidores para a sua formação. As linhas-mestras para uma administração de crises, muitos ensinamentos importantes – sobretudo com relação ao "o que não-fazer nessas horas" – foram extraídos dessa vexaminosa experiência que provocou rombos no patrimônio da empresa infinitamente maiores do que aquele no casco do seu petroleiro.

Principais erros da *EXXON* na administração da crise:

1. Lentidão em agir e em comunicar-se com a Opinião Pública. Bem atrasada, a *EXXON* resolveu fazer um anúncio de página inteira nos jornais dizendo lamentar o acidente mas sem assumir a responsabilidade.

2. Tentar tapar o sol com a peneira. Nos *releases* inicialmente liberados pela empresa, buscou-se passar para a Opinião Pública a impressão de que a situação estava sob controle e que os danos ambientais eram pequenos. Uma mixaria.
3. Procurou-se também empurrar a culpa pela colisão para o comandante do petroleiro. Nessas horas, a fulanização só piora aos coisas. "Sobrou para o pobre coitado" – foi o que acabou rolando no boca-a-boca.
4. A percepção geral foi que a *EXXON* não quis assumir publicamente a responsabilidade. Houve sugestões de que a cúpula tomasse a atitude que os japoneses – excluindo o haraquiri – tomariam em situações semelhantes: assumir a responsabilidade e renunciar ao cargo.
5. Não estavam preparados para enfrentar o vazamento. Não havia "brigadas de incêndio", nem processos "em caso de". As operações de socorro foram improvisadas.
6. A *EXXON* tinha um excelente ("excelente"? – Deus que me perdoe!) departamento de RP com muitos recursos e experiência. Mas não estava preparado para crises. Pergunta você para que serve então um departamento de RP: para promover festas, oba-oba, pra distribuir "santinhos"? *Touché*, cara!
7. Arrogância. No processo, a posição do *Top Management* foi de auto-suficiência. Achavam que podiam administrar o problema sozinhos. Não perceberam o atoleiro no qual tinham se metido.
8. A impressão é que pensaram mais em custos do que numa solução. "Pensar" não foi bem o problema, mas deixar isto claro, através de atitudes, palavras e obras, foi. Pegou muito mal.
9. Porta-vozes despreparados. De início, a *EXXON* tentou dizer que o problema era da *EXXON Shipping Company*, uma subsidiária responsável pelo transporte do óleo. Não quiseram falar no assunto. Perguntados se o Presidente da empresa daria uma entrevista à TV, foi dito que "ele não tinha tempo para essas coisas".
10. Não cooperaram com a imprensa.
11. Não colaboraram com o Governo. Pelo contrário. Fizeram ostensivo *lobby* contra a aprovação da lei "*Oil Pollution Act*" – uma iniciativa legislativa que surgiu decorrente do acidente.
12. Perderam oportunidade de fazer um belo trabalho de RP. Muitos consultores sugeriram que envolvessem o público (voluntários) na operação de limpeza (*clean up*) da área. Havia muita gente – jovens, principalmente –

querendo ajudar. Vários consultores recomendaram usar estudantes. Eles poderiam, em dois ou três dias, ajudar lavando as pedras, salvando pássaros, etc. Esse gesto envolveria milhares de americanos e mesmo voluntários de outros países. O boca-a-boca teria sido positivo. E o custo dessa operação seria uma merreca comparado com os 3 bilhões de dólares gastos até então em iniciativas de pouca visibilidade e que não funcionaram.

13. Perderam oportunidade de aproximar-se dos ambientalistas, um constituinte importantíssimo para os negócios da empresa. A *EXXON* os hostilizou e negou qualquer ajuda. Somente muito mais tarde começou a patrocinar estudos e projetos ambientais. Tarde demais. A atitude foi entendida como "cala-boca".

14. RPs perderam a batalha interna para os advogados e para os financeiros. Noutras palavras, a Comunicação Empresarial não estava integrada. Aliás, o que existia na área de comunicação não era lá essas coisas.

15. Postura do Número 1 foi um desastre dentro do desastre. *Lawrence G. Rawl*, executivo operacionalmente de indiscutível competência mas conhecido por seu desprezo pela mídia e pelo horror aos holofotes. Recusou-se a ir até o local do acidente por considerar-se "tecnologicamente obsoleto". Está bom, o homem estava sendo sincero mas é a franqueza usada na hora errada. Somente seis dias depois do ocorrido, com o tema já incendiando a Opinião Pública, é que *Rawl* aceitou a recomendação de seus assessores para ir à televisão e explicar-se. Sua participação, entretanto, piorou mais ainda a situação. Numa exposição em que fez questão de mostrar-se frio, orientado pelos advogados para não dizer nada que pudesse incriminar-se – ou incriminar a empresa – falou sobre produtos químicos que estavam sendo usados para limpar a área e da ação da empresa como sendo uma "gentileza". Somente três semanas depois do acidente *Rawl* se dignou a ir ao local para dar uma espiada. A visita virou galhofa. Prato cheio para os cartunistas.

16. A decisão de ter colocado a Central de Imprensa em *Valdez* foi muito criticada pelas limitadas condições de comunicação. Essa decisão foi interpretada como uma forma de dificultar o trabalho da mídia. Bem, aqui já tem um pouco de "joga pedra na Geni". Se a decisão fosse colocar o centro em *New York* ou em *Houston*, diriam que a empresa queria afastar a mídia do local do acidente. É isso aí: se vai pro Alasca o bicho pega, se fica em *Houston* o bicho come.

Enfim, o Caso *EXXON-Valdez* é uma conversa pra muito chope. [3]

15. Crise: Definição e Conceito – a Metáfora

A palavra "crise" vem do grego *krisis* ("decisão", "julgamento") e é parente do verbo *krinein* ("julgar", "decidir", "separar"). A família desembarcou no idioma português através dos substantivos "crise", "crítica" e "critério" e derivados.

Entende-se por "crise" um momento crítico, decisivo que normalmente sucede a uma ruptura do *status quo*. A palavra foi primeiramente usada pela Medicina como "o momento que define a evolução de uma doença para a cura ou para a morte". Mais tarde, ainda na Medicina, a expressão passou também a ser usada para nomear distúrbios funcionais ou de agravamento de uma doença ou do surgimento de súbitos desequilíbrios. Modernamente, a palavra "crise" foi chupada por várias outras áreas – economia, política, sociologia, história, psicologia, etc – como definição ou representação de momentos nos seus respectivos campos em que as coisas saem dos trilhos – seja na forma de ruptura, ou de desequilíbrios funcionais, ou de alteração de curso, ou de agravamento de situações, ou de desorganização, ou de desarrumação, ou de tensão, ou de conflito ou tudo junto – e que não se tenha total controle sobre os desdobramentos. Crise é isto.

A Ciência da Administração também adotou a palavra e a metáfora para definir fenômenos parecidos que ocorrem no mundo empresarial.

16. Crises Empresariais com a Opinião Pública

No capítulo anterior, tivemos oportunidade de definir uma **CEOP** como uma situação que surge quando algo feito pela organização – ou deixado de fazer – ou de sua responsabilidade afeta ou afetou ou poderá afetar interesses de públicos relacionados à empresa e o acontecimento tem repercussão negativa junto à Opinião Pública.

Portanto, são quatro os elementos que compõem uma **CEOP**:

(1) Algo feito pela organização – ou deixado de fazer – ou de sua responsabilidade.

(2) Interesses afetados.

(3) Públicos relacionados à empresa (constituintes).

(4) Repercussão negativa junto à Opinião Pública.

Analisemos cada um desses elementos.

(1) Algo feito pela organização – ou deixado de fazer – ou de sua responsabilidade. O que seria isto? Ora, tudo que ela possa fazer – ou deixar de fazer, desde o que consta da sua razão social – seus produtos e serviços – até coisas de outras naturezas tais como atividades, credos, políticas, decisões, atitudes, opções, intenções, declarações, apoios, ações/omissões, operações, obras, etc. Em suma, este elemento, o "algo feito" ou "deixado de fazer" ou "algo de sua responsabilidade", é o fato gerador da crise, a razão da querela, a "prova do crime", o vilão da história, aquilo que detona o processo junto a Opinião Pública. Exemplos: um produto estragado – ou sob suspeita – um compromisso não-respeitado pela empresa, a omissão de uma contra-indicação na bula de um medicamento, uma agressão ao meio ambiente, uma declaração infeliz de um dirigente, um apoio a uma causa polêmica, o assédio sexual de um gerente. Em geral, é isto. Ah, importante lembrar: esses "fatos" não precisam estar provados. Como veremos, muitos dos "fatos" em importantes **CEOPs** não passaram de suspeitas, boatos, inferências, delírios, acusações criminosas, etc. Ainda tem essa.

(2) Interesses (dos constituintes) afetados. Quais seriam esses interesses? Muitas coisas: integridade física, saúde, emprego, segurança, moral, direitos, princípios, crença, patrimônio, boa-fé, bem-estar, etc. Este elemento corresponde ao bem lesado ou danificado ou prejudicado ou ameaçado por algo feito – ou deixado de fazer – pela empresa. Está claro?

(3) Públicos relacionados à empresa (constituintes ou *stakeholders*). Quem são eles? Você sabe: clientes, consumidores, usuários, empregados, fornecedores, acionistas, sindicatos, associações, grupos de interesse, autoridades, políticos, mídia, legisladores, magistrados, concorrentes, comunidades, segmentos sociais, grupos raciais, grupos religiosos, minorias, ufa!, etc. Este elemento é o segmento da Opinião Pública que se sente prejudicado ou ofendido física ou moralmente pelo "algo feito ou deixado de fazer". São os reclamantes – e até prova em contrário e, às vezes, até mesmo com provas em contrário –, as vítimas.

(4) Repercussão negativa junto à Opinião Pública. Este é um importante diferencial das **CEOPs**. A crise não só foi para a rua como causou desagrado, desconforto, repúdio, raiva. Em poucas palavras, a empresa ficou mal, teve a sua imagem abalada, sua reputação posta em questão na boca do povo.

Não falei que iria ficar mais fácil de ser entendida quando a gente detalhasse a definição?

Vamos em frente.

Como mencionamos, a rotina empresarial consiste em administrar crises. Apagar incêndios. O aumento brusco do preço do petróleo que incidirá sobre os custos; o cancelamento inesperado de um grande contrato; os resultados das vendas muito abaixo do esperado; o fracasso de um produto recém-anunciado e que seria a salvação da lavoura da temporada.

A pergunta é: todos esses exemplos – que são sabidamente **Crises Empresariais Internas** – são também **CEOPs** ?

Não, não são. Por que não? Porque nenhum dos exemplos mencionados tem os elementos constantes da nossa definição. A empresa pode administrar bem – ou mesmo, mal – esses problemas e ninguém ficar sabendo que eles existiram como, aliás, acontece com uma infinidade de **Crises Empresariais Internas**. Não foram para a rua. E se foram, ninguém deu a mínima.

Mas, se na tentativa de equacionar esses mesmos problemas a empresa fizer algo que afete os interesses de constituintes e que isto tenha repercussão negativa junto a Opinião Pública, aquilo que era até então uma **crise interna** se transforma numa **CEOP**. Por exemplo, se para compensar o aumento dos custos provocado pelo aumento da gasolina, ela decide maquiar seus produtos, a possibilidade de vir a ter conflitos com consumidores é grande e de que isto resulte em publicidade negativa, também. Temos no exemplo todos os elementos da **CEOP**: o fato gerador, o interesse lesado, a vítima e o rolo formado. Bingo, bingo, bingo e bingo.

O exemplo usado – da maquiagem – fica fácil de ser entendido porque se trata de uma ação criminosa. Mas a empresa poderia ter tomado uma ação legítima para compensar o aumento da gasolina – por exemplo, demitir funcionários, cancelar contratos de fornecimento, etc. – e também se meter numa enrascada.

A diferenciação entre **CEIs** e **CEOPs** não é masturbação intelectual. Tem conseqüências de ordem prática. Embora tenham muitas semelhanças, as **CEOPs** têm elementos – como, por exemplo, a lesão de interesses de constituintes bem como a repercussão negativa junto a Opinião Pública –, que requerem um tratamento especializado. Noutras palavras, as fogueiras parecem ser iguais mas os bombeiros são outros e os extintores, também. Técnicos e engenheiros estão habilitados para resolver o problema do vazamento de uma usina nuclear mas não levam o menor jeito para tourear a Opinião Pública enfurecida. Muitas **CEOPs** têm sido agravadas porque essa diferenciação não foi percebida pelas empresas ou porque demorou a cair a ficha. Os problemas pertencem a enfermarias diferentes.

Alguns autores inserem na definição da "crise empresarial" o elemento "perda de controle" como uma constante. É verdade. Na maioria das **CEOPs**, momentânea ou por longo período, o controle da situação pela empresa é perdido. Mas não é verdade que tão logo o controle seja reestabelecido a crise tenha terminado. Pelo menos no que diz respeito à Opinião Pública. Os técnicos já estancaram o vazamento, as vítimas já tiveram alta, enfim, dentro de casa está tudo em ordem, "tudo sob controle", mas lá fora a **CEOP** está apenas começando.

O elemento "surpresa" também é usado em algumas definições de "crise". Mas – como veremos adiante – grande parte das crises é de certa forma previsível. Como, então, falar de "surpresa"?

17. A Anatomia das Crises Empresariais

Portanto, **CEOP** seria, na maioria das vezes, o desdobramento de uma **Crise Empresarial Interna**, crise essa já antes percebida ou não pela organização. É isto. **CEOP** é um estágio avançado dentro de um processo que tem princípio, meio e fim, etapas e subprocessos. Vamos explicar direitinho essa coisa toda pelo menos no que seja essencial para administrar **CEOPs**.

E o que precisamos saber?

Qual é a natureza das **CEOPs.**

Por que elas acontecem e onde começam.

Como se desenvolvem.

Em que ambiência se criam.

Quando uma **CEI** se transforma numa **CEOP**.

Como se desdobram e se multiplicam.

Quais são os atores mais importantes e quais são seus habituais comportamentos.

Como as **CEOPs** terminam.

Isto e outras coisas a gente vai ver a seguir. São as nossas próximas atrações.

18. A Natureza das Crises Empresariais com a Opinião Pública

Uma lista de **CEOPs** possíveis feita há cem anos não passaria de algumas linhas no papel. Como dissemos anteriormente, um episódio semelhante ao de *Valdez* (aquele acontecido no Alasca) não teria tido a menor repercussão como uma **CEOP**. Seria um acidente com um navio que perdeu sua carga no mar e nada mais.

Hoje, o repertório desse tipo de crises é vastíssimo.

Vários autores tentam classificar as **CEOPs** mas nem sempre são felizes no seu objetivo porque qualquer critério que se use para agrupar os tipos de crises é imperfeito.

Primeiro, porque se faz confusão entre **CEIs** com **CEOPs**.

Segundo, porque uma determinada crise pode pertencer a vários grupos simultaneamente. Uma concordata, por exemplo, é uma crise de várias naturezas. Desagrada Deus e o mundo.

Terceiro, porque ela pode ser parte de uma cadeia de crises, sendo efeito de uma anterior e/ou causa de outra a seguir. Para ficar no exemplo da concordata, esta pode ter acontecido como conseqüência de uma crise com consumidores e, uma vez solicitada, vir a produzir crises com outros constituintes (empregados, acionistas, fornecedores, governo).

Quarto, porque – como vimos – nem todas as crises internas se convertem em **CEOPs**. Se a concordata for bem comunicada, bem explicada aos interessados, isto é, às "vítimas", a empresa pode seguir sua operação normalmente. Sem **CEOP**.

Quinto, porque muitas vezes se confunde "causa" com a "crise em si" e aí a questão fica ainda mais embananada. Exemplo: uma tempestade cai sobre a cidade e o serviço de telefonia entra em pane. Os usuários botam a boca no trombone. A EMPRESA DE TELEFONIA LOCAL DEIXOU DE FORNECER SERVIÇOS AOS SEUS USUÁRIOS. Para a empresa de telefonia, esta é a crise, a **CEOP**, não a tempestade. O "deixar de fornecer serviços" é o fato gerador da **CEOP**, o que lesou interesses dos usuários e o que os levou a rodar a baiana. A tempestade é a causa. É outra história.

Autores – quando lidam com definições e classificações – são assim. Picham as dos outros autores e depois falam da sua como sendo a melhor, a mais completa, a mais brilhante. Cabotinismo puro. Pra não passar por esse constrangimento, digamos que a nossa classificação é a menos imperfeita.

Arrumamos as **CEOPs** em famílias.

Ficou claro em conversas anteriores que o elemento predominante na questão são os constituintes. Assim, o nosso critério de classificação tem, como cabeça-de-chave, como argumento principal, os constituintes. Dentro deles, quebramos por fato gerador, ou seja, o vilão da história.

19. Crises com Consumidores, Clientes, Usuários

São crises relacionadas a produtos fabricados e/ou comercializados pela empresa e/ou a serviços prestados por ela. As mais comuns dessas crises têm como fatos geradores:

- Produtos e/ou serviços:
    - Que possam produzir o que a lei brasileira chama de "acidentes de consumo", isto é, afetar a vida, saúde, higiene, integridade física e/ou moral de clientes, consumidores e usuários. Alimentos e remédios estão sempre na linha de tiro. O Caso *Tylenol* é clássico.
    - Fora da especificação, com defeito ou viciados. A *Schering do Brasil* viveu o famoso caso das pílulas de farinha.
    - *Recalls*. Pode ser em função de uma das situações anteriores. A indústria automobilística é useira e vezeira em fazê-los. Mas a *Mattel* já fez *recall* de sua famosa boneca *Barbie*; a *Burger King*, de sanduíches; a *Coca-Cola*, de latinhas; a *Ansell*, de camisinhas de Vênus.
    - Comercializados através de publicidade enganosa ou abusiva.
- Violações contratuais (prazo de entrega, manutenção, atraso e/ou interrupção no fornecimento, cobranças indevidas, etc).
- Outras violações à Lei de Defesa do Consumidor.
- Problemas de relacionamento com esses públicos (qualidade do atendimento).

20. O Caso *Tylenol* – A Vaca-leiteira que quase foi pro brejo

Em 100 anos, *Johnson & Johnson Company* sempre foi o exemplo de empresa bem gerenciada, lucrativa e fabricante de produtos da melhor qualidade. Em 1980, a *holding* abrigava 165 companhias, operando em 53 países, com 77 mil empregados.

Na manhã de 30 de setembro de 1982, *Robert V. Andrews*, assistente de Relações Públicas da *Johnson & Johnson*, recebeu um telefonema de um repórter de Chicago informando que pessoas, na cidade, estavam morrendo envenenadas pelo *Tylenol*. Queria que a empresa falasse a respeito.

Foi assim que a *Johnson & Johnson* recebeu a notícia que o seu carro-chefe – *Tylenol* – tinha sido usado como uma arma para matar três pessoas. De uma hora para a outra, a empresa mergulhou na maior crise empresarial até então enfrentada em toda a sua história. Nos dias posteriores, outras quatro pessoas morreram ao ingerir cápsulas de *Tylenol* com cianeto.

Tylenol era um produto fantástico para *Johnson & Johnson*. Uma verdadeira vaca-leiteira. O produto garantia 35% do mercado de analgésicos que era, à época, em torno de 1 bilhão de dólares. Era também responsável por 20% do lucro da empresa. A crise que se iniciava atingira o pé de apoio da empresa. Pode imaginar, leitor(a), o bafafá que se seguiu.

Apesar de poderosa, a companhia sempre fora *low profile* na sua comunicação. Mesmo assim, ainda sem saber o que estava acontecendo, a *Johnson & Johnson* tomou a decisão de abrir suas portas para a mídia. No segundo dia da crise, descobriu que um comunicado liberado às pressas de que não usava cianeto em suas fábricas estava errado. Aquela lei da natureza: urubu quando está de azar, o de cima defeca no de baixo. Mas não perdeu a pose: imediatamente anunciou que a informação dada era falsa, ou melhor, incorreta: usava cianeto para realização dos testes mas não na produção do medicamento. Uhmm!...

Apesar do tumulto e da mídia no seu pé desde o início, a companhia estava totalmente convencida de que o envenenamento não tinha ocorrido em nenhuma de suas fábricas. Mesmo assim, a *Johnson & Johnson* fez um *recall* de um lote de 93 mil vidros de *Tylenol*. Enviou uma comunicação de alerta para médicos, hospitais e distribuidores, operação que custou meio milhão de dólares. Suspendeu os anúncios do produto. No segundo dia, a empresa estava convencida de que a confusão acontecera durante a distribuição do produto em Chicago e não no processo de fabricação. O alívio durou pouco. Apareceram reclamações também na Califórnia. Sem pestanejar, *Johnson & Johnson* foi mais fundo e recolheu todas as amostras do produto, algo como 30 milhões de vidros a um custo superior a 100 milhões de dólares. E para fazer essa operação ainda teve que enfrentar os estrategistas do *FBI* que achavam que o *recall* iria estimular terroristas e outros malucos a aprontarem ações semelhantes. Razões de Estado *versus* Razões da Empresa. E mais essa.

Embora tivessem certeza de que não tinham feito nada de errado, *Johnson & Johnson* resistiu à tentação de descartar qualquer conexão entre o produto e as mortes. Ainda era cedo para desafiar os "fatos". Fez uma pesquisa nacional. A boa notícia foi que 87% dos usuários não acreditavam que o fabricante de *Tylenol* fosse responsável pelas mortes. A má notícia foi que 61% declararam que, por via das dúvidas, não pretendiam comprar *Tylenol* no futuro. O *market share* do produto caiu de 35% para 6%. Um desastre.

Na segunda semana da crise, 90% das pessoas já sabiam que a empresa havia sido vítima de um atentado. O cianureto fora colocado nos vidros de *Tylenol*, na fase pós-produção, por um terrorista desconhecido ou por um psicótico.Uma investigação executada pela empresa e pelo governo achou somente oito vidros contaminados.

Com o ceticismo dos analistas de *Wall Street* e contra a opinião da comunidade de *marketing*, a *Johnson & Johnson* decidiu relançar uma versão do produto que seria "à prova de sabotagem". Contrariando os prognósticos pessimistas, o golpe ousado funcionou. O produto relançado pegou e o *Tylenol* recuperou 95% do seu anterior *market share* já no início de 1983. O moral interno estava ótimo.

Mas a alegria durou pouco. Em fevereiro de 1986, voltou o pesadelo quando foram divulgadas notícias de que uma mulher morrera envenenada com cápsulas de *Tylenol*. A empresa liberou um serviço de *toll-free* e decidiu definitivamente cessar a produção do *Tylenol* em cápsulas, adotando a forma de tabletes. A operação de substituição custou 150 milhões de dólares. Novamente, a empresa recebeu apoio dos consumidores e do governo. *Jim Burke*, seu presidente, foi elogiado pelo *Reagan*.

O Caso tem outra coisa a destacar, além do show de bola da *Johnson & Johnson* na administração da crise. Foi a violação criminosa da embalagem do *Tylenol* que obrigou a indústria a dar um salto qualitativo em termos de empacotamento. Nasceu a "embalagem à prova de violação". A coisa se espalhou: da pasta de dente ao iogurte.

Estima-se que o caso *Tylenol* tenha custado à *Johnson & Johnson* a bagatela de 1,5 bilhão dólares. Em tempo: a mídia falou mais do caso do que do assassinato do *Kennedy*, em 1963. [4]

21. Crises com o Público Interno

São crises relacionadas aos interesses dos empregados e de seus familiares. Na maioria das vezes, eles são as "vítimas", mas também podem ser agentes.

As mais comuns têm como fato gerador:

- Acidentes de trabalho.
- Demissões em massa.
- Violações da legislação trabalhista.
- Discriminação (mulheres, *gays*, portadores de deficiência e/ou de síndromes, negros, judeus, etnias, etc.).
- Assédios de qualquer natureza. O assédio sexual tem mais apelo e divulgação. Está na moda. Começam a surgir casos de "assédio moral".
- Violação de direitos humanos (trabalho escravo, exploração de menores, etc).
- Morte ou afastamento inesperado de altos executivos.
- Escândalos de qualquer natureza (crimes do colarinho-branco, fraudes internas, envolvimento em corrupção, etc).

22. O Caso *Hill & Knowlton* – Mexendo em casa de marimbondo

Em 1990, a **Hill & Knowlton,** uma grande agência de Relações Públicas americana, assinou contrato com Conferência Católica dos Bispos Americanos a fim de desenvolver uma campanha contra a legalização do aborto.

Seria um contrato como outro qualquer, rigorosamente igual a centenas que a empresa assina diariamente no mundo todo, não fosse um pequeno detalhe: 65% dos profissionais da empresa de Relações Públicas eram mulheres.

Outro probleminha: os funcionários da empresa souberam da assinatura do contrato através de uma nota publicada na imprensa.

O incêndio começou nos corredores com as pessoas, indignadas, com uma xerox do jornal na mão e perguntando, umas às outras:

"Você sabe alguma coisa sobre isto?"

O fogo se alastrou quando um terço das profissionais da matriz da empresa assinou uma nota de protesto. Depois, dezenas de profissionais em Washington e em Nova Iorque recusaram-se a trabalhar no projeto.

Motim a bordo.

A Presidência da empresa defendeu a legitimidade do contrato. Em carta dirigida aos funcionários, citou a 5ª Emenda à Constituição que assegura a qualquer um buscar meios de defender seus pontos de vista. A Igreja Católica tinha esse direito. E deixou aberta uma porta para a conciliação: quem não quisesse trabalhar no projeto, que ficasse à vontade. A direção da empresa entenderia.

Uma funcionária fechou essa porta para a conciliação dando a posição das rebeldes:

"*Eu não gostaria de saber que uma pessoa ao lado de quem eu trabalho dez horas por dia não defende que uma mulher tenha direito de fazer o que bem entender com o seu corpo*".

Ou dá ou desce.

As amotinadas – em assembléia-geral realizada em lugar totalmente seguro (banheiro das mulheres) – decidiram que não tinha acordo. Tratava-se de uma cláusula pétrea.

Como resolveu? Não resolveu. A empresa – como não poderia deixar de fazer – honrou o contrato com o cliente. Assegurou aos funcionários de que sua participação terminava na campanha, que não estava engajada em nenhum contrato de *lobby*, e foi em frente.

Durante muito tempo, o clima na empresa foi azedo-irrespirável. Algumas feridas ainda estão abertas.

O que se aprendeu no Caso:

- Temas sensitivos merecem cuidados muito especiais. De novo, não se trata de legislação, direitos, contrato de trabalho, crenças. Não há esta lógica em questões como essa.
- Quando os funcionários sabem das coisas pela imprensa, os problemas ficam amplificados. "*Estavam escondendo. Sabiam que estavam fazendo a coisa errada*" – é o que vai rolar no *grapevine*.

- No desdobramento da crise, a empresa agiu certo. Não tinha como retroceder. Embora sem sucesso, mostrou seu ponto de vista aos funcionários. Nada de truculência. Certamente, houve quem aconselhasse: "*A empresa tem direito de decidir o que é melhor para ela. Essas mulheres foram longe demais. Bote as vagabundas na rua*". Felizmente não foi esse o caminho seguido pela empresa. "Linha dura" também não funciona em RP. [5]

23. Crises com Investidores

São crises relacionadas aos interesses dos acionistas. Normalmente, esses interesses estão associados ao valor da ação e à remuneração do investimento (dividendos). As mais comuns têm como fato gerador:

- Resultados abaixo das expectativas.
- Fusões e aquisições.
- Tomada hostil de controle.
- Problemas de relacionamento com esses públicos (comunicação, qualidade de atendimento).
- Perda de grandes clientes.
- Perdas patrimoniais significativas por roubo, furto, desapropriações, má administração, fraudes, perda de ações judiciais, multas, indenizações.
- Fraudes contábeis. Falsificação de documentos e/ou números de forma que os "resultados" possibilitem ganhos maiores aos falsificadores. Os americanos chamam essa fraude de "*cooked books*". Nós usamos a expressão "maquiagem". [Uma reportagem da *Fortune* (August,2,99) trata do assunto e relaciona inúmeros CEOs americanos que estão presos ou em vias de ser.]
- Morte ou saída inesperada de altos executivos.
- Conflitos internos (brigas de poder). Este problema não ocorre apenas em empresas familiares. Há muitos quebra-paus também em outras organizações.
- Envolvimento da empresa em corrupção, fraudes internas, crimes do colarinho-branco, sonegação fiscal, concorrência desleal, crimes ambientais, etc.
- Solicitação de concordatas ou pedidos de falência.

24. O Caso *Continental* – Tirando o Pé da Lama

Na prática, "concordata" é uma saída legal e eticamente sustentada. Pode e deve ser usada por uma empresa quando as coisas vão mal. "Devo, não nego, pago quando puder." Quando o concordatário aproveita a condição para botar as coisas em ordem e escapar da falência, todo mundo sai ganhando. Ou perdendo menos. Credores que não iam mais ver a cor do dinheiro principalmente. Mas muitas empresas se afundam nas concordatas em face da má condução de sua comunicação com os <u>constituintes</u>, isto é, os interessados. Vão de mal a pior. O Caso *Continental* é um caso de sucesso na comunicação em tempos de concordata.

Em dezembro de 1990, a *Continental Airlines* – uma das maiores empresas americanas de aviação, com faturamento de 5 bilhões de dólares e 40 mil empregados – recorre ao *Chapter* 11, capítulo da Lei de Falência americana que regulamenta concordatas.

A empresa ia mal das pernas há algum tempo. Aquisições feitas elevaram perigosamente o nível de endividamento. Agora, com a iminência da Guerra do Golfo, as coisas pioraram. Recessão à vista e a perspectiva dos preços do petróleo subirem à estratosfera. Para se ter uma idéia, cada centavo de aumento no preço do barril de petróleo significava para empresa um impacto de 1 milhão de dólares. Diante disto, a empresa pediu penico. E graças a Deus a direção da Continental tinha consciência de que a comunicação era a chave para o sucesso da empreitada.

Em linhas bem gerais, a estratégia de comunicação da empresa foi a seguinte:

1. Definir claramente o problema (*issue*): a empresa estava pedindo concordata porque, pelo andar da carruagem, não poderia continuar pagando as suas contas.
2. Listar públicos/audiências preferenciais do ponto de vista da comunicação: empregados, acionistas, analistas de *Wall Street*, agências de viagens, agências de governo, público em geral.
3. Obter apoio desses públicos:

   <u>Empregados</u>: a tese é que a atitude/comportamento dos funcionários se reflete no produto. Isto é, influi no comportamento do cliente. No caso em pauta, o comportamento dos empregados após a concordata poderia afetar o interesse do cliente em comprar passagens. Portanto, seria fun-

damental que eles compreendessem por que a ação foi tomada, que acreditassem que a empresa iria superar a crise e que confiassem que seus empregos estariam seguros. Parêntese. Casos analisados em que os funcionários confiaram na estratégia da empresa em crises mostram que esses abraçam a causa com uma energia que nem sempre existe em tempos de calmaria. E que essa energia é percebida positivamente pelos clientes. Fecha parêntese.

Acionistas: normalmente são os primeiros a abandonar o barco – no caso, o avião. Portanto deveriam ser convencidos de que os planos de recuperação da empresa eram sérios e alcançáveis. Obviamente, eles teriam que conhecer esses planos para poder aprová-los. Transparência total.

Analistas Financeiros: são formadores de opinião, que podem ampliar ou minimizar a crise; podem dar o tom na imprensa e influir no valor da ação. Veja bem, são esses profissionais que orientam o mercado, e a sua credibilidade é também o seu grande patrimônio. Friamente, eles não são nem amigos, nem inimigos. Eles têm uma responsabilidade perante seus (deles) clientes: os leitores. A eles, portanto, em princípio, só interessa a verdade. Recebê-los com tapete vermelho, biscoitos, sucos, projeções coloridas, etc nada disso vai influir em suas opiniões. É preciso ter essência e, de novo, transparência.

Agentes de Viagem: vendiam 80% dos tíquetes da empresa. Se eles não se convencessem de que a empresa iria superar a crise e que as comissões seriam pagas, eles não iriam vender tíquetes. Tão simples quanto isto. E são uma grande mídia no boca-a-boca.

Agências de Governo: as empresas aéreas são licenciadas e supervisionadas por várias agências de governo. Logo elas precisariam saber o que estava acontecendo. O Congresso – que pode mudar as regras – teria que ser informado também. Governos estaduais e locais de onde a empresa operava precisavam ser tranqüilizados quanto a eventual desemprego, queda na arrecadação de impostos, etc. Se convencidos de que a empresa estava agindo corretamente, iriam ajudar; do contrário, pentelhar.

Imprensa: o público em geral precisava saber que o pedido de *Chapter* 11 não significava "falência". No caso de empresas aéreas, o público precisa ser informado de que os aviões continuam voando. Uma declaração "devo, não nego, pago quando puder" é base de decolagem para bons boatos. Um deles é que a empresa está fazendo cortes em gastos com coisas essenciais, por exemplo, manutenção. Esse boato para a companhia de aviação é mortal. Ou que a empresa está relaxando no controle de qualidade de seus produtos. Esste último é ótimo para quem fabrica alimentos. Os boateiros adoram.

4. Liberar as informações essenciais: o que é o *Chapter* 11, por que a empresa recorreu a ele, situação dos seus débitos, balanços, projeções, programas, etc. As peças foram desenvolvidas de acordo com os públicos, focando as preocupações específicas e redigidas em linguagem adequada. Um serviço de 0-800 para os empregados foi criado. A mensagem do presidente era gravada, e os empregados a acessavam de acordo com sua conveniência. O sistema é usado até hoje.
5. Diretores foram selecionados para encontrar-se com funcionários nas localidades remotas. Um trabalho de *media-training* foi acionado com estes diretores. Comentário: é importante ter este pacote pronto antes da crise para ser usado quando ela ocorrer. Vantagens: não se perde tempo treinando quem não vai ser usado; os treinados sentem mais a necessidade do treinamento quando o circo está pegando fogo; são treinados para o caso concreto. Importante é ter predefinido quem ensina, que pontos devem ser abordados, onde, como, etc.

Se deu certo? Bem, a queda de receita da empresa foi dramaticamente menor que a queda esperada no melhor dos cenários. E mais de dez anos depois, a Continental continua operando embora a indústria viva sempre em estado de turbulência. [6]

25. Crises com a Comunidade

São crises relacionadas aos <u>interesses</u> de comunidades específicas ou da comunidade em geral. As mais comuns têm como <u>fato gerador</u>:

- Relativos ao Meio ambiente.
  - Vazamentos (gases, líquidos, esgotos).
  - Destruição da camada de ozônio (liberação de CFCs).
  - Contaminações (solo, ar, rios, mares, lagos).
  - Tratamento inadequado de lixos (industriais, atômicos, etc).
  - Poluição sonora e visual.

- Desmatamentos.
- Desvios de rios, alagamentos, aterros.
- Caça e pesca predadoras.
- Agressões ao patrimônio histórico.

- Conflitos com comunidades/segmentos.
  - Mídia.
  - Minorias.
  - Mulheres.
  - Religiões.
  - Nacionais/etnias.
  - Partidos políticos/ideologias. No Brasil, a *Esso* nos anos 50, a *IBM* durante a Política Nacional de Informática (1975/1984); mundialmente, a *McDonald's, GAP,* escolhidos como "símbolos da globalização".
  - Comunidades geográficas.
  - Comunidade acadêmica e científica.
  - Comunidades profissionais.
  - Sindicatos.
  - ONGs.

26. O Caso *GM* versus *NBC* – Um Dia da Caça, o Outro do Caçador

Em novembro de 1992, 17 milhões de espectadores do programa *Dateline* da *NBC* (*National Broadcasting Company*), assistiram à colisão de um caminhão da *General Motors* com um outro carro, esse operado por controle remoto. O filme foi feito numa estrada deserta perto de Indianópolis. Imediatamente a *pick-up* da *GM* explodiu em chamas. Qualquer pessoa que estivesse vendo aquela cena concluiria que os caminhões da *GM* eram perigosos e que deveriam ser tirados de circulação no dia seguinte. Sem choro nem vela.

Não dá pra imaginar o que significa para uma empresa uma crise dessa natureza. Milhões de dólares gastos em pesquisas, fabricação e *marketing* do produto, tudo jogado fora. Profunda frustração interna com reflexos na produtividade e grave lesão na imagem da empresa junto a Opinião Pública.

Tudo teria ficado por isso mesmo se os Relações Públicas da *GM* não tivessem tido uma atitude sem precedentes na história das corporações americanas: partir para confrontação total com a mídia. Matar ou morrer.

Apostando na qualidade de seu produto e desconfiados que o filme exibido fazia parte de uma armação, investigadores da empresa iniciaram uma meticulosa operação para desmascarar a poderosa *NBC*. Contou com a sorte de receber uma chamada de um repórter informando que um bombeiro havia presenciado a filmagem da colisão e tinha filmado com a sua própria câmera a cena toda. Investigadores da *GM* recuperaram os caminhões num ferro velho e puderam periciar os mesmos. Num deles, foi achado uma bomba explosiva.

Durante dois meses, sem sucesso, a *GM* tentou entrar em contato com a *NBC*. O Presidente da *NBC*, *Michael Gartner*, declarou que não tinha nada a fazer porque a matéria era de boa qualidade. Em fevereiro de 1993, a *GM* entrou com processo contra a rede de televisão, alegando que a matéria tinha sido montada fraudulentamente. A guerra havia sido deflagrada. Criou-se um Estado-Maior composto pelo Diretor de Comunicações, Diretor para Assuntos Legais e de Segurança, Relações Públicas, 3 advogados e 2 engenheiros. Esse time recebeu total delegação para decidir e agir. O Vice-Presidente *Harry J. Pearce* foi escolhido para ser o porta-voz. A televisão foi selecionada como mídia-chave para a empresa liberar seus mísseis.

A guerra foi acompanhada por todos os especialistas em crise empresariais. Muita gente temia pela sorte da *GM*. Afinal, ainda que, com toda razão do mundo, "sair na porrada com a mídia" não costuma ser a atitude recomendada pelos consultores. Nessas horas, o melhor é botar o galho dentro e agir com extrema cautela.

A peça-mor da estratégia seria uma *press conference* a ser realizada às 13h do dia 8 de fevereiro, no auditório da *GM*. *Pearce* a conduziria. Nada de *press kits,* nem de apresentações formais. Direto ao ponto. Era tudo ou nada. Calcinha de veludo ou bundinha de fora.

A grande pergunta que todos se faziam era: qual seria a reação da mídia? O que iria prevalecer: o corporativismo ou a concorrência entre as empresas de comunicação?

Cento e cinqüenta jornalistas e 25 equipes de câmeras de televisão compareceram ao evento. *Pearce* falou por duas horas. Começou batendo firme: "O que eu vou mostrar a vocês vai chocar a consciência de cada profissional da área de vocês, da minha área, bem como a do povo americano".

A platéia ficou em silêncio como raramente acontece nesses eventos. Somente o clique das câmeras.

Pearce continuou batendo: "Eu não permitirei que pessoas honestas da *General Motors*, assim como milhares de empresários independentes que vendem os nossos produtos – e cuja sobrevivência financeira depende desta atividade – que eles sofram as conseqüências da conduta irresponsável da *NBC* ao transmitir, via satélite, por toda esta grande nação, um programa que causou um dano irreparável à nossa empresa."

Nas duas horas, *Pearce* dissecou o assunto detalhadamente. Mostrou o filme de 55 segundos de demonstração da colisão. Usando videoteipe, *Pearce* demonstrou que o segmento foi forjado do princípio ao fim. Era evidente a intenção de provar que a *pick-up*, equipada com um tanque de combustível na lateral do veículo, com uma colisão a alta velocidade fatalmente produziria a ruptura do tanque, espirrando gasolina e fogo para dentro da cabine. Logo, os caminhões não seriam seguros. Na análise dos filmes, em câmera lenta, mostrou que a colisão nada mais produziu que 15 segundos de um fogo na grama da estrada, nada mais. A explosão era uma montagem – coisa de efeitos especiais – que dava a impressão que o fogo era muito maior e que atingira a cabine.

A *NBC* teve que se render e a *GM* não quis aceitar nada que não começasse com uma retração pública da emissora. No dia seguinte, a *NBC* fez seus âncoras lerem um comunicado de 4 minutos pedindo desculpas a *GM*. Três produtores da emissora foram demitidos, assim como o repórter. O Presidente da *NBC*, *Gartner*, renunciou. *NBC* concordou em pagar 2 milhões de dólares pelas despesas que a *GM* incorreu para apurar a falsa reportagem. Em contrapartida, a *GM* retirou o processo.

Em síntese, num só dia, através de *press conference*, a *GM* transformou a história da *pick-up* de uma sensacionalista e falsa reportagem numa séria questão de ética jornalística. O mico da imagem empresarial saiu do ombro da *GM* e pulou para o da *NBC*.

Um dia da caça, outro do caçador.

Na continuidade do trabalho de Relações Públicas, agora cheia de moral, a *GM* continuou jogando pesado na questão "segurança de seus caminhões". Desmascarou um movimento de advogados que tinha interesse em mostrar que os produtos da *GM* eram perigosos. Idem um grupo de "experts" em segurança, financiados por esses advogados que eram sempre testemunhas em processos contra a empresa. Enfrentou a poderosa *NHTSA* (*National Highway Traffic Safety Administration*) que queria o *recall* dos produtos.

Ganhou todas. [7]

27. Crises com o Poder Público

São crises relacionadas com a ordem jurídica e institucional. Por "Poder Público", entenda-se os Poderes da República – Executivo, Legislativo, Judiciário – nas suas instâncias e níveis – federal, estadual e municipal, bem como departamentos, divisões, agências, etc

São fatos geradores mais comuns dessas crises:

- Violações de leis, regulamentos, posturas municipais.
    - Legislação Fiscal. Crime de sonegação é o mais comum.
    - Lei de Defesa do Consumidor.
    - Leis ambientais.
    - Corrupção.
    - Crimes do colarinho branco.
    - Concorrência desleal.
    - Publicidade abusiva: incitação à violência, atentatória aos bons costumes.
    - Etc
- Encerramento de operações, fechamento de fábricas, descontinuação de serviços ou de produtos.

28. O Caso *Drexel Burnham Lambert* – Poder e Cobiça

A *Drexel Burnham Lambert* – com 10 mil empregados e uma senhora carteira de clientes – era uma respeitada empresa do ramo de seguros. A firma fora criada em 1935 por *I.W.Burnham*, uma figura legendária na indústria. Em 1973, fundiu-se com a *Drexel Firestone*. No bojo da operação, trouxe *Mike Milken*, executivo que mais tarde ficaria tristemente famoso. Em 1976, outra fusão, dessa vez com a européia *Lambert Brussels*. Se poderosa já era, mais poderosa ficou a empresa com a expansão internacional.

Até aí, tudo bem.

Primeira confusão. Em maio de 1986, *Dennis Levine*, 30 anos, estrela do momento no mundo financeiro, especialista em "*merger & aquisitions*", recém-contratado pela firma, é indiciado no até então maior caso de fraudes em seguros na história americana. Ele já havia feito trapalhadas em outras firmas antes de ingressar na *Drexel* mas isto não interrompera a sua fantástica carreira. Apesar de novo, já ganhava mais de 1 milhão de dólares por ano de salário, pulando de uma empresa para outra.

Ninguém na *Drexel* conhecia em detalhe as trapalhadas de *Levine*. Nem se interessou. Suas atividades ilegais só foram ser descobertas por carta anônima dirigida à corretora *Merrill Lynch*.

Quando a notícia surgiu, a estratégia da empresa foi distanciar-se da figura do *Levine* e de seus crimes. Como Pilatos, lavou as mãos. A tese era que tudo tinha sido perpetrado quando ele estava ligado a duas outras empresas de *Wall Street*. A *Drexel* – na visão deles – estaria limpa.

Segunda e terceira confusões. Em julho de 1986, uma auditoria que investigava a participação de uma gangue em comercialização de *inside information* [caso que ficou conhecido como "*The Yuppie Five*"] descobre que um dos criminosos trabalhava na mesa de operações da empresa. Nesse mesmo mês, outro empregado da empresa é indiciado por desvio de fundos quando trabalhava para o *Morgan Bank*.

Pensa que parou aí? Parou não.

Quarta. Em novembro de 1986, a empresa é arrolada no caso das fraudes nos seguros, aquela que *Dennis Levine* já era acusado. Um dos indiciados assume a culpa e, para minimizar sua pena, concorda em botar a boca no trombone. Dias depois, o cidadão entrega na bandeja a *Drexel* e um dos seus principais sócios – o famoso *Michael Milken* – como o núcleo das operações fraudulentas.

Ponha-se, companheiro(a), na pele de Relações Públicas da empresa.

Final da história – claro! – não é um final feliz. A *Drexel* faliu em 1990. A falência não surpreendeu o mercado. O que deixou todo mundo surpreso foi a empresa ter sobrevivido ainda tantos anos soltando água pelas costuras. *Milken* terminou condenado a ver o sol nascer quadrado por 10 anos mas só cumpriu 22 meses de pena. Há controvérsias sobre sua responsabilidade e muita gente acha que ele entrou de gaiato na história toda. O episódio inspirou o filme "*Wall Street* – Poder e Cobiça".

Não adianta falar aqui no que foi feito ou deixado de fazer depois do estouro da boiada. Acho que o mais importante é listar os principais esqueletos e ovos de serpente do caso:

1. Processo de recrutamento bichado. Corrida desenfreada das empresas para contratar os "gênios" emergentes no mercado. Fazem vista grossa quanto à vida pregressa dos contratados. Aquele negócio: se fuçar, não contrata. Como a intenção é contratar, melhor não fuçar. Deu no que deu.
2. Falha em controles financeiros e nas auditorias.
3. Estímulo ao " *take risk*" sem os contrafreios éticos. Executivos jovens, ambiciosos e inexperientes, sem valores éticos, estimulados pelo modelo do sucesso a qualquer preço podem destruir uma empresa por mais sólida que seja. Em 1995, o Banco *Barings*, o mais tradicional banco da Inglaterra, foi a falência por obra e graça de *Nick Leeson*, um jovem de 25 anos considerado, até ser preso, gênio das finanças. [8]

29. Crises que derivam de Crises

Uma **CEOP** de uma natureza pode vir a provocar outra **CEOP** da mesma ou de outra natureza. Para facilitar o entendimento, chamemos a primeira de "crise primária ou central" e a segunda de "crise derivada". Exemplo: por razões financeiras, a empresa anuncia que vai demitir 1.000 funcionários e notícia repercute mal na comunidade.

Adequando essa situação à definição apresentada acima, temos:

ALGO FEITO PELA ORGANIZAÇÃO (decisão de demitir) **QUE AFETA INTERESSES** (emprego) **DOS CONSTITUINTES** (empregados) e o acontecimento teve repercussão negativa.

Portanto, é uma situação de uma **CEOP** da família de **"Crises com o Público Interno".**

Suponhamos que, em represália, os empregados dessa empresa, em solidariedade aos demitidos, entrem em greve. Imaginemos agora que a greve decretada venha afetar o fornecimento de produtos e serviços para os clientes da empresa. Nasce uma **CEOP** que se enquadra em outra família, a de "**Crises com Clientes/Consumidores**". A primeira crise com os empregados seria o que chamaremos de "crise principal ou central". A **Crise com os Clientes/Consumidores** seria uma "crise derivada". Poderíamos continuar criando outras "crises derivadas" dentro do mesmo exemplo acima. Digamos que a comunidade local resolva também ficar solidária com os empregados da empresa e promova um boicote. E assim por diante.

Esta distinção entre "crises primárias" e "crises derivadas" não é um detalhe, uma sutileza, nem uma frescura acadêmica. É uma classificação importante na administração das crises porque vai informar onde focar, onde concentrar esforços, etc. Geralmente, controlando-se a "crise primária", ou seja, a principal fonte de alimentação da cadeia, muitas vezes as "crises derivadas" desaparecem ou perdem intensidade.

Ah, sempre é bom lembrar: qualquer **CEOP** – de qualquer natureza, primárias ou derivadas – lesiona a **Imagem Empresarial**, aquele bibelô de louça que vale uma fortuna.

30. Por que as Crises acontecem

Falamos bastante em fato gerador, o vilão da história, aquele que leva a crise interna para fora da organização, que chama pra briga meio mundo. Ele é a razão da crise, a sua causa. Mas não é nele que o processo da crise como um todo começa. Existe ainda uma estação anterior, a causa antecedente, a causa da causa.

A crise com o afundamento do *Bateau Mouche*, por exemplo, no *réveillon* de 1988, não começou quando o barco afundou. Também não começou dias antes quando bilhetes em excesso foram vendidos. A crise se iniciou quando a Capitania dos Portos deixou de fazer vistorias regulares na empresa.

Normalmente, as crises são causadas pela convergência de fatores humanos, tecnológicos, ambientais, organizacionais. Uma coisa age sobre a outra. Estima-se que falhas ou ações humanas e falhas de processo são responsáveis por mais de 80% de todos os acidentes. Falhas mecânicas têm um percentual pequeno.

As "causas das causas" das **CEOPs** podem ser:

- Falhas humanas (físicas, emocionais, erro de julgamento, etc) de pessoas ligadas à organização ou a seus fornecedores.
- Falhas de projeto. A explosão da *Challenger* aconteceu por erros existentes no projeto.
- Falhas de processo. A já citada experiência do Caso *Schering* do Brasil.
- Falhas de execução.

- Falhas de programação. Atualmente, o *software* tem aprontado boas encrencas.
- Falhas mecânicas ou tecnológicas de responsabilidade da organização ou de seus fornecedores.
- Panes de sistemas de computação e/ou de telecomunicações, apagões, etc.
- Calamidades públicas (inundação, terremotos, furacões).
- Atos criminosos cometidos contra a empresa:
  - Terrorismo. Vimos que 70% de todas as cartas de ameaça de bombas na Europa são dirigidas aos CEOs das grandes empresas e que grande parte das atividades terroristas no mundo é dirigida contra empresas.
  - Vandalismo.
  - Espionagem.
  - Pirataria.
  - Crimes cibernéticos.
  - Seqüestro de executivos ou atentados contra eles.
  - Extorsão.
  - Corrupção (quando a empresa é vítima).
  - Desvios (furtos, roubos, fraudes, crimes do colarinho-branco)
  - Assassinato nas instalações da empresa.
  - Sabotagem.
- Catástrofes (queda de avião, naufrágios, desabamentos). As catástrofes normalmente são causadas por alguma das razões acima (falhas de qualquer natureza, calamidades, atos criminosos).
- Acidentes (explosões, incêndios, desabamentos em instalações vitais: fábricas, centros de distribuição, estoques). Também podem ser por alguma das razões acima, inclusive como decorrência de catástrofes.
- Interferência do poder público (legislação, regulação, intervenção, decisões judiciais, etc.).
- Mudanças políticas/econômicas.
- Ações ou reações dos <u>constituintes</u> contra a empresa (manifestações públicas, ações judiciais, ações policiais, greves, piquetes, boicotes, boatos, campanhas, invasões, quebra-quebra, ocupação de prédios ou de terrenos, publicidade negativa, etc).

31. O Caso *AT&T – Network breakdown* – Virando um Jogo que parecia perdido

No dia 15 de janeiro de 1990, a maior rede de comunicação a longa distância do mundo saiu do ar. Simplesmente apagou. O símbolo americano mais importante de confiabilidade e a espinha que ligava os povos no mundo, em segundos, falhou completamente. Durante 9 horas de "apagão" do sistema, 35 milhões de ligações deixaram de ser realizadas. A *AT&T* – responsável por essa maravilha tecnológica – teve que encarar a Opinião Pública. E – acredite! – a empresa não tinha plano de emergência para lidar com ela.

Uma hora e meia depois de o problema aparecer, eles não tinham a menor idéia do que tinha acontecido. Teria sido sabotagem? Obra dos *hackers*? – se perguntavam batendo cabeças entre eles. Seis horas depois podiam ter relativa certeza que não era obra dos *hackers* embora vários engraçadinhos tenham tirado sarro da empresa fazendo chegar a eles declarações assumindo a responsabilidade pelo desastre.

Na falta de um plano de emergência, as coisas passaram a desenvolver-se ao Deus dará. Como o assunto era totalmente técnico, os engenheiros da empresa passaram a dar as cartas. Para desespero dos Relações Públicas, como primeira medida, os técnicos decidiram não falar com a mídia antes de estar tudo cem por cento esclarecido, tim-tim por tim-tim. A Opinião Pública que esperasse. E se danasse. *Vanderbilt* vive!

Depois de muita discussão interna, resolveram falar. O primeiro posicionamento da empresa foi clássico mas correto. Em comunicado, declararam:

1. A rede falhou.
2. Ainda não sabemos o que ocorreu.
3. Estamos trabalhando em cima do problema.
4. Voltaremos quando tiver o que informar.

Analisemos a declaração de forma que a gente possa aprender com a experiência.

A primeira informação é o óbvio ululante mas é importante para a mídia se for complementada com informações da extensão do colapso, o que nem todo mundo sabe. A segunda tem o lance da transparência. É melhor dizer que "não sabe" do que um tentador "sabemos onde ocorreram as falhas e a situação já está sob controle". Deixar no ar suspeições para jogar a culpa para fora da empresa – estratégia muito usada nessas horas – também foi evitada. A terceira informação é outra obviedade mas se, à parte, a empresa dá idéia dos recursos canalizados para a determinação e solução do problema, ela passa a ser da maior relevância para a Opinião Pública. Além disto mostra empenho, responsabilidade social. A quarta é uma tentativa de disciplinar o relacionamento com a mídia durante a crise. "Vou falar quando tiver novidades" – esta é a mensagem. "Enquanto não tiver, não falo."

Lá pelas tantas, apareceu um suspeito: o *software*. Mas ainda não era tão certo assim. Mais testes eram necessários. Como seguro morreu de velho, liberaram outro comunicado para a mídia que começava com um cuidadoso "Acreditamos... ("*we believe*", no original). Seguia-se uma explicação técnica tipo "rebimboca da parafuseta". Ninguém entendia nada, mas o importante é que a *AT&T*, pela primeira vez, assumia que a falha era deles.

Parêntese. Pode ter certeza, leitor(a), que para a empresa fazer uma admissão dessa ordem teve que passar antes por cima do cadáver de muitos advogados. O pau deve ter comido solto dentro de casa. Fecha parêntese.

Robert E. Allen, o CEO, foi escalado para enfrentar a mídia no dia seguinte. A dúvida principal agora era como compensar os clientes. O problema mudava de enfermaria. Saía da área dos técnicos e passava para alçada dos advogados, do pessoal de *marketing* e da turma de finanças. Turminha braba, essa.

A interação com a imprensa foi surpreendentemente suave. Atribui-se a calmaria ao fato de ter sido o CEO quem se apresentou para o debate, e não um subordinado. *Robert E. Allen* tinha excelente imagem junto a mídia. Diga-se de passagem, a empresa também. Isso ajudou pra caramba. Era sopa no mel. A postura transparente, humilde – "sim, fizemos merda !" – foi outro fator de sucesso. E, por fim, um bom trabalho de Relações Públicas com a imprensa na preparação da entrevista. As dúvidas técnicas, questões menores, picuinhas de reportezinho(a) de mal com a vida foram limpas antes da reunião deixando para o CEO somente as questões institucionais e de real interesse para a Opinião Pública. Essa limpeza desobstruiu a pauta e melhorou o nível da conversa.

Resolvida a questão da "indenização", a empresa colocou um anúncio cavalar em toda a mídia americana que começava com um "Caro cliente da AT&T". Nele, *Allen* pedia desculpas pela interrupção dos serviços e dava detalhes do que seria o "dia especial de descontos". Terminava dizendo "por mais de 100 anos, nós construímos nossa reputação de ser uma empresa de qualidade superior, de segurança e de inovação tecnológica. Nosso objetivo é continuar sendo visto por você da mesma forma".

Outro parêntese. Pode ter certeza, leitor(a), que, para aprovação do "dia especial de descontos", os cadáveres sobre os quais se passaram por cima dessa vez foram os dos financistas da empresa. Mais uma vez o pau comeu na casa de Noca. Fecha parêntese.

A humildade no pedido de desculpas; a "compensação"; a relembrança do discurso institucional com a história (100 anos!!!) e a renovação do compromisso; o CEO assumindo a responsabilidade, sem culpar ninguém; o fato de todas as cartas escritas à empresa sobre o assunto terem sido respondidas pelo Presidente – tudo isso comprou a boa vontade da Opinião Pública.

O sistema operou 124 milhões de chamadas do "dia especial", 13% mais que nos dias normais. De toda cobertura jornalística, apenas 25% foi negativa. O resto, neutro. [9]

32. Como as Crises se formam

Noventa por cento das causas que vão detonar crises empresariais no futuro existem agora dentro das organizações. Ou estão em processo de gestação; ou já estão prontas e acabadas.

As primeiras – em gestação – são os "ovos de serpente". Estão se desenvolvendo em algum lugar dentro da empresa. Se não forem destruídos em tempo, vão virar serpentes e – literalmente – o bicho vai pegar. As segundas causas – as prontas e acabadas – já estão grandinhas. São "esqueletos" cuidadosamente guardados nos armários das organizações esperando a oportunidade para dar o ar da graça. Se não forem habilmente desmontados, podem sair do armário atabalhoadamente fazendo muito barulho. "Esqueletos" – a exemplo de muitas celebridades – adoram a mídia.

Os outros dez por cento das causas de futuras crises ainda não existem hoje. Serão de outras origens, umas se formarão mesmo dentro de casa; outras, fora. Inclusive as de autoria do Sobrenatural de Almeida.

Desses noventa por cento de "ovos e esqueletos", metade é conhecida pelo corpo gerencial. Não são atacados por inércia ou por malícia ou por conveniência ou por incompetência ou por ignorância quanto aos riscos ou porque estão na lista das "coisas que vão ser resolvidas quanto se tiver tempo". Um dia. Quando galinha tiver dentes. Enquanto isto, faz-se vista grossa. Ou então pratica-se a operação de tirar o próprio da reta registrando em correspondência interna a preocupação com os "ovos e os esqueletos". No último parágrafo da correspondência, a solicitação para que alguém providencie suas remoções. Os arquivos das empresas estão cheios dessas correspondências.

A outra metade das crises em potencial não é conhecida pelo corpo gerencial mas 90% dessa metade poderia ser descoberta se a empresa usasse processos de investigação com essa finalidade: fuçar.

Não sei se você fez a conta. Se não fez, vai aqui o resultado final trocado em miúdos:

Se houver planejamento e vontade "política", a empresa pode administrar 85% das possibilidades de crises empresariais. "Administrar" significa desde matar a pau o problema até minimizar os estragos que eles possam produzir se forem detonados.

A lista de "ovos de serpente e de esqueletos" é enorme e interminável. Portanto, vamos mostrar aqui os mais famosos. Todos eles já foram hospedados por organizações poderosas e tiveram seus momentos de glória. Eu poderia associar cada um deles a grandes encrencas. Mas vou deixar para você, leitor(a), o prazer do exercício.

Dividi a coisa toda em cinco categorias, sem a preocupação em distinguir o que são "ovos de serpente" e o que são "esqueletos". No fundo, é tudo farinha do mesmo saco:

(1) Categoria "crimes, irregularidades, derrapagens, espertezas, safadezas e similares":

- Crimes fiscais, operações ilegais, corrupção de qualquer tamanho. São os preferidos da "vista grossa". Sabe-se – ou presume-se – que existam nos porões – ou até mesmo em andares mais altos – da organização mas ninguém se mexe. Corre-se o risco. Desde a maquiagem de números e de produtos até a cervejinha do fiscal, passando pela popular "Caixa 2". Empresários costumam colocar essas coisas sob a rubrica "Sou contra, mas todo mundo faz; se não fizer, não sou competitivo ou vou passar por babaca". Isto quando esses senhores não estão de alguma forma se beneficiando pessoalmente da ação criminosa.

- Publicidade enganosa ou abusiva. Resulta do casamento de marqueteiros assanhados e agências de publicidade delirantes. É nitroglicerina pura.
- Agressões habituais ao meio ambiente.
- Descumprimento de contratos.
- Operações de "risco calculado". O mais comum: assumir compromissos que não pode cumprir.
- Relacionamento com o submundo: corruptos, contraventores, traficantes, contrabandistas e outros constituintes da pesada. O *Carrefour*, no Rio de Janeiro, se enrolou fazendo acordos de segurança com o crime organizado.

(2) Categoria "processos internos, controles, administração em geral".

- Processos imperfeitos, sem qualidade.
- Ausência de controles ou controles insuficientes.
- Falta de auditorias ou recomendações de auditoria não-implementadas.
- Fadiga de processo e de material.
- Manutenção deficiente.
- Tecnologia obsoleta.
- Terceirizações mal-escolhidas ou não-controladas.
- Testes incompletos de novos produtos ou novos sistemas.
- Sistemas de segurança inexistentes ou sem qualidade (em escritórios, instalações físicas vitais, computadores, sistemas operacionais, etc).
- Ausência de *back-ups* em sistemas vitais.
- Documentação imperfeita, desatualizada, desorganizada.
- Muitas operações executadas fora das normas.
- Problemas pendentes, queixas não-resolvidas, denúncias não-apuradas, ameaças não-levadas a sério. É o exame de fezes da organização. Muitas crises teriam sido evitadas se o exame fosse analisado com atenção.

(3) Categoria "relacionados aos recursos humanos":

- Recursos humanos não-treinados adequadamente ou inexperientes, principalmente em cargos de supervisão.
- Profissionais ambiciosos e arrogantes. O mercado financeiro está cheio de exemplos.

- Conceito de "tomar risco" mal comunicado ou mal-entendido.
- Embriaguez do sucesso, *egotrips*, salto alto. A Natureza Humana Futebol Clube está sempre aprontando.
- Gente estressada, cansada, exigida acima de sua capacidade ou com problemas pessoais (financeiros, doenças na família, problemas conjugais, alcoolismo, depressão).
- Empregados que se sentem injustiçados.
- Alta rotatividade, principalmente entre gerentes e na cúpula.
- Profissionais com muito tempo na função.
- Conflitos de interesse. Os recentes casos americanos fornecem ricos exemplos do risco.
- Relações de parentesco ou amorosas dentro da empresa, principalmente na mesma linha de subordinação.

(4) Categoria "relacionados à comunicação empresarial".

- Comunicação não-integrada.
- Comunicação simbólica negativa: comportamento dos dirigentes, atitude dos profissionais, relacionamento com públicos, sinais exteriores de poder, de riqueza, etc.
- Boatos não-analisados e não-investigados.
- Sugestões não-examinadas.

(5) Categoria "bobeiras, falta do que fazer":

- Envolvimento em política-partidária. O Caso 3M é elucidativo.
- Atitudes "politicamente incorretas".
- Envolvimento com temas polêmicos.

33. O Caso *ENRON* – De Tudo para Todos os Gostos

Se a sua atividade se relaciona de alguma forma com comunicação empresarial, você não pode deixar de acompanhar o Caso *ENRON*. Aliás, qualquer que seja a sua atividade – empresário, professor, advogado, auditor, investidor, dona-de-casa –, recomendo que procure conhecer essa encrenca que certamente vai constituir-se num marco dentro da história do capitalismo moderno. O caso tem ensinamentos para todo mundo e é um prato cheio para quem lida com Comunicação Empresarial.

A poeira do desabamento das torres gêmeas ainda não tinha se dissipado, quando um outro ícone americano começou a ruir, dessa vez não por ação de terroristas muçulmanos mas pela fragilidade das leis dos homens frente ao lado ruim da natureza humana que está sempre buscando formas de dar volta nos bobos do mundo.

Em síntese, a história é a seguinte. *ENRON* era a sétima corporação privada nos Estados Unidos (faturamento superior a 100 bilhões de dólares, PIB da Noruega) e a maior empresa do mundo na área de energia. Tinha 20 mil empregados na empresa-matriz e 3.500 subsidiárias espalhadas pelo mundo. A empresa ainda não tinha 25 anos. Cresceu no bojo da desregulamentação do setor energético e aproveitou a filosofia, concepções e cacoetes das empresas da chamada "nova economia".

Parêntese. Entre essas concepções a de valorizar o "capital intelectual" em detrimento dos ativos reais. Trocando em miúdos, sustenta-se que esse negócio de propriedades é papo-furado, coisa do capitalismo de nossos avós. A onda agora é o talento e o conhecimento das pessoas. Este é o "capital" que importa – segundo eles. Fecha parêntese.

No início de outubro de 2001, executivos da *ENRON* visitaram agências de classificação de crédito para falar dos resultados da empresa no terceiro trimestre. Nessas conversas, informaram que o patrimônio líquido da empresa (ativos menos passivos) havia sofrido, no período, um baque de 1,2 bilhão de dólares. Esse baque ocorrera – segundo os executivos da empresa – devido a "transações com outras sociedades comerciais". Em suma – explicaram eles – maus negócios, trapalhadas – admitiam, mas coisas que acontecem em qualquer empresa e nas melhores famílias, não é verdade?

Mas os problemas da *ENRON* – soube-se depois – não eram resultantes apenas de "maus negócios" e de "apostas erradas". Não eram só pacientes dessa enfermaria. Fizeram muita bobagem, sim. Mostraram grande incompetência em negócios feitos na Índia, no Brasil e na Europa. Compraram gato por lebre a torto e a direito. Bateram de frente com governos.

Outro parêntese. Inacreditável que com tanto "capital intelectual" dentro de casa tenham feito tanta besteira. Fecha parêntese.

A questão maior, entretanto, era o megaesqueleto que a organização escondia em seus armários. Esse, era de arrepiar.

Anatomia do esqueleto. A *ENRON* montou em poucos anos uma extensa e complexa rede de subsidiárias ("sociedades comerciais") que atuavam nas mais diversas áreas da economia mundial. Tais subsidiárias, dirigidas pelos próprios altos executivos da empresa, tinham vida própria e operavam como se independentes fossem. A organização da rede e os vínculos pessoais existentes entre as empresas possibilitavam a construção de qualquer tipo de arranjo contábil e fiscal. Dentro de um regime de total conflitos de interesse, promíscuo, e através de acordos de cavaleiros, a quadrilha enfiava os prejuízos na contabilidade das empresas-parceiras, protegendo assim os resultados da empresa-mãe e engordando ficticiamente o valor das ações da *ENRON*. A empresa operava dentro do modelo de conflito de interesses que os analistas chamam de "engenharia financeira no fio da navalha". Tudo escondido dos acionistas, dos empregados, do governo americano, etc. E com o "nada consta" das auditorias!

No início de dezembro, a *ENRON* entrou com um pedido de concordata, o maior pedido desse tipo já feito. Devia 50 bilhões de dólares. A ação da empresa, que chegou a 90 dólares em 2000, fechou em dezembro de 2001 a 26 centavos de dólar, arruinando investidores que confiaram na empresa e detonando o fundo de previdência dos funcionários.

Cada dia aparecia um pedaço do esqueleto.

- Descobriu-se que, no último ano, já prevendo o desastre, os principais dirigentes venderam em torno de 1 bilhão de dólares de ações da empresa. Enquanto se livravam do mico, campanhas internas estimulavam os funcionários a continuar investindo suas economias na massa falida.
- Descobriu-se que, em outubro de 2001, já com o banzé formado, um dos auditores da *Arthur Andersen* mandou dar sumiço em grande parte na documentação sobre a empresa e suas trapalhadas. Queima de arquivo literalmente.
- Descobriu-se que a *ENRON* foi o maior contribuinte na campanha dos republicanos e particularmente de *George W. Bush* e que vários colaboradores do atual governo tiveram alguma ligação no passado com a empresa. Até agora não se descobriu nada de ilegal, mas o estreito relacionamento e o tamanho da contribuição se constituiu num excelente material para ser aproveitado pelos democratas justo no momento em que a popularidade de *Bush* estava nas nuvens.
- Ficou-se sabendo que, em junho, analistas da *Standard & Poor's* alertaram a empresa que ela deveria se preocupar com o baixo desempenho de seus

ativos internacionais. Mas surpreendentemente manteve as classificações de crédito com base na aparente disposição da empresa em rifá-los.

- Vários bancos – *Citbank, J.P.Morgan, Royal Bank of Scotland, Credit Lyonnais, ABN AMRO, Barclays, Deutsche Bank, Societé Generale*, etc – tinham enormes papagaios pendurados. A pergunta que rolou na praça foi como esses gigantes entraram nessa fria. Além disto, a falência da *ENRON* deixou no ar a preocupação quanto à existência de mais riscos no mercado de crédito do que se supunha. A desconfiança fazia sentido. Calculava-se que, nos últimos seis anos, investidores perderam perto de 200 bilhões de dólares em razão de falhas em procedimentos de auditoria.

O caso está longe de acabar. Não se sabe o que vai acontecer e pode aparecer. Muita água ainda vai rolar debaixo da ponte. Entretanto, duas coisas são certas: primeiro, que o sistema e a legislação têm enormes furos. Estão longe de estar à prova de maldades e de funcionar como uma proteção para a sociedade. O lado ruim da natureza humana continua ganhando de goleada. Segundo, muitas instituições saíram dessa história com suas imagens profundamente abaladas. Além, claro, da empresa falida, agências controladoras, agências de crédito, empresas de auditoria, seguradoras, bancos, conselhos fiscais, consultores, políticos, advogados, analistas de mercado, contadores, lobistas. Sobrou pra todo mundo. E, finalmente, o sistema como um todo. Enfim, muito trabalho para os comunicadores. Chegou a hora da nossa rapaziada mostrar o seu valor. [10]

34. Ambiências que favorecem o Surgimento de Crises Empresariais

Crises podem acontecer a qualquer momento. Até mesmo em céus de brigadeiro. Mas há um consenso de que certas ocasiões são mais propícias para elas emergirem ou para que "ovos de serpente" se criem ou para "esqueletos" saírem do armário. São momentos ou estados em que, por razões diversas, as empresas estão mais fragilizadas ou desatentas.

- Período de agitação política/econômica/social no país.
- Clima organizacional ruim.
- Política de Recursos Humanos inadequada.

- o Crescimento acelerado. Euforia empresarial.
- o Tempos de vacas magras.
- o Marasmo na organização: estabilidade operacional.
- o Problemas de liderança.
- o Fusões e/ou aquisições.
- o Reestruturações, *downsizings*.
- o Mudanças internas (organização, chefias, processos, softwares, produtos).
- o Período de concordata

35. Quando as Crises Acontecem

Quando?

Quando menos se espera.

Concordo que esta seja uma resposta um pouco vaga mas é absolutamente verdadeira. A não ser a crise que se chamou "*bug* do milênio", que se soube, com antecedência de dez anos, a hora, dia, mês e ano que ela iria acontecer, o resto pinta quando a gente menos espera. Há estudiosos do tema que afirmam que as crises nunca começam numa quarta-feira, no meio da tarde. O telefone quando bate para trazer más notícias é sempre no domingo ou num feriado prolongado e quando os principais executivos estão em lugar inacessível.

A tese não tem base científica mas quem é do ramo sabe que é verdade. É ou não é?

36. Empresa e suas Vulnerabilidades

Assim como existem pessoas mais vulneráveis a doenças do que outras, existem empresas mais vulneráveis a **CEOPs** do que outras organizações. Por alguma razão, elas estariam predispostas a se envolverem em encrenca.

São grupos de risco.

- Empresas ou ramos de atividade que têm vivido crises. Há momentos em que as bruxas parecem estar soltas num determinado setor de atividade. No momento em que escrevo este trabalho, as empresas de consultoria estão nas páginas de todo mundo. Vivem o seu inferno astral. Se o seu vizinho de atividade está na fogueira, ponha suas barbas de molho. A próxima vítima pode ser você.
- Empresas que atuam em áreas bastante controladas. A organização operando debaixo de muitas regras e sob olhos atentos da fiscalização corre maiores riscos. São grandes as possibilidades tanto de infringir uma regra quanto de ser descoberta em caso de infração.
- Empresas que atuam na área de produtos farmacêuticos e de produtos alimentícios. Estão sempre no fio da navalha.
- Empresas que fabricam produtos suspeitos de provocar doenças. Exemplo: indústria tabagista.
- Empresas que lidam com o dinheiro dos outros.
- Empresas cuja atividade ou operação passa pelo meio ambiente.
- Empresas que trabalham com matéria-prima de origem animal. Exemplo: casacos de pele, bolsas de crocodilo, etc.
- Empresas que usam animais para pesquisas.
- Empresas que representam "símbolos do mal" na cabeça de grupos extremistas ou de formadores de opinião. Empresas belzebus.
- Empresas com dificuldades financeiras. Organismo debilitado é caldo de cultura para problemas. O centro da preocupação naquele momento está na sobrevivência. A empresa baixa a guarda nos controles. A própria situação já é convidativa para conflitos com constituintes (empregados, acionistas, fornecedores) que já estão com o pé atrás.
- Empresas dirigidas por figuras de alta exposição, superstars, gênios. "Sucesso" gera inveja e o interesse da mídia. A combinação é explosiva. Não que essas empresas estejam mais propensas às crises. A questão é que, uma vez suspeitas, na berlinda, é prato cheio para os invejosos, para os inimigos, concorrentes e para a mídia.
- Empresas com rápido crescimento. Gente nova e não-bem-treinada, processos e controles deficientes foram encontrados em caixas-pretas investigadas.

- Empresas líderes. São as mais vigiadas. A concorrência trabalha dia e noite para desbancá-la. Por outro lado, "derrubar Golias" é esporte universal.
- Empresas sem códigos de ética ou sem boa divulgação interna desses valores.
- Empresas novas ou empresas em áreas novas de atividade. Tudo é novo.
- Empresas sem boa política de Recursos Humanos. Não geram lealdades e criam corvos dentro de casa.
- Empresas *low profile*. Não têm bom relacionamento externo. Quando uma crise acontece, não têm aliados, não sabem a quem procurar. Gatas borralheiras não costumam ter um bom círculo de amizades.
- Empresas com alta rotatividade de pessoal, inclusive na cúpula.
- Empresas sem cultura de controles.
- Empresa sem cultura de qualidade.
- Empresa sem cultura de Comunicação Empresarial.

37. Um Caso Hipotético – Crie Corvos e Eles te furam os Olhos

As águas subiram rapidamente inundando o primeiro andar de uma empresa de engenharia situada às margens do rio que banha a cidade. Nessa época do ano, inundações eram esperadas mas jamais nessa proporção. O fato é que não houve tempo de retirar o material e equipamento do andar inundado onde trabalhavam 15 dos 50 engenheiros e desenhistas, empregados da empresa.

O clima organizacional não era dos melhores nos últimos três anos. O gerente-geral era um cara grosso, fazia o "estilo sargentão". Os salários estavam congelados há muito tempo e a comunicação interna praticamente não existia. As reuniões eram apenas para cobrar a realização de trabalhos. Não havia programas de reconhecimento.

A direção da empresa estava preocupada porque precisava terminar o trabalho encomendado pelo seu mais importante cliente. Claro, existia a possibilidade de negociar-se um certo atraso na entrega do projeto em função da inundação, mas a flexibilidade não era muita.

Depois de muito esforço, a direção conseguiu imaginar um esquema de emergência que daria condições à empresa de funcionar precariamente até as coisas melhorarem. Para tanto, precisava transferir parte do material e do equipamento do primeiro andar para o segundo. Conseguiram também um espaço que ficava num prédio próximo. A outra parte do equipamento seria deslocada para lá. Mas essa operação não poderia ser feita sem a colaboração dos empregados. Seria necessário que todos arregaçassem as mangas literalmente e vestissem a camisa da empresa.

O gerente-geral fez um breve comunicado por escrito informando a todos os funcionários a operação pretendida. Seguia-se uma lista de tarefas e das pessoas designadas para cada uma delas. E mãos à obra.

A direção ficou surpresa quando cinco dos designados alegaram doença e se retiram mais cedo para casa. Somente 15 deles apareceram no dia seguinte para cumprir suas tarefas. Os outros, sequer deram as caras. Telefonaram dando uma desculpa esfarrapada por não comparecer ao trabalho.

O "sargentão" ficou uma arara. Disse não entender o que se passava na cabeça daquela gente. O desemprego estava aumentando. E na hora que mais se precisava deles, "aqueles ingratos" deixaram a empresa na mão. Oh, raça! Quando as coisas voltarem à normalidade, vai ter passaralho – pensou.

Lições tiradas desta pequena historinha:

1. "Cria *cuervos* e eles te furam os olhos". A inexistência de uma comunicação interna, sustentada por uma boa política de Recursos Humanos, gera "inimigos". Não há lealdade dos empregados, nem o famoso "orgulho de pertencer". A política de "só na hora da sede é que procuras por mim" é um esqueleto de valor.
2. Nas crises, peça ajuda. Informe a importância da colaboração, agradeça por antecipação.
3. Uma das mais importantes decisões na Comunicação Empresarial é sobre o veículo a ser usado. O meio é a mensagem. Nesse caso examinado, ao escolher um frio memorando interno, o "sargentão" conseguiu piorar as coisas ainda mais. Boas mensagens morrem no meio do caminho por inadequação do veículo. [11]

38. Crises Empresariais mais Comuns

Numa grande pesquisa feita nos Estados Unidos com as 500 maiores empresas do famoso *ranking* da revista *Fortune*, foram listadas o que elas consideravam serem suas maiores vulnerabilidades: Obviamente, as realidades americana e brasileira não têm nada a ver uma com a outra. Por outro lado, a pesquisa mistura causas com efeitos. Mas fica como curiosidade. [12]

- Acidentes industriais devido a falhas humanas. Defeitos de produtos que produzem lesões ou morte de consumidores.
- Problemas com meio ambiente.
- Conflitos com sindicatos.
- *Recalls* de produtos.
- Problemas com investidores: "tomadas de controle hostis (*hostile takeovers*).
- Rumores/boatos/vazamento para a mídia.
- Intervenção do governo na atividade.
- Atos de terrorismo: ameaça de bombas, seqüestros de aeronaves. [Empresas aéreas hoje estão mais mobilizadas para enfrentar problemas de terrorismo do que para acidentes com seus aviões. Mesmo assim engoliram frangos em 11 de setembro de 2001.]
- Furtos, roubos, fraudes internas.

Um grande achado dessa pesquisa foi que 50% dos entrevistados admitiram que suas empresas não tinham planos de gerenciamento de crises. Se você, leitor(a), é responsável por relações públicas na sua empresa, é conveniente esconder essa informação de seus superiores. É tudo que eles gostariam de saber para continuar não tomando providências. Se você é empresário(a), – como diria Nelson do Cavaquinho – "tire o seu sorriso do caminho". Nenhum dos que confessaram se vangloriava do fato. Pelo contrário, eram executivos envergonhados e cheios de culpa, viviam sobressaltados, tinham pesadelos horrorosos, ficavam com taquicardia quando o telefone batia. Você sabe do que estou falando.

39. O Caso *PANAM-Lockerbie* – Um Ícone que cai

A longa história de pioneirismo da *PANAM*, iniciada em 1927, acabou 61 anos depois na noite de 21 de dezembro de 1988. Num vôo entre *Frankfurt* e *New York*, o *Boeing* 747 da empresa explodiu nos céus de *Lockerbie*, na Escócia, matando 270 pessoas – 259 a bordo e 11 no chão. O maior golpe do terrorismo na história da aviação até então. O desastre foi o tiro de misericórdia na já combalida empresa, consumida por um corporativismo somente visto em empresas públicas. Dois anos depois, a falência.

A exemplo do *World Trade Center*, treze anos depois, os terroristas escolheram um símbolo americano de muito prestígio. De certa forma, o atentado era esperado. Várias firmas americanas recomendavam à boca pequena que seus executivos evitassem viajar pela *PANAM*. No começo de dezembro, a embaixada americana, em *Helsinki*, recebeu um aviso anônimo de que, num vôo entre *Frankfurt* e *New York*, seria colocada uma bomba. Os funcionários do governo foram avisados. Dito e feito.

As famílias das vítimas usaram esses argumentos contra a *PANAM*. Disseram através de seus advogados: "Se a *PANAM* era um alvo tão óbvio, porque não ter tido mais cuidado com a segurança?"

O objetivo dos terroristas era de que o avião explodisse sobre o Oceano Atlântico-Norte. Como houve um atraso de 25 minutos no aeroporto de Londres, a explosão se deu sobre a terra, possibilitando que os investigadores apurassem mais coisas sobre o atentado.

A primeira especulação foi de falha mecânica. Fazia sentido: um 737 da empresa *Aloha* recentemente havia quebrado sua estrutura em pleno vôo. A *PANAM* prontamente rebateu com registros de manutenção da aeronave. Funcionários do governo inglês e do *FBI* igualmente descartaram a hipótese de falha mecânica. Algumas horas depois do acidente, a empresa e as autoridades já tinham indícios suficientes para aceitar a tese da sabotagem. Se tivesse caído no mar, a tese iria levar talvez dias ou meses para ser encampada.

O acidente teve como desdobramento uma série de providências tomadas por governos e empresas relacionadas à segurança dos vôos que acabaram sendo insuficientes no caso do terrorismo praticado por agentes-suicidas.

Dois funcionários da *Lybian Arab Airlines* – que segundo investigações também trabalhavam no serviço secreto líbio – foram identificados como operadores do atentado. Ao serem investigados, se refugiaram na Líbia sob a proteção do presidente *Kaddafi*. Em 1989, depois do país sofrer sanções internacionais e de muitas negociações, os acusados foram entregues para serem julgados por um tribunal formado por juízes britânicos. [13]

40. O que as Crises provocam: Quanto custam e Quem paga a Conta Delas

No perde-ganha das crises empresariais, há infinitamente mais perdedores do que ganhadores. Ganham os advogados, a mídia, e às vezes – e por pouco tempo, os concorrentes. O resto perde. Entre os perdedores, além das empresas, há os de primeira leva: as vítimas e os lesados. E os perdedores de médio e longo prazos: muitos outros constituintes.

Nos Estados Unidos, calcula-se que as empresas perdem 300 bilhões de dólares por ano só em honorários de advogados, custas de processos, indenizações e multas. Computando o resto, a estimativa ultrapassa um trilhão de dólares por ano. Isto em tempos normais. Claro que nas épocas conturbadas – como a que se seguiu a 11 de setembro de 2001 e na crise das corporações em 2002 – os prejuízos são muito maiores.

Por que tanto dinheiro e tantos perdedores? Porque o *day-after* das crises costuma ser de demissões em massa, indenizações, multas, *recalls* de produtos, boicotes, greves, afastamento de altos executivos, perda de clientes, desvalorização das ações, etc. Enfim, quem também paga a conta são empregados, investidores, consumidores, fornecedores, governos, contribuintes. Até mesmo aqueles que ganharam nos primeiros momentos, no longo prazo acabam tendo prejuízos.

Enfim, a sociedade como um todo perde muito mais do que pensa.

Quando mal administradas, as crises geralmente provocam:

- Danos à reputação tanto das empresas quanto dos seus executivos. Muitas empresas desapareceram por terem tido a sua imagem arruinada. Outras tiveram que trocar de nome para sobreviver. O Banco *Boavista*, no Rio de Janeiro sobreviveu aos trancos e barrancos a uma crise com seus clientes, em 1999. Dois anos depois, aproveitou ser comprado pelo Bradesco pra se livrar da marca. Muitos brilhantes e vitoriosos executivos viram suas carreiras serem interrompidas e destruídas por não conseguirem limpar seus nomes. Sem fazer muito esforço me lembro de uns dez. Com os outros dez que você se lembrou, já são vinte. O que é isto? Desvalorização do capital intelectual. Pessoas procurando emprego costumam suprimir de seus currículos o nome de empresas onde trabalharam e que se meteram em encrenca. Mesmo empregados de níveis baixos acabam pagando o pato. Enfim, ter trabalhado em empresas com esse histórico não é uma boa referência nem para o coitado do ascensorista.

- Danos à credibilidade do negócio. É a reputação da atividade. Caso *Enron*, nos fins de 2001, arrastou para a lama a reputação das empresas de auditoria. Um cirurgião plástico picareta contamina a imagem de todos os profissionais do ramo. Um produto posto em questão coloca todos os seus concorrentes sob suspeição. Se o produto for líder no mercado, pior ainda para os demais.
- Perda da lealdade dos empregados. Crises afetam o "orgulho de pertencer". A tendência é o posicionamento do índio Tonto: Nós – quem – cara pálida?
- Perda de negócios. Consumidores se encolhem. Contratos são postergados.
- Redução da lucratividade. Faturamento cai, custo e despesas sobem. Acionista paga a conta.
- Distração gerencial. Toda a energia é transferida para a administração da crise. Falar com a mídia, com as autoridades, com o público interno, com a comunidade, com grupos de interesses. Justamente esse povo com que a empresa sabe menos conversar.
- Queda da produtividade. A rádio-corredor bate picos de audiência nas épocas de crise. A fofoca corre solta. Também a ansiedade do passaralho tira o sono de todo mundo.
- Custos com a crise: multas, indenizações, honorários de advogado, consultores, despesas com material (folhetos, vídeos, campanhas), viagens, contratação de pesquisas, equipamentos, anúncios, horas extras, etc. Nada disto o seguro cobre.
- Importante considerar que a marca tem um valor. É um ativo chamado de intangível assim como as patentes, a lista de clientes, os pontos-de-venda. Há empresas em que esses ativos intangíveis valem mais do que os tangíveis (prédios, máquinas, ações, etc). Quando a empresa enfrenta uma crise, este ativo perde valor. Calcula-se que a *Microsoft* perdeu 7% do valor de sua marca com os problemas relacionados a lei antitruste. A

Ford, com os problemas dos pneus da *Firestone*, segundo os mesmos cálculos, teve uma desvalorização espetacular de sua marca: caiu de 30 bilhões de dólares para 6 bilhões.

É isto aí. Certamente você já ouviu falar que, em chinês, as palavras "crise" e "oportunidade" são representadas pelo mesmo ideograma. Ouço isto há anos. Mas, com todo respeito que tenho pela cultura e sabedoria chinesas, acho que eles nunca colocaram na ponta do lápis e no ábaco quanto custa uma **CEOP**. Talvez, no campo pessoal, o ensinamento se aplique. Crises pessoais costumam alavancar defuntos. Pode ser também que seja um tipo do "jogo do contente". Porque só acredita naquela bobagem de que se pode "fazer do limão, uma limonada", quem nunca teve a Opinião Pública nos seus calcanhares e a mídia no cangote. Crise é uma oportunidade. É ruim, hem?

CAPÍTULO TRÊS

OPINIÃO PÚBLICA

41. *Vox Populi, Vox Dei*

Afinal, o que é Opinião Pública?

Aquele bando de malucos batendo panela na frente do prédio é a Opinião Pública?

Aquelas cartas publicadas na "coluna do leitor" dos jornais espinafrando a organização é a Opinião Pública?

Aquelas faixas que os participantes exibem numa passeata xingando os dirigentes é a Opinião Pública?

Aquela turma que interditou a estrada protestando contra alguma coisa é a Opinião Pública?

Aquelas manifestações de rua queimando bandeiras, jogando pedras na polícia, fazendo barricadas, tacando fogo nos carros é a Opinião Pública?

Não, leitor(a), nada do que foi apresentado acima é a Opinião Pública propriamente dita. Felizmente. Não passam de opiniões de grupos, de segmentos da sociedade. Muitas das vezes, não representam nem a opinião do segmento como um todo. Quase sempre é a opinião de uma minoria, organizada, ativa e barulhenta, convicta de seus direitos e de que, através dessas manifestações, estará atraindo mais adeptos para a causa. O sonho de consumo dos manifestantes é transformar a tese que defendem em Opinião Pública e assim ganhar poder de pressão. Nem sempre conseguem ir além do que já têm. Muitas vezes atraem mais antipatias para a causa do que adeptos. Pode crer.

Se incomodam? Sim, incomodam. E como!

Mas o que interessa é entender que opinião de um grupo não é a Opinião Pública. Não é a legítima *Vox Populi*. Está longe dela.

42. A Opinião Pública que interessa à Empresa

Então, o que é Opinião Pública? – insiste você.

Olha, cara, opiniões sobre o que venha a ser Opinião Pública existem a dar com pau. Definições, só no meu trabalho de pesquisa, achei mais de cem. Todas – a meu ver – insatisfatórias ou que dariam muito pano pra manga.

Pensei cá comigo: se entrar nessa de discutir o que é Opinião Pública, eu e você, leitor(a), vamos esvaziar barris e mais barris de chope, ficar completamente embriagados e não vamos chegar a lugar nenhum. O tema é fascinante, dá vontade de ir fundo, mas dado às controvérsias e ao adiantado da hora, precisamos ser práticos. Deixemos para outra ocasião um papo-cabeça sobre a matéria. Falemos, pois, apenas do que venha a ser absolutamente necessário para avançar no tema central deste trabalho: **Crises Empresariais com a Opinião Pública.**

Combinado?

Obrigado pela confiança.

Então, ficando bem no raso da questão, diria que há duas espécies de Opinião Pública.

A primeira delas, vamos chamá-la de a "Grande Opinião Pública".

É a Opinião Pública de amplo espectro, isto é, que engloba todos os públicos possíveis e imagináveis numa determinada sociedade. "Público" é qualquer coleção de indivíduos, organizados ou não, com interesse comum. Moradores de uma favela, empregados de uma empresa, advogados, fumantes, hipertensos são exemplos de "públicos" nesse sentido. Entretanto, na acepção que usamos dentro da expressão "Grande Opinião Pública", "público" é outra coisa. Aí, ele passa a ser uma coleção de indivíduos desorganizados sem identidade de interesses. Exemplos: eleitorado de uma cidade, população de uma região, etc. O número de diferentes "públicos" (de acordo com a primeira acepção) existente numa comunidade é, teoricamente, o número de possíveis combinações de indivíduos nessa comunidade. [14] Em suma, uma infinidade. Não dá pra contar, sequer estimar.

É essa "Grande Opinião Pública" que tira o sono dos governantes e dos políticos e cujo humor é acompanhado dia e noite pelos institutos de pesquisa, por sociólogos e cientistas políticos. Na sua agenda, estão principalmente as grandes questões da sociedade, as políticas públicas, a escolha dos governantes, questão do aborto. O quebra-cabeça dos analistas consiste em descobrir, no emaranhado dessa infinidade de combinações de públicos, nessa autêntica Babel, e cada um deles olhando para o seu próprio umbigo, qual é a vontade resultante do universo, a síntese do que querem da vida, como a estão digerindo, o que os aflige, quais as tendências dominantes, etc. E o que se apurou hoje, amanhã não vale mais.

Portanto, a Grande Opinião Pública é algo estruturalmente muito complexo, difícil de precisar e de compreendê-lo.

Graças a Deus, no que tange ao interesse empresarial e às finalidades deste trabalho, a Opinião Pública com a qual vamos lidar é de outra espécie, infinitamente menor, menos complexa e com uma agenda mais pão, pão, queijo, queijo. Esta Opinião Pública – que vamos batizar de a "Pequena Opinião Pública" – reúne apenas os públicos com os quais a empresa se relaciona na sua atividade, ou seja, seus constituintes, entidade a quem já tivemos o prazer de sermos apresentados neste trabalho.

Esta é a Opinião Pública que nos interessa. Colocando de outra forma, a *vox populi* que nos interessa é a opinião dos nossos constituintes.

No jornal que você lê todos os dias, é publicado, em destaque, um comunicado de uma empresa. Se você se interessou em ler o comunicado, certamente você é um constituinte dessa empresa (cliente, empregado, investidor, fornecedor, etc). Ou então é uma pessoa interessada em assuntos empresariais (estudioso, analista de mercado, profissional da área de comunicação, etc) o que também lhe dá direito ao título de constituinte da empresa. Mas se você passou batido pelo comunicado, é porque seu mundo é outro, você pertence a "Grande Opinião Pública". Se algum dia a minha empresa se meter em alguma encrenca, saberei que não preciso me preocupar com você. É isto.

Falando assim "Pequena Opinião Pública", "apenas os públicos com os quais a empresa se relaciona" parece moleza. Não é. Tenha certeza, leitor(a), que tomar conta desse povo é muita areia para o caminhão de muitas empresas.

Então, para fechar a questão com que abrimos a nossa conversa, se os aludidos protestos, cartas aos jornais, faixas com xingamentos, barricadas, etc. não são promovidos contra a empresa por seus constituintes, essas manifestações não nos interessam. Dizem respeito a outra Opinião Pública, a "Grande", aquela de amplo espectro.

43. O Despertar Empresarial para a Importância da Opinião Pública

A consciência da importância da opinião das massas existe há mais de dois mil anos. De certa forma, ela sempre foi temida. Mesmo os poderosos monarcas, os megaditadores, todo-poderosos, a respeitavam. Pilatos escorou-se na Opinião Pública para crucificar Jesus e libertar Barrabás. As ditaduras foram as que mais investiram na propaganda. Todos queriam agradá-la, seduzi-la, tê-la ao seu lado ainda que nem sempre precisasse objetivamente de seu apoio. Foi a frase que encabeça este capítulo – "A voz do povo é a voz de Deus" – datada da última parte da Idade Média, que registrou o poder disso que se chama Opinião Pública.

Vox Populi, vox Dei.

A frase é de autor desconhecido mas por certo pagou caro pela ousadia.

Se os governantes e políticos nunca tiveram dúvidas quanto à importância da Opinião Pública para o sucesso dos seus projetos, o mesmo não aconteceu com empresários. Já lembramos a maravilhosa frase atribuída a *William Vanderbilt:*

"A Opinião Pública que se dane".

Em 1923, *Edward Bernays* – tido mais tarde como pai da função de Relações Públicas e, à época, com trinta e dois anos – no clássico *Crystallizing Public Opinion*, levantou pela primeira vez a questão de que as corporações não podiam ignorar a existência da Opinião Pública. Em plena Era *Vanderbilt*, quando *Rockefeller* mandava dissolver à bala manifestações reivindicatórias de seus empregados, e antes da crise de 1929, a conclamação de um garoto era também pra lá de ousada. *Bernays* sustentava que as corporações deviam ouvir empregados, acionistas e as massas para entender seus pleitos, motivações, queixas e estarem preparadas para crises e recriminações públicas.

Esse é o *Bernays*! Grande *Edward*!

Não é à toa que ele foi considerado um dos americanos mais influentes do século 20. *Bernays* – que está para Relações Públicas assim como *Sigmund Freud,* aliás seu tio, está para a Psicanálise – morreu em 1995 aos 103 anos.

Vamos, leitor(a), erguer um brinde em sua homenagem. Ele merece.

44. Características da Opinião Pública

Quais são as diferenças entre a "Grande" e a "Pequena Opinião Pública"? Falando das características, definiremos as diferenças.

Algumas características da "Grande Opinião Pública":

- Públicos: tribos e mais tribos, numa infinidade de combinações; configurações heterogêneas.
- Interesses em comum: difusos, vagos, imprecisos. Cada tribo olhando para o seu próprio umbigo.
- Agenda: as grandes questões da sociedade – e também as baixarias.
- Nunca é unânime. Às vezes, nem é maioria. A bem da verdade, na maioria dos casos, é minoria.
- Organiza-se com dificuldade e lentamente.
- Inconstante, mutante, dinâmica.
- Emprenha facilmente pelo ouvido.
- Fortemente influenciada por veículos de comunicação de massa – televisão, principalmente – e por formadores de opinião.
- Comportamento: tirando os segmentos radicais, é de paz. *Low profile.*

Algumas características da "Pequena Opinião Pública":

- Públicos claramente definidos. Os constituintes da empresa.
- Interesses conhecidos, determinados.
- Agenda: interesses imediatos.
- Mobiliza-se rapidamente quando seus interesses estão em jogo.
- Tende a ser maioria.
- Fortemente influenciada pelos estereótipos negativos.
- Comportamento: na defesa de seus direitos, costuma virar bicho.

Para melhor entendimento das diferenças acima, tomemos o exemplo de um cidadão típico de classe média, morador de uma grande cidade, idade entre 30 e 50 anos, com formação universitária. Numa questão sobre direitos civis ou sobre política econômica do governo ou sobre distribuição de renda no país – temas considerados da "agenda da sociedade", é absolutamente certo que ele tenha uma opinião formada sobre o assunto. Não é certo – mas é possível – que ele até participe de manifestações públicas a respeito, que eventualmente defenda seu ponto de vista em cartas para jornais, que se posicione enfaticamente numa reunião social e que apóie um candidato com as mesmas idéias. Mas o acompanhamento dessas questões – a menos que seja um militante da causa – dificilmente será a prioridade na sua agenda pessoal. Por causa de qualquer uma delas, ele jamais ficará sem dormir ou faltará ao trabalho ou cancelará sua viagem de férias. Sendo uma pessoa educada e serena, é muito pouco provável que perca o controle e bata boca ou faça ameaças ou pense em agredir alguém que tenha opinião diferente. Se a polêmica for essa, vai sempre pegar leve.

Mas se este mesmo cidadão achar que um direito seu foi violado ou que foi lesado numa operação comercial, ou que sua segurança, saúde, integridade física estejam sob ameaça por conta de algo feito por alguém, é altamente provável que ele tenha um comportamento totalmente diferente do que teve diante de uma das questões antes anunciadas. Agora, ele vai pegar pesado.

Pra começo de conversa, o assunto ganha prioridade na sua agenda. O prejuízo pode até não ser significativo. Basta uma pequena contrariedade para que o nosso pacato cidadão perca as estribeiras e incorpore o comportamento de um militante radical. Vira bicho, fera ferida. Sua reação poderá ir desde o protesto veemente – verbal ou por escrito – até o xingamento grosseiro. Não terá dificuldade de chegar à agressão física. Se descobre outros cidadãos na mesma situação, mais motivação terá para buscar, na lei ou na marra, a restauração de seus direitos, a indenização por perdas e danos, etc. E se o responsável pela lesão ou ameaça já tem culpa no cartório, sai de baixo.

Como veremos, na cabeça da maioria das pessoas, empresas e empresários sempre têm culpa no cartório.

45. Imagem Empresarial e Opinião Pública

Se você é jornalista, faço-lhe um desafio. Experimente propor no seu jornal qualquer uma das manchetes abaixo:

- NEGROS SONEGAM IMPOSTOS
- *GAYS* PRODUZEM DANOS À NATUREZA
- ÍNDIOS SÃO ACUSADOS DE CORRUPÇÃO

• MULHERES EXPLORAM SEUS EMPREGADOS

O mundo viria abaixo, concorda? Certamente você, jornalista, teria que andar em carro blindado com dez seguranças em volta. Teria que tirar o telefone da lista e os filhos, da escola. As ONGs de todos os gêneros iriam querer a sua cabeça. Você viraria um *Salman Rushdie*, o autor dos Versos Satânicos, que foi mexer com os fundamentalistas árabes.

Reações exageradas à parte, não resta dúvida que as manchetes que você criou mereceriam toda a crítica do mundo. Elas revelam fortes preconceitos. Fazem generalizações injustas e perigosas. Portanto, você, jornalista que as produziu, mereceria fortes puxões de orelha. No mínimo.

Agora substitua, nas manchetes acima, os substantivos à esquerda – "negros", "*gays*", "mulheres", "índios" pela palavra "empresários".

Concorda que você, jornalista, não teria o menor problema? Como dizem os baianos, "*No stress*". Afinal, é o que a gente vê todos os dias nos jornais, não é verdade? Certamente algumas dessas manchetes foram de sua autoria. Pois bem, nenhuma organização vai protestar com a generalização. Ninguém vai ficar chocado, nem zangado com você. E, cá entre nós, você ainda tem grandes chances de descolar um prêmio *Esso* de reportagem. Estou levando fé.

A questão é a seguinte: se se escrevesse – apenas escrevesse, nada mais – contra índio, mulher, negro e homossexual o que se escreve diariamente contra empresas e empresários, o mundo viveria em estado permanente de tensão: passeatas, quebra-quebra, greves, atentados terroristas, o diabo.

E sabe por que nada do que se escreve contra empresas e empresários surpreende, aborrece, revolta a Opinião Pública? Porque nada disto se choca com o que as pessoas, no fundo do seu inconsciente, pensam das empresas e dos empresários. Cientificamente falando, o que se escreve contra eles não causa "dissonância cognitiva". Noutras palavras, a idéia de que empresário é delinqüente faz sentido.

Resumindo, a Imagem Empresarial não é boa na sociedade.

46. Estigmas e Preconceitos

Lembro-me de minha avó dando consultoria para as nossas empregadas com a segurança de quem sabia do que estava falando. Dizia ela: "abra o olho com o leiteiro, ele bota água no leite"; "cuidado com os feirantes, eles roubam no troco"; "atenção com o açougueiro, ele rouba no peso".

Minha avó nasceu no século 19. É possível que, em parte, os seus preconceitos com relação aos empresários se deveu a experiências pessoais concretas. Deve ter sido tapeada por comerciantes ao longo da vida. Mas, na verdade, esses preconceitos tinham sido herdados de seus antepassados. É famosa a passagem da bíblia que relata a fúria de Cristo expulsando os comerciantes da porta da igreja. Aliás, foi o único momento na sua vida em que Ele não só perdeu a calma como apelou para a violência. O episódio cunhou um estigma: "os vendilhões do templo". Aqueles que topam tudo por dinheiro. Minha avó ouviu de seus pais, dos avós, dos familiares, do padre, da *vox populi* de sua época, a mesma ladainha que repetiria por toda a sua vida para as pessoas em sua volta.

"Empresários, cuidado com eles!"

O estigma que empresas e empresários carregam é pesado. Em princípio, todos são delinqüentes. Vendilhões do templo. Na origem, de berço. A questão nuclear chama-se "lucro". Empresário faz qualquer coisa para ganhar dinheiro. "São capazes de vender a própria mãe" – dizem uns. "E não entregam a mercadoria" – acrescentam outros.

Quando são ricos e poderosos credita-se a riqueza e o poder à ambição desmedida, nunca ao trabalho, ao risco, à determinação, ao tino, à criatividade. E nas culturas em que "lucro" é sinônimo de "pecado" – como na nossa – pior ainda. Os espanhóis chamam "lucro" de "*ganancia*". Sintomático. Dão nome aos bois sem cerimônias. Nós, na língua portuguesa, disfarçamos. Chamamos "lucro" de "lucro". Mas, no fundo, temos as mesmas reservas quanto ao termo, sobretudo quando não somos nós os beneficiários dele.

Em suma, a Opinião Pública raramente julga a *performance* de uma organização baseada em fatos mas em percepções, estereótipos e emoções.

Está na cabeça das pessoas e na boca do povo que, porque "só pensam em lucro" – o pecado original, as empresas cometem outros "pecados". São eles:

- Enganam os consumidores.
- Exploram os empregados.
- Corrompem as autoridades.
- Sonegam impostos.
- Agridem o meio ambiente.
- Conspiram contra os interesses da sociedade.
- Escondem coisas da Opinião Pública.
- Não têm preocupações sociais.

Vamos entender um pouco mais dessas crenças.

- ENGANAÇÃO DE CLIENTES E DE CONSUMIDORES – O discurso da minha avó. Enganam no preço, na qualidade, no peso, na embalagem, nos contratos, na publicidade. Como fazem tudo para aumentar os lucros, seus processos não se preocupam com a saúde, integridade e segurança das pessoas.
- EXPLORAÇÃO DOS EMPREGADOS – Empresas e empresários fazem tudo para tirar o máximo dos empregados pelo menor custo. A famosa exploração da mais-valia. O empregado nada mais é que um recurso usado pelo sistema para aumentar os lucros empresariais. Não é tratado como ser humano. Quando é supérfluo, é demitido. Quando envelhece, é descartado. Quando pode ser substituído por outro recurso mais barato, é trocado. No vale tudo, muitas empresas exploram mão-de-obra barata e até o trabalho de crianças. No Brasil, os cuidados são tão grandes que não só se criou uma legislação própria como também uma justiça especializada para defender os empregados dos patrões.
- CORRUPÇÃO – Empresas e empresários são tidos como os principais agentes de corrupção de autoridades, políticos, magistrados, burocratas de governo, fiscais, cientistas, jornalistas e outros formadores de opinião. Corrompem para ganhar concorrências, para não ter leis que atrapalhem seus negócios, para obter sentenças favoráveis, para ter apoio da mídia, etc.
- SONEGAÇÃO DE IMPOSTOS – O estereótipo é que empresas e empresários sonegam impostos, têm contabilidade paralela (a famosa Caixa 2), usam truques para escamotear seus lucros (superfaturamento, etc.), contratam os melhores especialistas e advogados para burlar a legisla-

ção. Recentemente um político brasileiro importante disse: "olho na cara de um empresário logo vejo ali um sonegador".

- AMEAÇA AO MEIO AMBIENTE – No desenvolvimento de suas atividades e almejando o lucro a qualquer custo, as empresas e empresários cometem toda sorte de agressões ao meio ambiente: florestas, oceanos, praias, rios, atmosfera, fauna e flora, ruas. Produzem uma infinidade de tipos de lixos. São os principais responsáveis pela poluição sonora e visual nas grandes cidades.
- PARTICIPAM DE GRANDES CONSPIRAÇÕES – Unem-se em cartéis, conspiram para derrubar governos e regimes, estão por trás de atos de sabotagem, crimes, intrigas, espionagem, etc.
- MENTEM PARA A OPINIÃO PÚBLICA – Este é um pecado que decorre dos demais. Como fazem todas essas coisas, não podem assumi-las publicamente. Por conseqüência, mentem para a mídia, para os empregados, para as autoridades, para juízes.
- NÃO TÊM PREOCUPAÇÕES SOCIAIS – Não dão a mínima para os problemas sociais: miséria, desemprego, distribuição de renda, etc. Na rotulagem política, são classificados como de "direita".
- COMO PESSOAS, SÃO DO MAL – Somente dão importância às coisas materiais, colocam o trabalho em primeiro lugar acima da família, são competitivos, frios, usam do poder para assediar mulheres e para constranger pessoas. Gostam de exibir esse poder. Para tanto, usam todos os elementos da comunicação simbólica: gabinetes suntuosos, casas de campo, iates, jatinhos pessoais, carros luxuosos, motoristas, séquito de empregados, promoção de grandes festas, aparição em colunas sociais, desfilam com mulheres jovens e bonitas.

No fim das contas, ética zero.

Este conjunto de estereótipos faz parte do "estigma da raça".

E não é só o povão – como a minha avó – que acredita nesses estereótipos. Deixando de lado aqueles que assim pensam por razões ideológicas, vêem as empresas da mesma maneira: juízes, jornalistas, políticos, burocratas, professores, estudantes e grande parte dos chamados formadores de opinião.

Que ninguém nos ouça, diga aí, caro(a) leitor(a), você também, às vezes, não pensa assim?

Pois é, se você que é pessoa esclarecida pensa assim, imagine o resto da humanidade.

Trocando em miúdos, o fato é que, quando uma denúncia é feita contra empresas ou empresários, por mais absurda que seja – e antes de qualquer averiguação –, o imaginário popular recorre a um ou a vários dos estereótipos acima. Não vem que não tem. Sua empresa pode ser a imaculada do pedaço que, pelo menos por um tempo, vai ser jogada na vala comum dos delinqüentes.

Pelas razões que veremos mais à frente, empresas e empresários têm culpa no cartório.

Esses estereótipos valem, a zero minuto de jogo de uma crise, para qualquer empresa, independentemente do seu tamanho, antecedentes ou reputação. Ninguém tem imunidades. Feita a denúncia, o "estigma da raça" aflora e toma conta do espetáculo. Somente mais tarde, passado o surto de irracionalidade, é que a **Imagem Empresarial** anteriormente consolidada pode ajudar a conter a força do preconceito e tirar a empresa da vala comum da marginalia.

– "No geral, as empresas são do mal mas essa empresa, em particular, é uma exceção" – é o melhor elogio que se pode esperar.

Ouça só esta história. Nos Estados Unidos, entre 1978 e 1982, correu um boato que a *McDonald's* misturava minhocas à carne do seu hambúrguer. Um boato sem pé nem cabeça, aliás, como a própria minhoca. Mas o boato colou e trouxe grandes dores de cabeça para a empresa. A *McDonald's* desmentiu milhares de vezes, gastou uma fortuna na publicidade "100% carne pura". O boato resistia. Quando a *McDonald's* mostrou que a carne de minhoca custava cinco vezes mais do que a carne de vaca, o boato desabou. As pessoas raciocinaram assim: "uma empresa – que só pensa em lucro – jamais faria essa besteira". O preconceito criou um problema para a *McDonald's* e, ele mesmo, depois a tirou da encrenca. O mesmo aconteceu com a *IBM*. Em 2001, foi lançado um livro chamado *"A IBM e o Holocausto"*, no qual a empresa era acusada de ter apoiado *Hitler* na sua política de extermínio dos judeus. Obviamente houve muita gente que aceitou a tese de que a *IBM* seria racista e de que teria participado do genocídio comandado por *Hitler*. Gente que não leu o livro concordou mais com a tese do que gente que leu. Entre aqueles que não concordavam, houve quem defendesse a empresa da seguinte maneira: "– *IBM*, nazista?!!! *IBM*, anti-semita?!!! Bobagem... A *IBM* só queria ganhar dinheiro e nada mais". Não era bem essa a defesa que a empresa precisava diante das acusações. Mas, dos males, o menor. Menos mal ser tachada de "mercenária" do que de "racista" e de apoiar extermínios.

47. Por que as empresas não são amadas

Por quê?

Simples. Porque não têm boa imagem na sociedade.

E por que não têm boa imagem?

Por várias razões.

(1) Porque aprontaram muito no passado. A história empresarial, infelizmente, é muito feia. De chorar. Poderia contar aqui vários casos escabrosos. Você também deve conhecer um monte deles. E não foi só no passado que os empresários aprontaram. Ainda hoje aprontam. Veja o caso *Enron*. Tem todos os ingredientes para fortalecer os estereótipos antiempresariais: conspiração, trabalhadores lesados, corrupção nas altas esferas, operações fraudulentas, etc. Num plano menor – mas de impacto semelhante, veja o caso das empresas brasileiras que, no ano de 2001, foram acusadas de maquiarem produtos. Padeiros, feirantes, açougueiros como aqueles comerciantes que enganavam a minha avó? Que nada, cara! Empresas de renome, marcas consagradas. Enganavam consumidores no preço, no peso, nas medidas. Fosse viva, minha avó diria: "Eu não disse?". Faça uma experiência agora: interrompa esta leitura, pegue o jornal de sua preferência, de hoje, e anote quantas empresas e empresários estão na berlinda, acusadas disto ou daquilo. Diante desses fatos, você quer que a Opinião Pública pense o quê, cara?

(2) Porque as campanhas ideológicas sempre tiveram as empresas como alvo. A instituição virou uma espécie de *show-room* da "exploração do homem pelo homem". O "capital" e o "trabalho" colocados em oposição pela propaganda maniqueísta. Este nobre, digno; aquele, opressor, sujo, malvado. A luta de classes. Sindicatos organizaram empregados para enfrentar patrões. Todas as conquistas trabalhistas ao longo do século – justas e merecidas – foram conseguidas através de campanhas que fortaleciam os estereótipos negativos da empresa e de empresários. "Davi contra Golias", a peleja que continua enchendo os estádios. Por outro lado, empresas multinacionais simbolizam para muita gente a "exploração do homem pelo homem" em termos globais. Marcas famosas animam as passeatas e se prestam a ótimos belzebus.

(3) Porque o mundo se democratizou. Consumidores amadureceram, se organizaram. Minorias de todas as naturezas conquistaram direitos e de-

senvolveram competência para exercê-los. O problema é que a sociedade em geral é conservadora, tende a assimilar lentamente essas conquistas. As empresas, idem. Mas a "sociedade" é uma entidade abstrata, enquanto "empresa" é concreta. Tem nome, endereço, patrimônio, vidraça. Quando uma pessoa se sente discriminada pela sociedade, não tem muita clareza do que deve e pode fazer. Na maior parte das vezes, tem que engolir. Mas se a discriminação parte de uma empresa, não há dúvidas sobre como proceder. A empresa vira o bode expiatório.

(4) Porque apareceram novas demandas sociais. A questão ecológica, por exemplo, é bastante nova. O homem vem destruindo a natureza há séculos. Mas as campanhas em sua defesa só ganharam força quando as empresas foram identificadas como vilãs. Outras questões surgiram. Nem sempre as empresas foram rápidas para entendê-las e administrá-las. Viraram "os suspeitos de sempre".

(5) Porque o valor agregado da atividade empresarial para a sociedade é desconhecido. Noutras palavras, a contribuição social das empresas não é percebida pela maioria das pessoas. Empregos, impostos pagos, investimentos em pesquisas, inovações tecnológicas, ganhos de produtividade que revertem em benefício da sociedade. Fora da empresa – e às vezes dentro dela –, não se tem a menor idéia de como uma empresa funciona, dos processos, dos riscos, da busca obsessiva pela qualidade, dos valores éticos disseminados.

(6) Porque há concorrência desleal. Não há quem mais fale mal de empresários do que os próprios. É comum empresas plantarem notícias que deixam mal os concorrentes em colunas de jornalistas amigos. Ou em audiências reservadas com autoridades criticarem outras empresas. Por motivações diferentes: uns porque acham que isto os ajudará em relação ao competidor, outros por pura inveja. Definitivamente não há corporativismo entre empresários como existe em muitas outras categorias.

(7) Porque, em geral, empresários não têm consciência da importância da Comunicação Empresarial.

(8) Porque dão tratamento amador à comunicação. Isto é, quando têm consciência da importância da Comunicação Empresarial, na prática, se atrapalham.

(9) Por que despertam inveja naqueles de fora da tribo. A inveja – sabemos – é o maior vilão dos sentimentos humanos. Dizem os filósofos que ela se exerce de duas maneiras: a primeira, através da nossa tristeza pelo

sucesso alheio; a segunda, através da nossa felicidade pelo fracasso alheio. Empresas e empresários vivem nessa corda bamba. Quando estão bem, parecendo ricos e poderosos, despertam a inveja do primeiro tipo. Quando tropeçam, vão mal das pernas, atraem a segunda categoria de inveja. Se correr o bicho pega, se ficar o bicho come.

(10) Porque formadores de opinião, em geral, não gostam de empresários. Uns, baseados em fatos; outros por puro preconceito. Muitos desprezam a atividade empresarial como sendo pouco intelectual. Vida fútil, glamorosa, sem objetivos nobres, desconectadas da realidade social, autocentrada. Para alguns, o empresário não passa de um troglodita. Não reconhecem o quanto de capacidade intelectual e instintiva é necessária para desenvolver e fazer funcionar com sucesso uma empresa. O trabalho ficcional também não ajuda à imagem das empresas. Na literatura, no cinema, nas novelas televisivas, empresa e empresários são sempre mostrados pelo seu lado *dark*. Ou pelo lado da gandaia, da vida sofisticada, do vinho, mulher e música, do bom e do melhor.

Concordo, empresas e empresários não são nem santas nem santos. Mas não é bem assim. A maioria das empresas, grandes ou pequenas, não merece essa fama. É gente que rala, que luta, que corre riscos, que produz, que gera riqueza, que, no fim das contas, sustenta a sociedade.

48. O Caso *UNION CARBIDE* – A *Hiroshima* Industrial

Nas primeiras horas de sexta-feira, 3 de dezembro de 1984, uma nuvem de gás foi liberada por uma fábrica de pesticidas da *Union Carbide*, em *Bhopal*, na Índia. Devido ao frio, a nuvem caíra em forma de chuva química sobre centenas de barracões e de choupanas construídas em torno da fábrica. Ao amanhecer, muita gente tinha morrido ou sido seriamente lesionada. Os números de vítimas não batem. Falou-se em 4.000 mortos e aproximadamente 11.000 incapacitados. Há quem estime mais e quem estime menos vítimas. São chutes. De qualquer forma, os números são impressionantes somente registrados em grandes terremotos.

Então gigante mundial da química e da petroquímica, com unidades industriais e operações em todo o mundo, inclusive no Brasil, em Cubatão (onde também fabricava o mesmo pesticida), a *Union Carbide* tinha, à época, no mundo, 90 mil empregados e faturava anualmente 10 bilhões de dólares. A fábrica em *Bhopal* iniciara sua operação em 1970. Em 1984, segundo analistas, havia total domínio no processo de lidar com esses produtos.

A notícia da tragédia chegou à sede da *Union Carbide*, nos Estados Unidos, 12 horas depois do acidente. Obviamente, foi primeira página de todos os jornais no mundo todo por semanas e meses, virando uma referência desde então. A indústria química é outra que vive no imaginário popular como "coisa do mal". O acidente tinha todos os ingredientes para se tornar um prato cheio. E foi.

Apesar de tudo que se escreveu a respeito, continua sendo um caso complicado de ser analisado devido ao aspecto político e ideológico que, de saída, emoldurou a questão. As investigações foram dificultadas pelo governo indiano, e a discussão quanto à responsabilidade do acidente ficou prejudicada. Virou uma encarniçada batalha judicial em que os indianos usaram e abusaram de argumentos nacionalistas. Quase vinte anos depois, parece que ainda é cedo para saber-se ao certo onde está a verdade.

De concreto, tem-se que, em 1984, todos os funcionários da fábrica eram indianos. Esse perfil se deveu à política nacionalista do governo local, política essa iniciada nos anos 70, e que levou o país a confrontar-se com empresas estrangeiras ali instaladas. O governo indiano condicionava a operação das empresas não-nacionais no país ao atendimento de uma série de exigências, entre elas que o controle acionário, gerencial e tecnológico fosse transferido para os indianos. Por conta dessa exigência, muitas empresas deixaram o país, entre elas a *IBM*. A *Union Carbide* ficou por lá e foi-se enquadrando paulatinamente na nova ordem legal. Os últimos funcionários americanos da empresa haviam deixado o país dois anos antes. Portanto, à época do acidente, a empresa tinha 50% do capital controlado pela *Union Carbide*. O resto – os outros 50% do capital, gerência, empregados – eram indianos.

Esse dado foi explorado por muitos analistas para responsabilizarem os indianos de terem feito a merda toda. Sustentavam que se os americanos ainda estivessem dando as cartas por lá o acidente não teria acontecido. A hipótese é exagerada e preconceituosa. Acidentes dessa natureza também acontecem nas empresas controladas por profissionais do chamado Primeiro Mundo. Entretanto, é injusto que esse dado tenha sido totalmente desconsiderado e que a *Union Carbide* tenha ficado aos olhos do mundo como a principal e única responsável pelo desastre.

A auditoria técnica começou três dias depois do acidente. As investigações foram dificultadas pelo governo indiano que assumiu o controle total da fábrica. Investigadores americanos não puderam entrevistar os operários e não tinham acesso a vários documentos. Puderam apenas visitar o tanque e colher algumas amostras. Obviamente, o governo indiano quis impedir que a *Union Carbide* juntasse munição para a batalha judicial que se avizinhava. Em 1986, auditores independentes – depois de conseguir acessar documentos – provaram que o acidente foi fruto de sabotagem. Evidências mostraram que um empregado introduziu deliberadamente água num tanque que continha um tipo de ácido – isocianato de metila, um defensivo agrícola altamente tóxico. A mistura causou uma reação que rapidamente se transformou num gás letal. Esse gás escapou pelo ar frio da noite e deu-se a catástrofe. O episódio é documentado num videoteipe de 17 minutos exibido em 1988. Outro estudo independente feito pela *Arthur Little* chegou à mesma conclusão. Entretanto, não se concluiu sobre a motivação do criminoso. Seria um psicopata? Um empregado revoltado querendo se vingar da empresa? Um terrorista? Atentados por lá estavam na moda. *Indira Gandhi* havia sido assassinada um mês antes.

Mas qualquer que tenha sido a motivação do criminoso, se tinha ele ou não idéia da extensão do seu gesto, nada disso altera o diagnóstico de que houve uma falha nos procedimentos de segurança da fábrica. Dá calafrios a idéia de que possa existir uma instalação dessa natureza que não seja à prova de malucos de todo gênero. É de arrepiar. Houve uma falha de concepção do processo ou em sua execução. Uma ou outra, ou as duas. Portanto a discussão se deslocaria para saber quem era responsável por uma coisa e por outra. O que parece não ter acontecido pelas razões já citadas.

O governo da Índia processou a *Union Carbide* nos Estados Unidos, mesmo tendo o acidente ocorrido na Índia e de ter um sistema judiciário semelhante no país. O Governo achava que a corte americana era mais confiável. Se a iniciativa de levar para a justiça americana fosse da *Union Carbide*, certamente teria sido levantada a seguinte questão: e a soberania indiana?

Entretanto, o processo do governo indiano contra a *Union Carbide* na corte americana não prosperou. Essa considerou que o caso cabia à justiça indiana e devolveu o abacaxi. A questão voltou pra casa. O Governo indiano pediu uma indenização de 3 bilhões de dólares. Em 1989, mesmo debaixo de muita pressão dos extremistas para que punisse severamente a multinacional estrangeira, a Suprema Corte Indiana estabeleceu uma indenização de 470 milhões de dólares e nenhuma responsabilidade criminal. O dinheiro foi depositado 10 dias depois da sentença. Mas um novo governo assumiu e repudiou a decisão da corte. Até algum tempo atrás, nenhum dinheiro tinha chegado às vítimas.

O Caso *Union Carbide – Bhopal*, do ponto de vista de administração de **Crises Empresariais com a Opinião Pública** é interessante por várias razões.

Em primeiro lugar, porque a *Union Carbide* fez tudo certo antes e durante a crise. Isto é, "tudo certo" de acordo com os mais sábios aconselhamentos de como administrar crises.

Antes da crise, a *Union Carbide...*

1. ... tinha um dos mais rigorosos e sofisticados sistemas de controle e monitoramento ambiental, atestado por organismos internacionais. Nota dez.
2. ... fez um excelente trabalho de construção de imagem na Índia. Era tida como "boa cidadã". Essa boa imagem era atribuída ao fato de que a empresa contribuiu para a "indianização" da indústria no país. Eles foram uma das primeiras multinacionais a investirem localmente e a integrar-se no plano industrial indiano. Como vimos, outras empresas não aceitaram, saíram do país e, por causa disso, viraram *persona non grata*. Para eles, até a véspera do acidente, a *Union Carbide* era uma multinacional do bem.

Durante a crise, a *Union Carbide...*

1. ... apesar das condições de comunicação com a Índia serem péssimas e sem saber ainda o que tinha acontecido, o primeiro posicionamento da empresa, nos Estados Unidos, foi: (a) Informar o acidente que teria acontecido na fábrica da *Union Carbide Índia Limited*; (b) Assumir as responsabilidades; (c) Anunciar que apoio técnico e médico seria mandado para o local. (De fato, na semana seguinte, uma equipe de médicos, incluindo especialistas internacionais em olhos e pulmões seguiu para *Bhopal*); c) Anunciar a abertura de crédito de 1 milhão de dólares para ajudar as vítimas.
2. ... como manda o figurino, *Warren M. Anderson*, o CEO da *Union Carbide,* foi a *Bhopal* uma semana depois do acidente. Foi preso (prisão domiciliar) pelas autoridades locais mas logo depois, liberado. Numa

entrevista coletiva, na Índia, ele declarou que "foi tratado com cortesia e consideração" [Poderia dizer algo diferente?]

3. ... alguns meses depois, ofereceu mais 5 milhões de dólares mas o governo indiano rejeitou. O governo tinha planos de arrancar muito mais da empresa, assim recusava qualquer coisa que pudesse significar um tipo de acordo. A importância foi então doada à Cruz Vermelha que tratava das vítimas no local.

Nunca mais a *Union Carbide* foi a mesma. Acabou sendo comprada pela *Dow Chemical*, em 1999. Da fusão, nasceu uma empresa que se transformou na segunda maior companhia da indústria química do mundo. Por sinal, a compradora – *Dow Chemical* – teve que administrar graves problemas de imagem por ter sido, durante a guerra do Vietnã, a fornecedora de *napalm* para o Exército americano.

A verdade é que o caso acabou prestando um péssimo serviço à educação de executivos sobretudo aos falcões dentro das empresas. "Viram só? A *Union Carbide* fez tudo que vocês, relações-públicas, acham que uma empresa deve fazer, puxou o saco do governo indiano, posou de empresa boazinha. Pra quê? Na hora do "vamos ver" deixaram a empresa com a broxa na mão. Tinha o melhor sistema de controle ambiental e de que valeu?"

Ainda ter que ouvir isto. Mas o fato é que o arquétipo da "multinacional explorando o povo indiano" ressurgiu assim, da noite para o dia.

Analisando a situação, o professor *Richard D. Robinson*, do *MIT*, disse dois meses depois do acidente: "A *Union Carbide* está sendo punida por seu esforço em ajustar-se à legislação e em ser boa cidadã. A empresa aceitou todas as exigências do governo indiano e entregou a propriedade e o controle para eles. A destruição da imagem de uma empresa conhecida pelo seu senso de responsabilidade é trágica. Estaremos mandando uma mensagem errada para todos os homens de negócio: Não gaste recursos tentando ser boa cidadã. Não faz diferença. O melhor a fazer é maximizar os lucros e só".

O episódio também tirou um peso da consciência de empresas que optaram por não participar do esforço da indianização da indústria local e que foram obrigadas a abandonar o país. Pensaram lá com os botões deles: o que aconteceu com a *Union Carbide* poderia ter acontecido conosco. [15]

49. Por que a Opinião Pública protesta

Por que as pessoas chiam?

Ora essa, ó meu, porque ficam com raiva. "Raiva" é uma resposta defensiva à dor ou à ameaça de dor, real ou imaginária.

E quando as pessoas ficam com raiva?

Há três razões básicas:

Quando as pessoas...

(1) ...se machucam física, financeira ou moralmente

(2) ...se sentem ameaçadas por um risco que não causaram

(3) ...acreditam que suas crenças fundamentais estão sendo questionadas

A raiva pode aumentar, se além dessas razões básicas, as pessoas...

(1)...se sentem fracas diante das outras

(2)...sentem que não foram tratadas com justiça e com respeito

(3)...se sentem manipuladas, banalizadas, ignoradas, enganadas [16]

Há quem faça distinção entre "raiva racional" e "raiva irracional". Essa distinção é considerada perigosa. Todas as pessoas acreditam que a sua posição é lógica e racional. O manifestante que enfrenta a polícia acredita piamente que ele está certo. Para ele, fanáticos são os outros. Portanto, quase sempre é um erro achar que a raiva do outro é irracional. Não ajuda. *Lee Ross*, um psicólogo da Universidade de *Stanford*, afirma que a maioria das pessoas atua segundo o ponto de vista do "realismo ingênuo", isto é, tendemos achar que somente nós somos capazes de interpretar a realidade objetivamente. Nós não temos preconceitos, nossas crenças são racionais, etc, enquanto nossos adversários têm informações limitadas, têm interesses pessoais, são desequilibrados, uns babacas. [17]

Essa ótica faz com que numa **CEOP**, o público seja freqüentemente visto como uma multidão furiosa ao invés de ser encarado como clientes preocupados ou como cidadãos com necessidades, interesses e temores legítimos.

Quando as corporações começaram a perceber que a Opinião Pública poderia lhes trazer aborrecimentos, desenvolveram instruções para serem observadas em caso de crise. Nasceram então guias que tinham títulos mais ou menos assim: "Manual de Como Lidar com a Opinião Pública". Esses manuais foram criados por advogados, relações-públicas, burocratas de RH e consultores externos e obviamente refletiam a forma pela qual a velha guarda encarava a Opinião Pública. Aquela massa ignara. Uma manada de búfalos que vinha na direção da empresa sabe lá Deus por quê. Os manuais não eram de conhecimento de todo mundo. Faziam parte de documentos confidenciais da empresa e o acesso a eles somente era permitido a funcionários graduados ou de áreas especiais (segurança, relações-públicas, advogados). Quando uma crise começava, alguém tirava as instruções do cofre e fazia preleções sobre o tema para aqueles que iriam lidar diretamente com as feras. Nada de cópias do documento.

Um autor lembra algumas instruções que figuravam nos manuais: "Não converse com o público. Oculte informações. Revele o mínimo possível. Não legitime seus pontos de vista encontrando-se com eles (os reclamantes). Se for forçado a negociar, faça-o no seu campo. Coloque pessoas de baixo escalão ou contrate profissionais de relações públicas para as discussões. Assegure-se que esses profissionais são discretos. Jamais discuta na frente da mídia. Desacredite e denuncie seus críticos. Ignore ou ao menos minimize suas reivindicações. Esconda-se atrás da incerteza científica e, se isso falhar, contrate seus próprios especialistas para desacreditar os deles. Se a verdade sobre seus atos se tornar óbvia, ofereça compensações para que ela desapareça. Talvez um pouco de dinheiro os faça calar a boca." [18]

Alguns desses "Manuais" incluíam uma sugestão certamente de inspiração dos relações-públicas: "Nos contatos, procure ser gentil. Ofereça cafezinho e biscoito". Era um senhor avanço.

Neste exato momento de sua leitura, você deve estar esperando que a gente conclua o capítulo com uma série de recomendações sobre o que você precisa fazer para mudar esse estado de coisas. Mudar a cabeça dos dirigentes – muitos dos quais ainda se guiam por aquela cartilha –, mudar a Opinião Pública, mudar isto, mudar aquilo. Se você estava esperando por isto, sinto muito desapontá-lo(a). Qualquer sugestão nesse sentido seria ridícula, pretensiosa, irresponsável porque estaríamos falando em mudar a natureza humana. O que foi aqui levantado pode servir para a sua reflexão e para um entendimento melhor da dinâmica do relacionamento empresa-Opinião Pública.

Com o intuito de demovê-lo(a) de seus planos de dar murro em ponta de faca, gostaria de lembrar a tese de que as pessoas só aceitam aquilo que está em conformidade com a sua experiência ou conhecimento anterior. O que é diferente, ela tende a rejeitar. Este é o princípio conhecido por "dissonância cognitiva" desenvolvido pelo cientista social americano *Leon Cartwright Festinger*, na década de 1940. A base da teoria é que convicções, uma vez plantadas, criam raízes profundas. Então as pessoas resistem às informações que contrariam, que se chocam, que são dissonantes a esse conjunto de convicções. Se a teoria estiver certa e se nós estivermos certos com relação aos "estigmas da raça" que perseguem empresas e empresários, a tarefa dos comunicadores numa **CEOP** – que me perdoem as feministas – é coisa pra macho.

50. Um Caso Hipotético – Banco destrata Idoso

Um banco de projeção nacional tem uma agência num subúrbio de uma grande cidade brasileira. A maioria dos clientes atendidos na agência são aposentados.

Numa tarde quente de verão, a agência está cheia. Faz muito calor e o ar-condicionado funciona precariamente. A fila de pessoas para serem atendidas faz voltas dentro da agência. Apenas um funcionário no caixa para atender o povo todo.

De repente, um senhor com lá seus 80 anos começa a falar alto:

– Como é que é, gente! Essa fila anda ou não anda? Tô morrendo de calor! Já faz meia hora que estou de pé aqui e continuo sem sair do mesmo lugar! Êta, banquinho!!!

A reclamação chama a atenção de todos. As pessoas olham em direção ao reclamante. O gerente levanta de sua mesa atrás do balcão, tira os óculos, faz cara de zangado mas logo volta ao que estava fazendo.

Minutos depois o cliente volta a reclamar em voz alta, agora ainda mais irritado:

– Este é o pior banco do país e essa é a sua pior agência. Um bando de incompetentes! Não têm o menor respeito pelos idosos. Só tenho conta aqui porque sou obrigado.

Agora o cliente é o centro da atenção. Os funcionários param de trabalhar e olham para o gerente esperando uma providência. O barraco está armado. O clima irrespirável.

Mas o gerente está calmo. Já se acostumou com aquela clientela de idade avançada. Todo dia tem um rolo. Gente que passa mal. Gente que não entende as explicações. Gente que se atrapalha nos caixas eletrônicos. "Velhice é uma merda", filosofa. Tem que ter paciência. Mas também não dá pra aceitar um esclerosado ficar esculhambando o banco na frente de todo mundo e a gerência não fazer nada. Pega mal pra imagem da instituição. E também pra dele, gerente. Se não tomar uma atitude, vão pensar o quê, de mim, meus subordinados, que sou um banana?

Foi com essa preocupação que caminhou até o reclamante e educadamente solicitou que ele se retirasse da agência.

– Por que me retirar? Por que estou dizendo umas verdades? Por que vocês detestam velhos? – desafiou. Saio não! Só saio daqui arrastado!

O gerente percebeu que tinha ido longe demais ao solicitar que o cliente se retirasse. Mas agora não havia mais espaço nem para negociação nem para recuo. Apelou. Chamou os seguranças e pediu que cuidassem do cliente. O velho não chegou a ser arrastado. Saiu andando com as próprias pernas mas atirando para todos os lados:

– Banquinho de merda! Discriminadores de velhos! Sacripantas!

O gerente não sabia exatamente o que significava "sacripantas" mas tinha certeza de que boa coisa não era. Antes de voltar para a sua mesa de trabalho, ocorreu-lhe que seria inteligente limpar um pouco a sua barra. Fez um boca-a-boca junto aos outros clientes na fila – na maioria *office-boys* – usando uma mentirinha:

– Não é a primeira vez que esse senhor apronta confusão aqui – diz em voz alta para que o maior número de pessoas ouvisse a sua explicação. – Arteriosclerose, coitado. Morro de pena das pessoas de idade. Mas não posso tolerar uma coisa dessas. Não estou certo?

Dois meses depois, o gerente é chamado ao departamento legal do banco. Ficou sabendo que a empresa estava sendo processada por um cliente sob alegação de que fora destratado e humilhado na agência. E tinha testemunhas.

– E mais – diz o advogado do banco – ele está nos acusando de discriminação contra pessoas de idade. Como provas, alega que as nossas instalações não estão preparadas para atendê-las porque não há cadeiras para descansarem, porque não há rampas, porque os degraus são escorregadios, porque o ar-condicionado não funciona, porque as publicações do banco não podem ser lidas dado aos tipos usados, porque não há um guichê exclusivo para eles, porque não tem um serviço médico de plantão para uma eventualidade... E por aí, vai.

– Segundo soube – continuou o advogado – o velho está disposto a fazer o maior banzé. Vai aos jornais, a programas de televisão, quer mobilizar a associação de aposentados, fala em organizar um boicote contra o banco, o diabo. Olha, está difícil segurar o velho. Diz aí: o que foi que vocês fizeram com o homem pra ele estar tão puto?

Lições com historinha inventada:

1. A agência – talvez o Banco como um todo – estava cheia de vulnerabilidades. Os esqueletos no armário. Começa pela qualidade do atendimento. Depois, uma série de irritativos: o ar-condicionado precário, as condições complicadas de acesso físico, a baixa qualidade dos impressos. Mais dia, menos dia, os esqueletos saem do armário e fazem a festa. É uma lei da natureza.

2. A primeira reclamação do velhinho na fila foi um belo de um aviso. Mas o que faz o – com licença da má palavra – bundão do gerente? Em vez de tomar uma atitude quanto ao problema do atendimento, a causa, ele achou que o certo seria atuar sobre o reclamante sob o pressuposto de que assim fazendo estaria "protegendo a imagem da organização". Ele ouviu o galo cantar e não sabe onde. A falta de treinamento do gerente era outro "esqueleto". A bem da verdade, não foi a sua inabilidade que gerou a crise. Ela já vinha se desenvolvendo dentro da organização. A atitude do gerente sem-jeito apenas a detonou.

3. Vários dos problemas poderiam ser detectados e resolvidos se a agência tivesse uma política de relacionamento com seus clientes. É uma agência de bairro. O perfil da clientela é pra lá de conhecido, suas demandas, os irritativos. Onde estavam os relações-públicas que não viram isso?

4. A crise não está acabada. Ela pode estar apenas começando. Dependendo da atitude do banco, ela pode ser resolvida logo como também pode se aprofundar e ainda vir a produzir grandes estragos no futuro. Imagine se o nosso velhinho conseguir fazer o que pretende. Se a empresa achar que se trata apenas de "um problema legal" e que as chances de ganhar nos tribunais são enormes, a crise pode crescer em gravidade. [19]

CAPÍTULO QUATRO

CONSTITUINTES DE UMA ORGANIZAÇÃO

51. Quem são os Constituintes de uma Organização

Já conversamos por alto sobre isto, tá lembrado? Vamos agora dar uma passada com mais vagar sobre essa entidade importantíssima para os negócios em geral e para a administração de crises em particular: os constituintes.

Toda organização tem objetivos. Constituintes são públicos, segmentos, grupos ou indivíduos que podem ser direta ou indiretamente afetados pela organização na busca desses objetivos. Afetados para o bem ou para o mal. Constituintes orbitam em torno da organização, uns mais próximos, outros mais distantes; uns com maior, outros com menor dependência e influência. Em inglês, eles são conhecidos como *stakeholders*. A tradução ao pé da letra do termo – algo como "seguradores de estacas" – ou a tradução livre – "sustentáculos" – não me parecem boas para compreensão funcional da entidade. Sem trocadilho, a metáfora é capenga. Mas esse problema não é nosso. A expressão por nós usada – constituintes – também não está com essa bola toda. Evoca nauseantes lembranças. Entretanto, gostando ou não, é com ela que a gente vai trabalhar. Esquenta não. Há coisas piores na vida.

Isto posto, vamos ao que interessa.

Constituintes são aqueles públicos que formam o que chamamos lá atrás de "Pequena Opinião Pública". Eles podem ser divididos em dois grupos: os constituintes internos e os constituintes externos.

Constituintes internos são aqueles públicos diretamente ligados à atividade da empresa. Estão muito próximos dela. Dependem dela. Seus comportamentos afetam a atividade da organização e são afetados regularmente por ela. São os clientes, consumidores, usuários; empregados e seus familiares; acionistas; fornecedores em geral.

Constituintes externos são aqueles que não têm vinculação direta com a atividade da empresa. Estão mais distantes mas podem ter seus interesses ocasionalmente afetados por ela. Estamos falando da mídia, do Poder Público, da classe política, das diversas comunidades (profissionais, religiosas, acadêmica e científica), das comunidades geográficas, dos grupos de interesse, sindicatos, celebridades, etc, etc.

Cada um desses constituintes têm características e motivações próprias. Seu jeitão próprio de ser e de pensar. Idiossincrasias. Tendem a ter um comportamento semelhante em relação a certas questões. Em geral, se posicionam em relação às empresas em função do seu interesse específico.

52. Constituintes Internos

Constituintes internos, como falamos, são aqueles que têm ligações diretas com o negócio. Estão – por assim dizer – dentro do mesmo microssistema. Desses constituintes, pode-se dizer que "estão no mesmo barco". São eles.

- Clientes, consumidores, usuários – atuais ou em potencial
- Empregados e seus familiares
- Acionistas
- Fornecedores, distribuidores, parceiros de negócio, etc.

Este é o quarteto que sustenta os negócios da empresa. Os reais sustentáculos. Qualquer alteração de atitude ou de comportamento de um desses públicos afeta diretamente a atividade empresarial. Clientes contrariados, assustados podem sumir do mapa. Empregados ameaçados, desmotivados influem na produtividade empresarial. Acionistas preocupados vão procurar portos mais seguros. Fornecedores intranqüilos absorvem as dores da crise como se fossem deles. Gripe na empresa é pneumonia pra eles. Enfim, quando o bicho pega todo o microssistema é abalado.

53. Os Consumidores, Clientes e Usuários

Disputam com os acionistas quem são os mais voláteis dos constituintes. Por mais leais, fieis, "amigos da casa" que sejam, podem, numa situação de crise empresarial, pedir o boné e se mandar. E não é necessário gastar tempo falando das conseqüências para a empresa dessa atitude.

Obviamente são muito mais sensíveis às crises em que o fato gerador – algo feito ou deixado de fazer pela empresa – passe por produtos e serviços que afetem seus interesses. Quais são esses interesses? Entre os principais estão integridade física, saúde, segurança, patrimônio, boa-fé. Exemplo: um produto estragado, condições contratuais não-cumpridas, suspensão de fornecimento de um serviço, créditos ameaçados, publicidade enganosa, etc. Esses constituintes podem também se sensibilizar por questões que não estejam diretamente relacionadas à relação comercial ou de negócio. Por exemplo, na crise de *Valdez*, os clientes da *Exxon*, revoltados com o comportamento da empresa diante do desastre ecológico, em protesto, devolveram seus cartões de débito. Consumidores europeus costumam fazer boicote de produtos que não têm o chamado "selo verde". A cadeia *Burger King* sofreu boicote nos Estados Unidos porque teria estimulado "sexo e violência" nos seus comerciais na TV. Também nos Estados Unidos, em 1996, evangélicos boicotaram visitas à *Disneyworld* porque a empresa decidiu reconhecer, como dependentes, companheiros de empregados homossexuais para efeito de concessão de benefícios. Comentário à parte. Veja só como funcionam as coisas. Por um lado, a empresa recebia aplausos por sua política de recursos humanos avançada. Por outro, levava bordoada. Olha o dilema: ficar com os *gays* ou com os evangélicos? Decisão complicada.

Este é um fenômeno em que o constituinte muda a sua natureza. Na realidade, ele foi lesado ou contrariado como cidadão e usa a condição de cliente ou de consumidor para protestar. O boicote é a arma que ele têm à mão. Como vimos na introdução, pesquisas mostram que cada vez mais as pessoas estão relacionando sua intenção de compra ao comportamento ético das empresas.

Na sociedade brasileira, o boicote ainda é pouco usado. A principal reação do consumidor quando se sente lesado, ameaçado ou descontente, é deixar de comprar o produto. Se for um produto essencial, um remédio, por exemplo, ele irá buscar o similar no concorrente. Já quando se trata de um usuário de serviços – e que a migração para um concorrente é mais difícil – a tendência é ser mais atuante quando contrariado. Espernear o quanto pode.

Ele se sente mais motivado para se juntar a outros queixosos, para escrever para jornais, reclamar por telefone, por carta, pela internet, participar de passeata, e – claro! – para cuspir marimbondos no boca-a-boca. As estatísticas de reclamações nos PROCONs com relação a empresas de serviços (telefonia, planos de saúde, bancos) comprovam esta tese.

Nesse público – clientes, consumidores e usuários – aqueles estereótipos da minha avó são sempre evocados. "É preciso abrir o olho com empresas e empresários" – dizia ela.

Sua benção, vó!

54. O Caso *Lifestyles* – Camisa-de-Vênus com Saída de Emergência

É suposto que toda camisa-de-vênus tenha apenas uma abertura. Mas, em 1988, uma fornada de camisinhas da marca *Lifestyles* colocada no mercado inovava ao criar duas, uma em cada extremidade. O modelo podia ser mais confortável para o usuário mas não atingia as finalidades apresentadas na publicidade do produto.

A vida dos fabricantes de camisinhas nunca foi fácil. Muito menos para os comunicadores da indústria. O produto sempre esteve na mira de muita gente. Grupos conservadores e poderosos – incluindo a Igreja Católica – judeus ortodoxos, árabes fundamentalistas, etc não aceitavam o produto nem para ser usado como balão de gás em festa de aniversário. A mídia – pra não se meter em confusão – recusava publicidade. Era um produto do diabo. Aí apareceu a AIDS e a doença acabou sendo a salvação da lavoura para a indústria. Grupos conservadores passaram a fazer vista grossa para o uso do produto. A publicidade passou a ser tolerada por jornais e revistas. Afinal, era uma questão de vida ou morte. O número de consumidores aumentou geometricamente. Nunca o ditado "há males que vem para o bem" foi tão apropriado como nesse caso. Pelo menos para os fabricantes de camisinha.

Apesar de muito rolo com a agência reguladora, a indústria em geral e, em particular, a *Ansell-Americas* – fabricante do *Lifestyles* – ia muito bem e obrigado. A *Ansell* lançara uma publicidade criativa com a mensagem "Faço muita coisa pelo amor mas não estou disposto a morrer por ele" (*I'd do a lot for love but I'm not ready to die for it).*

Foi nesse período de euforia corporativa que, em setembro de 1988, um cidadão no Havaí, ao vestir (vestir ou calçar? – nunca sei) o produto descobriu que o exemplar estava cheio de buracos. Quando soube, a empresa tremeu na base. Mas agiu prontamente. Em paralelo às investigações sobre o que teria provocado os defeitos no produto, montou um *war room*, colocou todos os distribuidores e revendedores em estado de alerta máximo, fez o *recall* dos lotes suspeitos. Fizeram o caminho inverso. Logo descobriu onde o problema se originara. A máquina que produzira o lote foi examinada. Um funcionário tinha usado um lubrificante indevidamente. As camisinhas – resistentes a grandes provas de esforço – sucumbem diante de certos preparados químicos. Deu no que deu.

Tudo apurado, a empresa comunicou à mídia a história toda. Estranhamente, ela não deu bola para o assunto. Mas nem só de mídia de grande circulação vive a crise. Há a mídia segmentada. Basta um artigo publicado numa *newsletter* especializada para o incêndio começar. Era necessário então acompanhar o que circularia por ali. Havia o risco de o assunto contaminar outras áreas. A *Ansell* também era fabricante de luvas cirúrgicas cuja matéria-prima era a mesma das camisinhas. E se caísse na boca do povo que as luvas não eram seguras? Imagine a confusão.

Felizmente, para a imagem da empresa e para a segurança e saúde dos consumidores, nada aconteceu. A única vítima conhecida na história foi o cidadão no Havaí, cuja alternativa, por questão de segurança, foi passar a noite assistindo à televisão. [20]

55. Os Funcionários e suas Famílias

O segundo constituinte do quarteto também é complicado. Claro, não tem a volatilidade do consumidor, nem do acionista. O funcionário não vai abandonar a empresa por causa da crise. Gostaria até, mas o desligamento não é tão fácil.

Nessa hora difícil para a organização, o comportamento da galera é importante porque tanto pode ajudar a empresa a sair da enrascada quanto piorar a situação.

Algumas ligeiras considerações sobre a relação empresa-empregado.

Abre parêntese. Quando falamos em "empregados", estamos nos referindo a quem tem vínculo empregatício – reconhecido ou não – independentemente do cargo na empresa. Do Número 1 ao mais humilde funcionário. Fecha parêntese.

Em tempos de paz, a relação do empregado com a empresa, por mais satisfeito que ele esteja com o emprego, é sempre ambígua. Por um lado, ele se sente como pertencendo à empresa e esta como sendo uma coisa sua. Ele se refere a ela como "a minha empresa", fica uma fera quando alguém de fora fala mal dela. A maioria dos empregados tem orgulho dessa relação. Por outro lado, ele rejeita esse sentimento. Aí ele vê a empresa como não sendo dele e reduz o que existe entre os dois a uma relação contratual, um toma-lá-dá-cá como outro qualquer. Ele diz: "A empresa para a qual eu trabalho". Entre estas duas posições, seu coração balança. Em momentos de lua-de-mel com a empresa, fica na primeira posição; se contrariado, chateado, frustrado, ele troca de lado sem a menor cerimônia. E assim ele vai equilibrando a vida. Como diz o mestre *Lupicínio Rodrigues*, "e assim vamos vivendo de amor".

Evidentemente a coisa é mais complexa do que está sendo colocado aqui. Você sabe disto. Estamos simplificando a dinâmica para poder continuar a conversa e tratar do que interessa. O comportamento dos empregados nas **CEOPs**.

Em tempos de cólera, esse equilíbrio se altera. Aí, é importante distinguir o comportamento dos empregados em dois tipos de crise:

- Crises em que seus interesses estão diretamente afetados – principalmente a integridade física, saúde, segurança no emprego, questões salariais, direitos trabalhistas; ou
- Crises com outros <u>constituintes</u>: consumidores, investidores, comunidades, Poder Público, etc.

Obviamente, na maioria das **Crises Empresariais com o Público Interno** – o primeiro caso acima –, os empregados se posicionam em oposição à empresa. Claro, né? Nem o mais ingênuo estagiário de RH poderia esperar o contrário. E mais: por mais amor que tenha à empresa, nessas horas, com facilidade, são tomados por sentimentos hostis em relação à instituição: desamor, ódio, raiva, desprezo, etc. Nada de errado. É natural e humano que assim seja.

Já nas crises empresariais com outros <u>constituintes</u> – o segundo caso – a tendência dos empregados é inclinar-se para o apoio à empresa. Raramente, ficarão em oposição. Ou porque vão vestir a camisa da "minha empresa" ou por instinto de sobrevivência ou uma coisa e outra. Mas tudo vai depender da administração da crise pela instituição e, dentro dessa administração, da Comunicação Interna.

Chegamos bem até aqui? Está confortável pra você? Ótimo.

Por que a Comunicação Interna é fundamental e por que pode mudar o jogo.

Primeiro, porque, mais do que nunca, "o *show* precisa continuar". Para o bem de todos e para a felicidade geral da nação, a empresa precisa voltar a operar o mais próximo do normal. Nas crises, a confusão é enorme, a boataria ocupa todos os vácuos de informação. A rádio-corredor bate picos de audiência. O moral interno desaba. Os níveis mais baixos normalmente são os primeiros a se preocupar com os seus empregos. Depois, a ansiedade vai subindo para os escalões mais altos. Esta preocupação generalizada se reflete imediatamente na produtividade. Somente a comunicação redondinha pode criar condições para a turma voltar ao trabalho e recomeçar a produzir ainda que à meia-bomba.

Segundo, porque não é por mera curiosidade que o Público Interno quer saber do que está acontecendo. Ele é também um ator na tragédia. Nas crises, ele fica exposto não só diante das relações profissionais – clientes, consumidores, fornecedores – como também junto à família, amigos, conhecidos, vizinhos, barbeiro, dentista. Os seus <u>constituintes</u> em particular. A sua própria Opinião Pública.

Quer coisa mais humilhante do que o funcionário de uma empresa chegar...

- ... no cliente e ouvir "sua empresa está hoje no jornal sendo acusada de uma fraude. O que você tem a me dizer sobre isto?"
- ...em casa e ouvir do filho "Papai, a sua empresa foi acusada no *Jornal Nacional* de vender produto estragado. É verdade?"
- ... ou da mulher "Ouvi um zunzunzum no cabeleireiro que a sua empresa se meteu em trapalhada. Você está metido nisso"?

É dose, né? Pego na maior saia-justa, adivinhe, leitor(a), quem ele está pensando em estrangular.

A crise na sua empresa passa a exigir dele, de repente, papéis novos para os quais não está preparado para exercer. Ele é conduzido à condição de porta-voz informal da instituição no seu microuniverso. Na mesa de jantar, na reunião de condomínio do seu prédio, na sauna do clube, no churrasco de domingo, no pôquer, na barbearia. Parentes, amigos e conhecidos cobram dele explicações como se ele fosse o responsável por tudo que está acontecendo. Enfrenta a curiosidade e até mesmo a revolta das pessoas. O que está acontecendo? Como foi que aconteceu? E agora? Ele tem que dar explicações que envolvem coisas técnicas, matéria legal, assuntos nos quais ele é totalmente analfabeto.

Enfim, como se defender e defender a empresa se ele "foi o último a saber"? Se não tem dados, nem argumentos?

E ainda tem que agüentar o cunhado invejoso tirando um sarro: "Aquela sua empresa, heim? Que papelão!!!.

Melhor uma boa morte.

Terceiro, a Comunicação Interna é importante porque, pelas circunstâncias acima descritas, os empregados podem se transformar numa das mais eficientes mídias da empresa, operando como mensageiros da instituição junto aos seus universos particulares, à sua própria Opinião Pública.

Em síntese, quando a Comunicação Interna falha, a energia dos empregados é descarregada dentro de casa, na boataria, no disse-me-disse. Atua inconscientemente contra os interesses da empresa e contra os seus próprios. Sem munição para defender a empresa, o funcionário passa por constrangimentos e humilhações. Sua auto-estima fica em frangalhos. Sua admiração pela empresa, idem. Ao contrário, quando a Comunicação Interna é de boa qualidade, a energia dos empregados se transforma em positiva. Vira trabalho de infantaria, peça estratégica na administração da crise. Bem alimentados de informações, moral recalibrado, os funcionários se transformam no maior e mais confiável dos aliados.

Falamos dos empregados de uma forma geral. Mas algumas categorias dentro desse universo merecem alguns comentários específicos:

- Gerentes. Como líderes internos e centros de distribuição de informação, eles devem ser prioritariamente abastecidos pela Comunicação Interna. É humilhante uma liderança que não sabe das coisas. Mas a empresa não pode considerar que esse seja o melhor canal para que as mensagens cheguem às bases. Nas **CEOPs**, é comum acontecer de gerentes amarelarem. Mesmo aqueles que são craques em lidar com crises internas. E se o fluxo da comunicação é bloqueado num determinado ponto, alguns setores da empresa não estarão sendo irrigados com as informações necessárias. O efeito desse enfarte, é o ruído, a boataria, em suma, a anulação da comunicação oficial. Daí, ser importante pensar-se numa comunicação alternativa, num *by-pass*. *Napoleão Bonaparte* sabia disso. Há duzentos anos, reunia a tropa inteira e falava direto com o povão. Sem intermediários. Se perdeu a guerra, não foi por problema de comunicação.

- Técnicos. Costumam criar resistência nesse negócio de informar a Opinião Pública. Não têm muito saco com jornalistas e com os leigos em geral. É usual darem grandes caneladas. Também têm dificuldade de entender a urgência da empresa em dar explicações. Somente aceitam liberar uma informação se ela tiver com "zero-defeito", testada e retestada, "redondinhas". A Opinião Pública que se dane. Já sabemos quem é o patrono deles.
- Profissionais de *marketing* e de vendas. Também têm dificuldade de entender as exigências e os tempos no relacionamento com a Opinião Pública. Tendem a achar que as técnicas de *marketing* de produto se aplicam também à Opinião Pública.
- Profissionais da área financeira. Costumam continuar dando prioridade ao lucros mesmo em tempos de crises. Nessas horas, se transformam em grandes malas.
- Relações Públicas. Nenhuma **CEOP** pode ser adequadamente administrada se o responsável pelas comunicações na empresa não tem poder de influência no processo. Infelizmente, é o que geralmente acontece. Os responsáveis pela comunicação são os últimos a saber. Quando são chamados, a eles se contam a metade dos fatos ou vão contando aos pouquinhos. Muitos comunicadores de empresas contam que tiveram que enfrentar as feras da imprensa sabendo menos que os repórteres ou tomando conhecimento das coisas sem tempo de organizar-se. Como vimos, grande parte das crises são pré-anunciadas. Os "ovos de serpente" e os "esqueletos no armário" estão lá há anos. Por exemplo, a empresa toma a decisão, em agosto, de despedir funcionários em dezembro. O relações-públicas fica sabendo das demissões junto com os empregados. Muitos comunicadores são convocados para atuar quando a crise já está na fase terminal. Nos anos 90, a direção da *Coca-Cola* resolveu aposentar a velha *Coca-Cola* substituindo-a por uma nova fórmula. Os consumidores rejeitaram o novo produto imediatamente. Uma crise se instalou. A empresa havia subestimado a força no mercado do

seu próprio produto. Enfim, um erro imperdoável de *marketing*. Às pressas, a empresa teve que retroceder. Mas o erro ainda maior cometido, foi que o diretor de Comunicações Corporativas soube da mudança juntamente com os consumidores. Pode?

- Advogados. Continuam sendo os primeiros a serem convocados pela empresa quando a crise surge. Nada de errado. Advogado é uma peça fundamental na administração da crise. Errado é manter essa administração sob o seu controle. Quando isto acontece, a estratégia que prevalece é aquela voltada para a vitória nos tribunais. Nenhuma **CEOP** é principal e exclusivamente jurídica.
- Familiares. Evidentemente as crises empresariais levam desassossego aos familiares dos empregados. O leite das crianças está ameaçado. Projetos – o da televisão nova, o das férias, o do tratamento dentário – são suspensos. Assustados, sem informação, com dificuldade de entender o que está acontecendo, familiares passam a se constituir em mais um elemento de pressão sobre o funcionário. Surgem as perguntas sem respostas, as cobranças, as pendências não-resolvidas. Noutras palavras, nem no lar o coitado encontra a paz que lhe permita refletir sobre a situação. Melhor é ir tomar uns tragos com os colegas. Pelo menos, eles sabem do que estão falando. Novamente, aqui, um ponto que o comunicador interno tem que olhar com carinho. Como ajudar esse coitado a enfrentar o seu eleitorado.

56. O Caso *AT&T-Monkeygate* – Isso lá é Brincadeira que se faça?!!!

Em setembro de 1993, a revista interna *Focus* da *AT&T*, uma das melhores revistas no gênero, com tiragem de mais de 300 mil números, publicou um despretensioso e inocente *cartoon* no qual se via o mapa mundial com todos os seus continentes interligados pelas telecomunicações. Em cada continente, falando ao telefone, havia uma figura que, na cabeça do cartunista, representaria aquela região. A mensagem óbvia do *cartoon* era mostrar a empresa como a grande responsável pela aproximação entre todos os povos do planeta. E nada mais.

Até aí tudo bem.

Nada demais teria acontecido, se, no lugar em que aparecia o continente africano, o cartunista tivesse colocado, representando aquela região, uma figura humana qualquer, a exemplo do que fizera nos outros continentes. Mas não. Pois justo aí, ele optou por fazer uma gracinha, *une boutade*. Desenhou um animal ao telefone. Uma girafa? Um hipopótamo? Um leão? Não. Um gorila.

Sutil, né?

Empregados da empresa no mundo todo (315 mil) ficaram furiosos. Evidentemente, a coisa vazou para a *Imprensa* e esquentou.

Em princípio, a empresa tratou o assunto como se fosse um problema doméstico. Afinal, a revista era de circulação exclusivamente interna. Tentou justificar o erro alegando uma falha de processo – o que era absolutamente verdadeiro. Um *free lance* tinha feito o desenho por sua própria conta e o estafe da revista aprovou "um fax de um fax que não dava para ver bem as figuras desenhadas". (humm...) A empresa já tinha descontratado o politicamente incorreto *free lance* e quis dar o caso por encerrado.

Claro, nada disto foi suficiente para acalmar os ânimos, nem internos, nem externos, sobretudo das minorias negras. Diga-se de passagem, 15% da força de trabalho da *AT&T* – algo como 45 mil funcionários, mais que a nossa *Petrobras* – era composta de afro-americanos, maior que os 10% da média nacional. De repente, o que era vantagem do ponto de vista de "imagem corporativa" passou a ser desvantagem.

E mais essa!

Em carta interna, a empresa assumiu que o *cartoon* era ofensivo, insistia na falha no processo e pedia desculpas ao público interno. O CEO *Robert E. Allen* assumiu a responsabilidade de redobrar os esforços no sentido de eliminar qualquer vestígio de racismo na empresa.

Mas a coisa continuou pegando fogo. *Jesse Jackson*, o famoso reverendo negro, liderou um protesto em frente ao prédio da matriz da *AT&T,* na cidade de Nova Iorque. Outros líderes religiosos lideraram passeatas de protesto noutras cidades.

O caso ficou sendo conhecido em todo o país como *Monkeygate*.

Para contornar o problema – que se arrastou por meses e meses –, a *AT&T* teve que ajoelhar no milho de muitas formas: comprometeu-se com líderes comunitários a desenvolver programas de bolsas para estudantes afro-americanos e a usar instituições financeiras dos negros; teve que constituir um time de cinco diretores *seniores* para liderar mudanças na Comunicação Interna da empresa, afastou dois editores *seniores* da *Focus*, cancelou o contrato com a empresa que desenhou o *cartoon* e acabou com a vitoriosa revista. Em 1994, a empresa contratou *Montel Williams*, famoso entrevistador negro de *talk shows* para moderar um fórum aberto sobre intolerância racial. Estes fóruns foram realizados em Atlanta, Chicago, Dallas, Detroit e Nova York. *Cartoonzinho* caro, esse.

O cartunista – cujo nome a história não registra – prestou mais serviços à causa negra nos Estados Unidos do que *Martin Luther King*.

O que se aprendeu neste Caso:

- O cuidado com os processos é fundamental sobretudo quando envolve terceirização. Profissionais de fora da cultura organizacional não têm o "*mind set*", o "mancômetro", que o "prata da casa" tem. Seria muito difícil um funcionário efetivo da *AT&T* cometer esse erro. Como a tendência da terceirização é aumentar, os processos precisam ser ajustados a essa nova realidade operacional.
- Não existe este negócio de "*internal use only*". Sobretudo quando se trata de coisa escrita. E mais: "documentos internos" têm muito mais credibilidade do que aqueles liberados para o mundo externo. Afinal, os internos trazem aquilo que "eles realmente pensam".
- A *AT&T* não poupou esforços para resolver o problema junto às comunidades atingidas. Muitas outras empresas talvez dissessem: "Não foi intencional. Já pedimos desculpas. Estão fazendo tempestade com um copo d'água. Aqui, ó, para a Opinião Pública". A *AT&T* não sossegou enquanto não viu todas as fogueiras e brasas apagadas. É exatamente por isso que a *AT&T* é uma grande empresa. [21]

57. Os Acionistas

Quem inventou a expressão "farinha pouca, meu pirão primeiro" estava pensando nos acionistas de uma empresa.

"O bolso é o órgão mais sensível do corpo humano", disse, certa vez, Delfim Neto.

Este axioma pode justificar a razão dos acionistas serem um dos mais voláteis constituintes. A crise ainda não aconteceu, ainda está na fase dos rumores e o acionista já se mandou de mala e cuia. "Sinto muito, eu vou à luta".

Alguma coisa de errada nisto? Claro que não. Afinal ele aplicou o seu dinheiro na empresa visando ao retorno. Se isto não pode mais ser garantido e se ainda há possibilidade de perdas, ele tem mais é que saltar fora. Você não faria o mesmo?

"Investidores" podem ser instituições e indivíduos. Dentro de instituições, estão os fundos de pensão que mexem com dinheiro de aposentados, atuais e futuros. Coisa delicada. A lealdade desses fundos, pois, é com os seus clientes e não com as empresas onde investem.

A palavra-chave na comunicação com o investidor chama-se "expectativa". Para o acionista – ou quem o representa – não importa tanto o que está acontecendo e o porquê das coisas. Isto é secundário. O importante é como fica o "meu rico dinheirinho". Qual é a expectativa. Se ele entender que o enrosco é passageiro, não vai se assustar mesmo que possa sofrer perdas. Elas serão entendidas como coisas da vida. Faz parte. Se, entretanto, o futuro é nebuloso, incerto, a turma pode perguntar "cadê o meu pirão?" e o estouro da boiada começar. Como a massa de dinheiro que os fundos acima citados administram é fabulosa, uma discreta mudança de perfil das aplicações pode causar um tremor de terra.

As crises com investidores, na maioria, são crises derivadas. Crises que se seguem aos *recalls*, aos acidentes, aos problemas ambientais. Crescem, porém, as crises puramente com investidor. O início do milênio foi farto em escândalos financeiros, crimes do colarinho branco, falências e concordatas. Todos os casos fizeram uma grande contribuição ao fortalecimento do "estigma da raça". Dentro de algum tempo, a economia vai voltar aos eixos. Mas a imagem da instituição "empresa", não.

O universo "investidores" também é amplo. Nele se incluem desde o acionista propriamente dito, como, por exemplo, a viúva idosa participante de um fundo de pensão, como aqueles que administram a poupança alheia – corretores, analistas de mercado, aplicadores. Inclui-se também nesse universo formadores de opinião, tais como consultores e especialistas. Cada povo desse requer uma comunicação própria, com mensagens adequadas e interlocutores competentes. Tudo sem perder a idéia da integração. Também é um público pra lá de especial, creio de trique-triques, o que faz a Comunicação com Investidores ser uma especialidade.

58. Os Fornecedores

Nenhuma empresa é auto-suficiente. Para realizar os seus objetivos, ela contrata no mercado uma quantidade enorme de fornecedores. As "coisas fornecidas" vão desde a matéria-prima e de produtos utilizados pela empresa até serviços de mão-de-obra, de consultoria, de distribuição, de *marketing*, de vendas, etc, etc. Um universo de empresas e de profissionais passa a girar em torno da empresa-sol.

Quando irrompe uma crise no núcleo, sobra pra todo mundo. As vendas caem, a empresa, para se manter competitiva, tem que cortar custos. Uma das primeiras medidas é cancelar contratos com fornecedores. Muitas vezes, o estrago que o cancelamento desses contratos causa ao fornecedor é proporcionalmente maior do que o estrago ocorrido na empresa-sol. Muitos pequenos fornecedores não resistem ao baque e sucumbem nessa cascata.

Há uma certa semelhança entre "fornecedor" e o "público interno". As angústias e carências são iguais, os problemas de fluxo de informação também existem. A outra semelhança é que eles tanto podem amplificar a crise – se desinformados – quanto serem excelentes aliados se bem abastecidos de informação.

59. Os Constituintes Externos

<u>Constituintes externos</u> são aqueles indiretamente ligados ao negócio. Estão fora do microssistema. São eles:

- Mídia
- O Poder Público nas suas diversas seções – executivo, legislativo e judiciário – e níveis – federal, estadual e municipal
- A classe política
- Diversas comunidades: profissionais, religiosas, acadêmica e científica, segmento industrial, comunidades geográficas
- Grupos de interesse
- Sindicatos
- Celebridades

- Concorrentes
- Associações

Por suas características especiais, falaremos da mídia num capítulo em separado.

60. O Poder Público

Teoricamente, o Poder Público representa os interesses da sociedade como um todo. Também em tese, ele se estrutura para atender a essa delegação. Além da clássica separação e independência entre os poderes – Executivo, Legislativo e Judiciário – há também os cortes verticais – federal, estadual e municipal. Dentro desse emaranhado de níveis e de atribuições, existem inúmeras funções de várias naturezas quase todas elas de importância para a atividade empresarial. No Executivo, por exemplo, proliferam funções que interferem nessa atividade seja na forma de regulação, seja como controle ou fiscalização. O Legislativo – como responsável pela elaboração de leis – e o Judiciário – por suas decisões e interpretação das leis – também influem sobre os negócios.

A imagem do Poder Público junto às empresas não é boa. Há críticas justas, outras nem tanto. O fato é que, de maneira geral, homens de negócio não vêm o administrador público com bons olhos. Portanto, toda interferência é malvista. E vice-versa. A imagem das empresas junto ao Poder Público é ruim. Aqueles famosos estereótipos que formam o "estigma da raça" estão presentes na cabeça dos dirigentes e dos funcionários públicos, sobretudo na burocracia estatal.

Parêntese. Interessante é que a Opinião Pública não vê as coisas desse jeito. Normalmente o Poder Público é visto como protetor dos poderosos – entre os quais se incluem empresas e empresários – ou de tolerantes com eles. Decisões do Judiciário a favor de empresas são tidas como suspeitas. Decisões do executivo atendendo a interesses das empresas são consideradas fruto de *lobby* empresarial. Por sinal, na cabeça da maioria das pessoas, *lobby* e corrupção são irmãs gêmeas. Fecha parêntese.

Estamos falando de Brasil?

Não. Estamos falando do mundo.

Por incrível que pareça onde as empresas e empresários levam mais porrada dos burocratas e onde a atividade empresarial é mais regulada e controlada pelo governo é nos Estados Unidos, a Meca do sistema capitalista e da livre iniciativa.

Theodore Roosevelt, presidente, republicano, cunhou a frase "riqueza nas mãos de malfeitores". Quem eram esses malfeitores? *Al Capone*, *Dillinger*, *Don Corleone?* Nada disso. *Ted* referia-se aos *rockfellers*, aos *morgans* e assemelhados. Nos anos 60, *Eisenhower*, outro republicano, denunciou o complexo industrial-militar como risco para a democracia americana.

Não, não são águas passadas. Na eleição de 2000, *Al Gore*, candidato democrata fez campanha para presidente da República se apresentando como defensor do cidadão frente aos interesses das grandes empresas e acusando *George W. Bush*, seu adversário, de ser o candidato delas.

Até o início do século 20, mesmo com a aprovação da *Sherman Antitrust Act*, a atividade empresarial era pouco regulada. Nos Estados Unidos e no mundo. Foi entre 1910 e 1930 que se deu o grande surto regulador da economia. Inúmeras agências reguladoras – hoje poderosíssimas – foram criadas nesse período.

Em 1911, numa decisão histórica, a Corte Suprema americana decidiu que o "interesse público" seria mais bem servido quebrando a poderosa *Standard Oil*, então a maior empresa de petróleo de toda a história. Nesse momento, na terra do liberalismo econômico, ao dobrar o gigante, introduzia-se o instituto "interesse público". Nos anos seguintes, decisões semelhantes se aplicaram a outros segmentos industriais, tais como, instituições financeiras, estradas de ferro, telecomunicações. Recentemente tivemos o caso *Microsoft* que passou maus momentos ao ser acusada de práticas monopolistas.

Veio a explosão das agências reguladoras ("*regulators*") que foram criadas para proteger o "interesse público" em pesos e medidas, na composição dos remédios, em padrões mínimos para construção de casas e prédios, e até na publicidade.

Em função da desabonadora **Imagem Empresarial** e pela condição de guardião do "interesse público", o Poder Público tende a se posicionar contra as empresas nas **CEOPs,** sobretudo nos períodos iniciais quando os ânimos estão mais agitados. Há inúmeros exemplos. Para ficar num caso recente, durante a crise que a *Schering do Brasil* enfrentou com as suas "pílulas de farinha", o então Ministro da Saúde entrou de sola na questão criticando pesadamente o laboratório e se solidarizando com as vítimas. Isto tudo antes de qualquer investigação mais apurada das denúncias.

Muitas vezes esse posicionamento é oportunista. O objetivo não é defender o "interesse público". Jogando para a arquibancada, o político, com o gesto, angaria prestígio, melhora sua imagem e cresce alguns pontos na pesquisa de opinião.

Daí ser muito importante nas **CEOPs** que as empresas dediquem tempo para explicar para as autoridades a sua versão. Quando isto não acontece, o governo inverte o consagrado princípio jurídico " *in dubio, pro reu*" para "*in dubio*, pau no réu".

61. O Caso *Mobil Oil* – Quebrando o Pau com Meio Mundo

A *Mobil Oil* foi responsável por um belo caso de confrontação de uma empresa com governo, com a classe política, mídia e quem mais se metesse na sua vida.

A história começou em 8 de outubro de 1973 quando irrompeu a guerra entre Israel e vários estados árabes. De pronto, os Estados Unidos socorreu Israel com ajuda militar. Os países árabes retaliaram através do embargo de petróleo aos Estados Unidos e outras nações. O preço do petróleo duplicou. O fim da era de energia barata acabou. E a imagem das empresas petrolíferas que sempre foi ruim piorou ainda mais.

O governo americano também não estava bem nas pesquisas. O apoio dado a Israel – que provocou a retaliação árabe – foi criticado pela Opinião Pública. A classe média achava que a medida tinha sido errada. Mal saíra do Vietnã e o país já se metia em briga dos outros...

Macacos velhos, a *Mobil Oil* anteviu que o governo, pra sair da enrascada, precisaria de um bom bode expiatório. E ninguém mais apropriado para esse papel que a indústria petrolífera. A grande preocupação era que passasse, no Congresso, uma legislação nacionalizando a indústria ou criando uma regulamentação asfixiante para as empresas.

Dentro do generalizado clima de hostilidades às empresas petrolíferas, surgiu o boato, logo endossado pela mídia, que tanques e mais tanques da

Mobil Oil cheios de petróleo estavam escondidos no fundo do mar esperando o preço subir mais ainda. O boato teria começado por uma ligação de uma pessoa ao *New York Times* que comprou a informação. O boato foi crescendo. Desmentidos, explicações racionais de que não seria econômico estocar petróleo no mar, não colavam. O mito dos tanques no fundo do oceano fez a alegria dos cartunistas e virou uma verdade na boca do povo.

A estratégia da empresa foi contratar um jornalista independente para que ele fizesse uma reportagem investigativa apurando a origem do boato. O trabalho foi publicado e distribuído a formadores de opinião. Não funcionou. A estratégia era tímida, corporativa e racional.

Parêntese. Diante de situações irracionais, soluções racionais não funcionam. Fecha parêntese.

Pensaram então em oferecer 1 milhão dólares para quem provasse a existência dos tanques submarinos. Desistiram. A atitude era irracional, mas foi lembrada tarde demais. O boato já estava crescidinho. Aprenderam também tardiamente que eles – os boatos – devem ser mortos antes de criarem raízes.

O fato é que a história caía como uma luva nos planos do governo de golpear as empresas petrolíferas e tirar o mico do seu ombro na questão do embargo.

A *Mobil Oil*, entretanto, não botou o galho dentro. Todos os dias eram distribuídos *press releases*, desmentindo o boato. Cartas eram enviadas a acionistas, *dealers* e aos maiores clientes. A empresa teve a ousadia de escrever para cada parlamentar dizendo: "Estamos publicando esta carta nos jornais de sua cidade para esclarecer o seu público – seus eleitores – das mentiras que se falam sobre a crise de energia". Em paralelo, partiu para a briga com a mídia. Uma agressiva campanha intitulada "*Bad news sells better*" (Más notícias vendem mais) cutucava o leão.

Em 1976, a história dos tanques voltou. Uma série na TV *WNBC* chamada "The *Great Gasoline War*" recicla o boato. Um documentário com uma série de erros e distorções é exibido. A *Mobil Oil* contra-ataca com um anúncio de página inteira no *New York Times* descrevendo a série como: "... imprecisa, injusta e um desserviço à população. Um desfile de distorções apaixonadas, de meias-verdades, inverdades desfilando na tela como um exército de fantasmas – fantasmas que nós achávamos que havíamos enterrado anos atrás."

Funcionou. Nenhuma das filiadas da *WNBC* se atreveu a reapresentar a série.

Apesar da imagem ruim da indústria, a *Mobil Oil*, até então, era tida como uma empresa espetacular em pesquisa, produção, refino, distribuição e *marketing*. Tinha uma excelente reputação como empregadora. De repente, esse patrimônio começou a se dissolver. E embora vários projetos de lei, propondo de tudo (quebra da empresa, etc) não tivessem sido aprovados, a *Mobil Oil* teve afetados o seu programa de recrutamento, suas relações com o investidores e com o governo, bem como o moral interno.

Para reconstruir a imagem, a *Mobil Oil* usou anúncios de impacto na TV, afogou a mídia com *press releases*, testemunhou no Congresso, acessou *think tanks*, produziu inúmeras reuniões corpo-a-corpo com o público interno, patrocinou programas de televisão (a famosa série Vila Sésamo (*Sesame Street*) e prêmios literários. Mostrou que se preocupava seriamente com questões críticas relacionadas à energia, economia, ambiente e bem-estar social. E não era da boca pra fora. Era pra valer. Passaram a publicar anúncios com títulos provocativos, tipo “O país tem as melhores estradas do mundo e o pior transporte de massa”. O posicionamento surpreendia. Uma empresa de petróleo pedindo soluções para transporte de massa? Outra campanha interessante: “*More power to the people*”– tirando partido da dupla acepção da palavra “*power*”(energia/poder) e do romantismo da frase.

Obviamente pisou em muitos calos. Ao publicar um anúncio sugerindo um acordo de paz, em junho de 1973, a empresa foi acusada pelos judeus americanos de “fazer o jogo dos árabes”. A classe média, porém, considerando que isso baixaria o preço da gasolina, gostou da sugestão. O mico voltou para o ombro do governo.

A estratégia da confrontação com o Poder Público e com a mídia é de alto risco. Fecha portas, compra muitos inimigos. Costuma ter troco. Mais cedo ou mais tarde você é achado num terreno baldio com a boca cheia de formiga. Mas, no longo prazo, a estratégia da *Mobil Oil* funcionou. Hoje há um reconhecimento, até mesmo da mídia, de que o posicionamento agressivo da empresa foi importante para educação de todos – jornalistas, burocratas e a população em geral – quanto a particularidades da indústria e de sua importância para a sociedade americana. Acabou dissolvendo alguns preconceitos históricos. A estratégia de buscar aliança com consumidor/eleitor para, por intermédio destes, pressionar o legislativo é corajosa demais e também de alto risco. Não recomendaria no Brasil. Por enquanto.[22]

62. Poder Judiciário

Em instâncias mais baixas, juízes tendem a decidir contra as empresas. Na Justiça Trabalhista, a decisão contra a empresa é "estatutária". *Ex officio*, como se diz em latim; *by design*, como dizem os ingleses. Entretanto, nem sempre é por puro preconceito. Muitas empresas aprontam mesmo. Merecem a condenação. No Cível, em primeira instância, pela circunstância do momento processual estar mais próximo do momento da crise, com o assunto ainda pegando fogo, a influência da mídia e da Opinião Pública na decisão judicial é maior. Juízes jovens, ainda querendo mudar o mundo, costumam identificar as empresas como responsáveis "por tudo isto que isto está aí". A síndrome do *delenda est Golias* (Golias deve ser destruído) preside as decisões. Nas instâncias superiores, a coisa se equilibra. Por três razões: primeiro, os julgamentos ocorrem muito tempo depois do fato. Os espíritos já estão serenados, a mídia perdeu o interesse, os lesados já morreram. Segundo, porque as grandes empresas têm os seus interesses defendidos pelos melhores escritórios de advocacia do país. Nem sempre a outra parte tem bala na agulha para bancar os serviços de bons profissionais por tanto tempo. Terceiro, nas instâncias superiores, além das condições ambientais serem outras, os juízes têm outra visão das coisas. As empresas perderão se forem realmente culpadas. A questão é que, quando ganham, a desconfiança de que os juízes foram subornados ressurge na Opinião Pública. Não adianta. Nem com a justiça ao seu lado, o "estigma da raça" não deixa empresas e empresários em paz.

63. Os Políticos

Em qualquer país do mundo, em qualquer cultura, políticos têm fama de estar a serviço dos poderosos. A pecha faz parte do estigma de sua raça. Daí, numa crise entre a empresa e a Opinião Pública, políticos tendem a ficar com os seus clientes, isto é, o eleitorado. São raras as vezes em que – à luz do dia – qualquer um deles tenha posto seu prestígio para defender publicamente uma empresa que esteja, por alguma razão, na berlinda. Ele pode fingir de morto e não atacá-la. Pode até ficar solidário com a empresa e afirmar isso num gabinete, longe dos microfones e da mídia. Mas ir para uma tribuna de peito aberto e assumir a sua defesa, jamais. Instinto de sobrevivência. Ele morre de medo de que os adversários lembrem esse negócio de estar a serviço dos poderosos.

Mas nem correndo o risco de ser rejeitada a empresa deve deixar de procurá-los quando se vê envolvida numa **CEOP**. É importante que os líderes sejam informados do ponto de vista da empresa. Não só a liderança no Congresso mas também aqueles parlamentares que tratam de temas específicos. Se a crise tem a ver com meio ambiente, aqueles deputados e senadores que se interessam pela questão gostariam de saber o que a empresa tem a dizer a respeito e se sentirão lisonjeados se forem procurados por ela. Isto também é relações públicas. Das boas.

64. O Caso *3M* – Arranjando Sarna pra se coçar

No início dos anos 70, *Harry Heltzer*, *Chairman* e CEO da *3M*, admitiu ter se engajado em contribuição política ilegal nos Estados Unidos. O assunto foi manchete de primeira página de um lado ao outro do país. A época não poderia ter sido pior. A sociedade americana vivia ainda a ressaca de *Watergate* e daquela trapalhada toda que culminou com a renúncia de *Nixon*. Com a notícia da *3M*, teve que entubar mais essa: voltar a discutir a moralidade do *business system*. [Aliás, coisa que não sai de moda.]

Mas a população que mais se abalou com a notícia foi o público interno. Seus empregados, que tinham – com toda razão – o maior orgulho de trabalhar na *3M*, ficaram chocadíssimos.

A empresa encarou o problema de frente, deixando um excelente exemplo de como agir nessas ocasiões. *Heltzer* renunciou ao cargo imediatamente e liberou internamente o seguinte documento:

"Tempos atrás, eu havia comunicado ao *board* de diretores que estava preparado para deixar a empresa no momento em que isto fosse de interesse da *3M*.

Este momento chegou.

Enquanto ocupei esta função, sei que tomei boas e más decisões. Certamente a minha participação nas contribuições foi uma má decisão. O que eu fiz, estava errado. Nenhuma dúvida quanto a isto. Sou obrigado a admitir o meu erro e estou pagando por ele. A punição para a empresa e a todos nós é maior que qualquer penalidade que venha a ser imposta pelos tribunais.

Creiam que a parte mais difícil tem sido encarar os bons amigos que acumulei nos longos anos que trabalhei na *3M*...."

A comunicação foi transmitida a todos os funcionários em todos os Estados Unidos no espaço de meia hora.

A questão da contribuição foi um sério dano para o moral e para a imagem da empresa. Mas o patrimônio de boa vontade construído no passado pela *3M* sustentou a empresa. Os funcionários, mesmo abalados em sua auto-estima, compreenderam que a empresa fizera o que tinha que fazer.

A vida continua.

O que se aprendeu neste caso:

- Envolvimento com política-partidária é sempre de altíssimo risco. Mesmo quando existe no país legislação que disciplina a aplicação de contribuições.
- Nem sempre os interesses da empresa coincidem com os interesses dos funcionários como cidadãos. A empresa ficaria tranqüila sabendo que seus funcionários trabalham para candidatos que são contra seus (empresa) interesses? Veja bem, não estamos discutindo legislação, direitos, contrato de trabalho. Falamos de ética, de lealdade. E como os acionistas vêem esse apoio político? E os consumidores? Afinal, são eles que pagam a conta. Particularmente, sou contra esse tipo de envolvimento. Pior ainda é quando se usa a salomônica e despudorada técnica de acender uma vela para Deus e outra para o Diabo.
- A reação da *3M* de não tentar "tapar o sol com a peneira", assumindo o erro e chegando a solução extrema – afastamento do Número Um – é muito educativa. Os erros são perdoados e esquecidos se são confessados, reconhecidos e punidos – doa a quem doer. A solução de "varrer para debaixo do tapete" deixa seqüelas por muito mais tempo.
- **Imagem Empresarial** salva a pátria. [23]

65. As Comunidades Geográficas

O posicionamento das **CGs** (Comunidades Geográficas) nas **CEOPs** depende obviamente da natureza da crise. Se ela, por exemplo, passa pela questão ambiental – lixo, emissão de gases, contaminação do solo, poluição sonora, etc – certamente a empresa vai encontrar nas **CGs** um inimigo feroz. Evidentemente que o fechamento de uma fábrica virá afetar o ganha-pão de moradores de uma **CG** e a economia local. Se o fechamento se deve a uma decisão unilateral da empresa, também nesse caso, a empresa não pode esperar ter esse povo do seu lado. Nunca. Vai enfrentar ruidosas manifestações. Mas, se a decisão de fechar a fábrica é conseqüência de uma política econômica de governo, as **CGs** podem se transformar num aliado importante da empresa.

De qualquer forma, em tempos de paz, a organização deve investir muito no relacionamento com as lideranças locais de forma a poder conhecer bem o perfil da comunidade, seus interesses, preocupações, problemas. Não basta ficar imaginando o que eles pensam. É preciso interagir. Esse esforço é mais necessário ainda quando a **CG** abriga constituintes internos da empresa: clientes, consumidores, usuários, empregados.

Uma história curiosa. Em 1992, a cidade de *Los Angeles*, Estados Unidos, foi sacudida por uma incontrolável fúria popular. O motivo da rebelião foi a absolvição de um policial branco que espancara até a morte um negro, cena que havia sido filmada e mostrada na televisão. Pois bem, a população enfurecida foi para a rua e produziu estragos semelhantes ao de um terremoto. Quarteirões inteiros de prédios de empresas foram queimados e saqueados. Entretanto, em certos bairros, os manifestantes protegeram as lojas do *McDonald's* porque seus franqueados apoiavam projetos sociais, como, por exemplo, amparo a crianças doentes, na sua maioria, crianças negras.

Há uma recomendação internacional que diz *Think globally, act locally*. Pense no mundo e aja localmente. É por aí.

66. Os Grupos de Pressão

Grupos de pressão sempre existiram no mundo todo. A novidade é que, de uns tempos para cá, eles ampliaram seu repertório de interesses e se sofisticaram em termos de organização e de luta. Entre os grupos de pressão, destacam-se os que modernamente são conhecidos pelo genérico Organização Não-Governamental (ONG).

Nos Estados Unidos, por exemplo, os anos 60 se caracterizaram pela entrada em cena de organizações que defendiam posições que iam desde combate ao racismo até o envolvimento americano no Vietnã. Essas organizações passaram a exercer grande influência sobre a Opinião Pública. Os debates eram tão intensos que as corporações – muitas vezes atacadas por essas organizações – não podiam fazer de conta que não estavam vendo. Como faziam no passado. O surgimento de novas questões, tais como problemas ambientais, tratamento desumano de animais, exploração de menores, discriminação de minorias, etc. fez crescer o número de demonstrações contra as empresas – boicotes, ameaças, etc. Como resposta, as grandes corporações criaram a função de *Public Affairs* cuja a missão seria administrar os interesses da empresa à luz dessas questões (*public issues*). Os esforços para melhorar o nível da conversa iam desde filantropia pura até doações a universidades, patrocínios culturais, etc. Mas a principal inovação foi a abertura de um canal de comunicação entre a empresa e essas organizações.

Começou um relacionamento que certamente fez *Vanderbilt* se revirar no túmulo.

No interesse do estudo das **CEOPs**, a coisa fica assim. Se o calo pisado está na área específica da ONG, ela vai partir para briga. As ONGs temáticas geralmente acompanham as empresas que podem pisar na bola. Por exemplo, empresas cuja atividade passa pelo meio ambiente, são monitoradas dia e noite. Quando a crise dispara, a banda de música já está ensaiada. A empresa pode não estar preparada para a crise, mas a ONG está.

O melhor a fazer é, em tempos de paz, construir um relacionamento com elas. Facilita as coisas. Muitas empresas têm mantido bons canais com essas organizações com excelentes resultados para ambas as partes. Há histórias e mais histórias de crises que foram rapidamente resolvidas porque o canal existia. Por exemplo, a *McDonald's*, depois de ouvir o que tinham a dizer os ambientalistas, decidiu eliminar suas embalagens de PVC porque elas não eram biodegradáveis. Todo mundo ganhou com essa conversa.

Quanto à forma de atuação, as ONGs se dividem em:

a. ONGs que trabalham usando todos os instrumentos e técnicas de relações pública. Fazem pesquisas, divulgam suas teses, levantam fundos, fazem *lobby* em formadores de opinião e tomadores de decisão, investem em publicidade, etc.

b. ONGs que, além de usar o instrumental acima, partem para a confrontação, inclusive física.

Atualmente, as ONGs mais atuantes estão na área ambiental. São bandeiras muito importantes para a sociedade e de total aceitação por parte da

Opinião Pública, sobretudo pelos jovens. Promoção de reciclagem de produtos; eliminação de depósitos de lixos tóxicos; purificação do ar e da águas; proteção da camada de ozônio; preservação de recursos naturais; reflorestamento, etc.

Greenpeace, uma ONG internacional que opera em 30 países, tem 5 milhões de membros. São craques em produzir factóides.

Grande parte do dinheiro que mantém as ONGs em funcionamento vêm das empresas, seja na forma de contribuição direta, seja como repasse de dinheiro público, dinheiro do contribuinte. A pergunta é: se está pagando, por que não cobrar serviços?

67. O Caso *Barbie* – A Vingança da Loura-Burra

A Comunicação Empresarial não-integrada – sabemos – é um esqueleto.

Uma história que ilustra esta tese tem a *Barbie* – a boneca mais famosa do mundo – como personagem. Vamos a ela.

Em primeiro lugar, um pouco da história corporativa da fabricante da boneca: a *Mattel*. A empresa tem uma história que os americanos adoram. Nasceu numa garage, em 1945, na Califórnia, fruto do espírito empreendedor do casal *Ruth* e *Elliot Handler* e do amigo *Harold "Matt" Matson*. [*"Matt"* + *"Elliot"* = *"Mattel"*.] Os sócios logo partiram para fabricação de brinquedos. Em 1959, *Ruth* bolou uma boneca tridimensional que, agregando acessórios – roupas, objetos, etc – dava espaço para as crianças desenvolverem a sua imaginação. Nasceu a *Barbie*, apelido de sua filha, *Barbara*. Depois, a "família" aumentou. Vieram *Ken* (1961 – o namorada da *Barbie*), *Christie* (1968 – a primeira boneca afro-americana), *Theresa* (1988 – a *Barbie* latina), *Kira* (1990 – a *Barbie* asiática), a *Barbie* deficiente física em cadeira de rodas (1997) e muitas outras. Em 40 anos de existência, foram vendidas em torno de 1 bilhão de *Barbies* no mundo todo. Hoje, a empresa é uma das maiores fabricantes de brinquedos no mundo faturando em torno de 5 bilhões de dólares/ano. Somente a *Barbie* traz para os cofres da empresa 1,5 bilhão de dólares. Sua marca vale 2 bilhões de dólares. E, por fim, a empresa investe anualmente fortunas em programas sociais. Um exemplo empresarial a ser seguido.

Pois bem. Em 1992, a *Mattel* colocou no mercado uma *Barbie* que, ao ser tocada, "dizia" algo que poderia ser traduzido como "Aula de matemática é dureza!" ("*Math class is tough*"). Provável e inconscientemente, os criadores da gracinha – a turma de *marketing* e de fabricação – se inspiraram no estereótipo da "loura-burra", preconceito esse existente na sociedade americana (e, em dose menor, também em outras culturas). Enfim, uma grande jogada de *marketing*. As *blondes*, claro, se captassem o espírito da brincadeira, iriam odiá-la. Em compensação, pesquisas garantiam que um pedaço significativo do mercado iria se deliciar com o sarro tirado sobre elas. As vendas previstas eram pra lá de satisfatórias. Então, mãos à obra.

Pra quê, Margarida! O produto ainda não tinha chegado aos pontos de vendas e a terra já começara a tremer. A *Mattel* foi bombardeada de protestos através de cartas, telefonemas, passeatas, ameaças de boicotes, etc, movimentos desencadeados por organizações não-governamentais. A gracinha tinha atingido em cheio um segmento forte e barulhento na sociedade americana: as feministas. Pra elas, a fala da boneca era "uma manifestação preconceituosa e machista". Até o público feminino interno se indignou com o preconceito. A empresa entrou em crise.

Sem alternativa, a presidente da *Mattel*, *Jill E. Barad*, fez o que tinha que fazer: ajoelhou no milho. Assumiu a inconveniência da brincadeira, mandou imediatamente fazer o *recall* das bonecas a fim de trocar os *chips* com a frase politicamente incorreta e pediu publicamente desculpas às associações representativas do movimento feminista. No documento liberado pela empresa, a presidente diz: "Reconheço que não nos aprofundamos na análise das implicações negativas dessa frase. Sinto muito".

O que significa esse reconhecimento? Que a *Mattel* não tinha processos industriais seguros? Que havia falhas no controle da qualidade de seus produtos? Nada disto. Pode ter certeza, leitor(a), que a empresa é seis sigma em qualidade industrial. Que nenhum consumidor dos produtos da *Mattel* em todo mundo jamais achou algo de errado – ou que não funcionasse – em quaisquer de seus produtos, dos acessórios aos *chips*. A *Mattel* tem uma vasta linha de produtos dedicados ao público infantil. Imagine os cuidados que a empresa tem na qualidade física de seus produtos e a preocupação com a sua imagem. Portanto, a engenharia está de parabéns, idem a criativa rapaziada de *marketing*. Por outro lado, a empresa é dez em termos de responsabilidade social, demonstrou que trabalha com muita habilidade questões sensitivas da sociedade como, por exemplo, a questão dos negros, dos deficientes físicos, etc. Tratou de assuntos delicados sem pisar na bola.

Então, pergunta você, onde foi que o bicho pegou dessa vez? O que faltou no processo de desenvolvimento do produto foi uma visão do relações-públicas, ou seja, alguém com o conhecimento das questões em debate na sociedade e com condição de avaliar o impacto do produto à luz dessas questões. Nenhum bicho de sete cabeças. Nenhum custo adicional. Em poucas palavras, Comunicação Integrada. A *Mattel* tinha recursos e mais recursos com essa competência dentro de casa. Não os integrou. Houvesse algum desses recursos participado no nascedouro do projeto, o risco seria levantado e analisado. Bastava umas simples perguntas: "além das louras, podemos estar pisando nos calos de mais quem com essa idéia tão criativa"? "Podemos estar comprando briga com alguém mais"? "Como a frase poderá vir a ser interpretada por determinados públicos"? Certamente o projeto teria sido abortado antes do primeiro *coffee break* e a *Mattel* poderia ter dormido sem essa. [24]

68. A Concorrência

Por ignorância, concorrentes costumam vibrar quando a batata assa na casa do competidor. Muitos até trabalham para que a crise do vizinho de atividade vá mais fundo. Acredita-se que com isso os clientes do agonizante vão correr para os seus produtos e serviços. Não é bem assim. Crises costumam encurtar o tamanho de mercado. A crise da *Microsoft*, ao contrário do que pensavam seus concorrentes, trouxe prejuízo pra todo mundo. Em 2002, a crise com a *Andersen Consulting* nos Estados Unidos sobrou para empresas de consultoria no mundo todo.

69. O Caso *AMEX versus SAFRA* – A Briga de Cachorro Grande

Em 1989, para destruir *Edmond Safra* – um ex-CEO da empresa e então importante concorrente –, a *American Express* orquestrou uma campanha internacional contra ele, plantando na mídia histórias pra lá de infamantes. Uma briga suja de cachorro grande. Entre outras coisas ditas sobre o empresário, foi que ele seria ligado à máfia, ao narcotráfico, à lavagem de dinheiro, etc, etc. Por aí. Casualmente, *Safra* descobriu a origem das notícias. Um ex-jornalista da *ABS News* havia sido contratado pela *AMEX* para trabalhar nesse projeto: destruir *Edmond Safra* a qualquer custo. Moral da história: *AMEX* foi obrigada a indenizar *Safra* em 8 milhões de dólares, pediu desculpas públicas, "aposentou" seu diretor de comunicações. Anos depois, o *Chairman James Robinson* foi forçado a renunciar por causa dos negócios da empresa e – dizem – por causa também do Caso *Safra*.

Em tempo: *Edmond Safra* nasceu no Líbano e se naturalizou brasileiro. Morreu em circunstâncias esquisitas no Principado de Mônaco, em 1999. Asfixiou-se num incêndio em seu apartamento. O principal suspeito era o seu enfermeiro. Mas a boataria de que fora morto pela máfia russa ou por grupos anti-sionistas circulou na mídia. A ligação do banqueiro com lavagem de dinheiro também voltou a ser comentada. Dessa vez, a *AMEX* não tinha nada a ver com a história. [25]

70. As Associações de Empresários

Em 28/6/98, a Abifarma – Associação Brasileira da Indústria Farmacêutica – publicou, nos principais jornais do país, um comunicado no qual defendia o laboratório *Schering*, um dos seus associados, envolvido então no rumoroso caso da "pílulas de farinha". No comunicado, a entidade reclamava do julgamento precipitado que a mídia fazia da empresa. Pedia que aguardassem o término das investigações e lembrava as conseqüências do famoso Caso Escola Base.

Solidariedade rara.

Como foi dito em algum lugar desse trabalho, empresários não são corporativistas. Quando uma empresa encara uma **CEOP**, culpada ou inocente, raramente a gente vê aqueles movimentos de solidariedade que acontecem de montão em outras classes e categorias profissionais: abaixo-assinados, jantar de desagravo, declaração de apoio. Pode acontecer que a solidariedade seja manifestada num telefonema sem testemunhas. De público, não.

Pior! Quando o co-irmão está afogando, na maioria das vezes, procura-se evitar o tal "abraço dos afogados". Cuida-se, também, de criar uma blindagem para evitar que o fogo lhe chamusque. É comum a presença de um empresário vivendo uma situação de crise causar constrangimentos quando comparece a reuniões da categoria. É tratado como se tivesse com catapora.

Mesmo com esses inconvenientes todos, a empresa e seus dirigentes não podem dar o braço a torcer. Mais do que nunca, é preciso se expor, falar a respeito do seu drama, com transparência e altivez.

71. A Comunidade Acadêmica e Científica

Como qualquer outro povo, tem a sua maneira própria de ver e de pensar o mundo. E também, a exemplo de outras tribos, tem reservas com relação à atividade empresarial. Nas universidades em que há integração com empresas, essas reservas são menores.

72. Um Pequeno Caso Real – O Inferno Astral da *IBM Brasil*

Lá pelos meados dos anos 70, instalou-se no Brasil, o que veio se chamar de "Política Nacional de Informática". O movimento era um dos braços do projeto militar "Brasil – Grande Potência". A Informática – com o domínio da tecnologia por brasileiros –, o Programa Nuclear – adquirido dos alemães contra a vontade dos americanos – e o desenvolvimento da Indústria Bélica faziam parte do mesmo pacote. Logo, juntaram-se para apoiar a política, industriais brasileiros, a comunidade acadêmica e científica, políticos, jornalistas, estudantes, associações profissionais, etc. Sendo a *IBM Brasil* a empresa que dominava o mercado de computadores no país, foi escolhida por essa grande frente única – que reunia direita e esquerda, ex-perseguidores e ex-perseguidos – como o grande belzebu. A empresa – então com 70 anos de operação no país, fábrica desde 1939, 5 mil empregados, todos brasileiros, grande exportadora de produtos com alto valor agregado – entrou em parafuso.

São muitas as histórias que podem ser contadas sobre essa grande **Crise Empresarial com a Opinião Pública**. Aqui vão 3 delas.

* * * *

1982. Entre os segmentos que apoiavam a Política Nacional de Informática, o mais radical e aguerrido era a chamada Comunidade Acadêmica e Científica. As principais universidades não queriam ver a *IBM* nem pintada. Para demonstrar esse repúdio, uma dessas universidades chegou a recusar a doação de um supercomputador *IBM* no valor de 10 milhões de dólares. A doação fazia parte de um programa de cooperação com universidades que a empresa mantinha em países no mundo todo. O ineditismo da recusa virou assunto internacional. Ninguém entendia. "Cavalo dado não se olha os dentes" em qualquer cultura. Até mesmo aqui, defensores da política achavam que a universidade tinha ido longe demais. Como os aiatolás no Irã estavam na moda, esses radicais passaram a ser chamados – pelos próprios correligionários – de "xiitas".

Portanto, foi com surpresa que a empresa recebeu um convite de uma outra grande universidade para fazer uma palestra sobre a *IBM*. Na platéia, estariam professores e alunos da universidade.

Felizes da vida, lá fomos nós cheios de entusiasmo e de transparências coloridas, certos de que estávamos diante de uma oportunidade única para reverter a nossa imagem junto aquele público. Chegara a hora de mostrar que não éramos aquele bicho-papão que se apregoava.

O auditório tinha gente saindo pelo ladrão. O diretor da *IBM* que iria conduzir a palestra, apesar de longa experiência na atividade, suava em bicas de nervosismo.

Alguém da universidade deu a sessão como aberta e rapidamente passou a palavra ao palestrante. Estava ele ainda nos agradecimentos pelo convite, falando sobre a honra de estar ali naquela instituição e outros confetes de praxe quando, na terceira fila, uma mulher se levantou e pediu a palavra. Obviamente, o orador concedeu. Disse ela:

– Meu nome é fulana de tal, sou responsável pelo departamento assim, assim, assim, e quero dizer ao senhor – em nome de todos os professores, alunos e funcionários da universidade – que a *IBM* é *persona non grata* nessa Casa.

Dito isso, retirou-se do auditório, arrastando com ela toda a platéia.

Com a melhor cara de bunda que podia fazer no momento, diante do auditório com uns poucos gatos pingados, o diretor recolheu as transparências e saiu de fininho.

* * * *

Um feroz defensor da reserva de mercado na informática publica um artigo no qual faz veementes críticas à *IBM*. Até aí nada de mais. Todos os dias, quilos de matérias na mídia eram publicados contra a empresa. Mas as críticas feitas no artigo se baseavam em estatísticas e números totalmente absurdos. De acordo com a nossa linha de não deixar sem resposta acusações contra a empresa – e na condição de responsável pela comunicação da instituição – procurei entrar em contato com o articulista. Depois de muito esforço, consegui localizá-lo. Disse eu:

– Professor, os dados que o senhor usou no seu artigo estão totalmente equivocados!

Do outro lado da linha, o professor tentou defender os seus números citando ora fontes do governo ora de entidades que apoiavam o movimento. Insisti que os números estavam errados e fui contrapondo com os nossos – possivelmente também imprecisos mas muito mais próximos da realidade. Se os nossos números estavam certos, nenhuma das críticas teria sentido. Lá pelas tantas, o professor perdeu a paciência. Disse ele, zangado:

– Escuta aqui, o senhor ainda não entendeu que a "questão da informática" não é uma questão de números e de estatísticas. Nem é uma questão técnica. É uma questão política. POLÍTICA, entendeu? – e bateu o telefone na minha cara.

Nunca tinha ouvido uma explicação tão clara sobre o que vinha a ser "uma questão política". Tinha acabado de aprender com o professor que, quando a questão é "técnica", a gente precisa ficar preso à verdade. Já quando ela é "política", a "verdade" pode ser uma grande frescura.

Tempos depois, quando a Política Nacional de Informática já havia sucumbido por inanição, esse mesmo professor nos procurou para propor uma parceria de negócios na área de *software*. Seríamos agora parceiros. Claro, escondido dos seus alunos, da patrulha e da mídia. O professor me dava outra lição: a diferença entre uma "questão política" e uma "questão de negócios". Vivendo e aprendendo.

* * * *

1983. A Política Nacional de Informática estava pegando fogo. A *IBM Brasil* – pela sua grande participação no mercado brasileiro – continuava sendo, na cabeça dos militares e dos defensores dessa Política, um risco para a segurança nacional. Meses antes, os ingleses haviam imposto uma derrota humilhante aos argentinos por ocasião da guerra das Malvinas. No meio militar brasileiro, uma tese estava na moda: a importância de o controle tecnológico estar na mão de nacionais. Se os argentinos tivessem o controle da tecnologia dos *exocets* – mísseis de origem francesa –, o resultado da guerra das Malvinas teria sido outro – dizia a tese.

Esse era o clima quando a *IBM* foi convocada para falar para uma platéia de militares ligados à Segurança Nacional.

O representante da *IBM* fez o clássico discurso institucional mostrando o que, na sua visão, seriam contribuições da empresa para o desenvolvimento do país. Falou de transferência de tecnologia, de desenvolvimento de fornecedores brasileiros, dos investimentos da *IBM* no Brasil em laboratórios e em fábricas, das exportações de produtos com alto valor agregado, do número de empregos diretos e indiretos gerados pela indústria. Deu números e estatísticas.

Nenhuma reação. Silêncio absoluto.

Quase uma hora depois de exposição, o orador sente que chegou a hora de terminar.

– Alguma pergunta?

Silêncio no auditório. O orador já ia agradecer a atenção e dar a palestra como terminada, quando lá de trás da platéia alguém diz em voz alta:

– Eu tenho uma pergunta.

Era um coronel que passara todo o tempo da apresentação olhando fixamente o orador mas sem deixar transparecer na expressão facial se estava gostando ou não do que ouvia.

– Pois não – diz o orador.

– Suponhamos que aconteça uma guerra entre Brasil e Estados Unidos. A minha pergunta é a seguinte: de que lado a *IBM* ficaria?

Nenhuma manifestação na platéia. Nenhum gesto de aprovação nem de desaprovação quanto à pergunta. Ninguém achou graça, sequer se mexeu. O silêncio permanecia o mesmo. Dava pra ouvir uma mosca voando.

O orador sabia antecipadamente que não ia encontrar moleza com aquela turma de militares preocupados com segurança nacional. Iria pisar em ovos o tempo todo. Por conta disso, havia se preparado para responder as mais duras e complexas perguntas sobre o tema. Mas, aquela questão que tinha como premissa uma guerra entre Brasil e Estados Unidos, aquela nem em sonho tinha passado por sua cabeça. Milico criativo – pensou.

Começou a responder meio hesitante e foi organizando as idéias na medida em que falava. Pensou em usar a técnica de desconstruir a premissa: uma guerra entre Estados Unidos e Brasil era uma hipótese absurda. Mas logo sentiu que por aí iria dar com os burros n'água. Seria indelicado. Mudou de linha. Aceitou a hipótese como válida e começou a falar sobre as forças em jogo na suposta guerra, cotejando o tamanho das duas economias, dos recursos das forças armadas – armamentos, submarinos, mísseis, bombas, satélites, dos recursos estratégicos disponíveis – petróleo, urânio, etc., enfim, procurou levar a platéia a concluir por ela própria – sem o ônus de dizer isso explicitamente – que não seria uma guerra mas um massacre.

Sentindo que a tese estava comprada e esforçando-se para não parecer arrogante, arriscou:

– Diante de um quadro desses, coronel, faz diferença de que lado a *IBM* ficaria?

Pela primeira vez, o orador percebeu uma descontração no auditório. Parecia que a platéia havia valorizado – não a resposta em si que afinal não existira – mas a habilidade do orador em fugir da pergunta com elegância e respeito. Foi essa descontração percebida que o encorajou a ir fundo:

– Mas numa guerra entre Brasil e Argentina, coronel – disse ele partindo para o tudo ou nada – faz diferença de que lado a *IBM* fica, não acha?

O auditório explodiu em gargalhadas. Surgiram até algumas palmas calorosas.

No *coffee break* que se seguiu à palestra, o orador foi super paparicado.

73. Celebridades

Permita-me uma divagação.

Nunca foi tão fácil tornar-se "uma celebridade" como nos nossos dias. Antigamente, para se ter sucesso na mídia – e tirar o diploma de "celebridade" – as pessoas precisavam suar a camisa. Hoje, qualquer exposição na mídia pode transformar um marginal num ídolo e, nessa condição, virar um formador de opinião. Os chamados *reality shows* estão produzindo ídolos como numa linha de montagem. Em série. Verdade seja dita, com o prazo de validade de alguns meses.

Fim da divagação.

"Celebridades", em geral, são microempresas e portanto a sua imagem é um patrimônio da maior importância. Às vezes, o único patrimônio. Há casos de celebridades que processaram empresas por se acharem prejudicadas ao terem seus nomes associados a encrencas institucionais. Essa via, entretanto, não tem duas mãos. Não se conhece caso em que tenha acontecido o contrário, isto é, uma empresa processar uma celebridade quando essa se mete em confusão. E oportunidades, não faltam.

Nas crises empresariais, sobretudo aquelas que passam pelas grandes questões da sociedade, essas celebridades, guindadas à posição de "formadores de opinião", costumam ir para onde a Opinião Pública for.

Um fenômeno modificou o comportamento dos artistas (cantores, atores, cineastas, etc) com relação às empresas: os chamados *marketings* culturais. Em busca de patrocínios, eles ficaram mais tolerantes com as empresas.

74. O Caso *SCHERING* – Pílulas de Farinha

Em novembro de 1998, uma professora na cidade de Volta Redonda (RJ) deu à luz duas meninas. Tudo seria motivo de festa não fosse a mãe usuária de uma famosa droga anticoncepcional. A professora veio saber depois que, ao invés da droga protetora, ela havia consumido "pílulas de farinha" colocadas por engano no mercado pelo laboratório *Schering*. Junto com a professora, outras mulheres – umas vinte – estavam com o mesmo problema: uma gravidez indesejada. O caso ocupou intensamente o noticiário brasileiro por semanas. Houve intervenção do ministro da saúde e um bom bate-boca entre a autoridade e a matriz do laboratório na Alemanha.

Pra você que não acompanhou o caso – ou se esqueceu dele – um resumo da encrenca.

A empresa preparou 2 toneladas de substância inócua – farinha de trigo – para testar uma nova máquina especialmente comprada para embalar o *best seller* do laboratório, o anticoncepcional *Microvlar*. O comprimido de farinha deveria ter aparência igual à pílula verdadeira pois a máquina precisava ter seus sensores óticos regulados no teste. Terminada a operação, isto é, testada a nova máquina com empacotamento correto das pílulas de farinha, essas deveriam ser separadas, picotadas e incineradas. Nessa etapa, alguma coisa não funcionou (falha humana ou de processo) ou algo aconteceu (furto ou sabotagem). O fato é que lotes das falsas pílulas chegaram às consumidoras. Os filhos vieram depois.

A empresa cometeu uma série de erros na administração da crise. Entre esses erros, a demora em se posicionar. O silêncio do laboratório diante das denúncias teve como conseqüência imediata a perda de 15% das vendas do *Microvlar*, líder de vendas do segmento. Mas não foi só isso. Hoje, as estimativas mais otimistas são de que a empresa já torrou mais de 20 milhões de dólares na brincadeira, entre multas, indenizações, publicidade, etc. Em 2000, o presidente e o diretor industrial da empresa foram condenados a 2 anos e 4 meses de prisão – pena trocada por prestação de serviços comunitários, além do pagamento de uma multa pecuniária (327 mil reais).

Mas como se já não bastasse essa encrenca, a empresa arranjou outra. Na programação de relançamento do produto, contratou a atriz global *Maitê Proença*. Um mês depois, apareceram no mercado cartelas com defeito. O número de comprimidos na embalagem era menor que o indicado. O problema não era o mesmo mas o produto, sim. A atriz – temendo que sua imagem associada ao *Microvlar* também fosse pro bebeléu – processou a empresa por danos morais. Ganhou bons trocados na ação – 2 mil salários mínimos. [26]

75. Reflexões sobre Transparência

Qualquer que seja o constituinte, a atitude de transparência da empresa deve ser buscada. "Dizer a verdade", por exemplo, é a recomendação feita por todos os grandes especialistas em administração de crises. Razões:

a) Lembre-se, a "credibilidade" é o último trunfo para virar o jogo. Ela tem que ser preservada custe o que custar. E agora, mais do que nunca, a mentira tem pernas curtas. Não vai longe.

b) Pesquisas mostram que as vítimas e os lesados se sentem mais ofendidos quando acham que a empresa está mentindo do que pela lesão em si. Aquela coisa que falamos sobre a raiva das pessoas aumentar quando elas se sentem enganadas.

c) O preço da mentira descoberta num momento de tensão é muito alto. Aquilo que em tempos normais poderia ser considerado uma "mentirinha boba", sem conseqüências, nessas horas assume proporções gigantescas.

d) A experiência tem mostrado que a raiva do público diminui – às vezes, desaparece – se a empresa, sem maiores delongas, reconhece o erro. A resistência em dar o braço a torcer aumenta a irritação.

e) O reconhecimento do erro de saída tem mais valor que o erro admitido mais adiante quando a fedentina for maior. Sempre vai parecer que o reconhecimento tardio aconteceu quando não havia mais a possibilidade da negação.

f) O "deixar tudo logo em pratos limpos" é uma ducha de água fria na mídia e nos consumidores de notícias. O ideal para quem produz a notícia e para quem a consome é que a "verdade" apareça aos poucos, em capítulos. Tem que virar "um caso", uma novela. Esse truque é usado pelos novelistas. "Quem matou *Salomão Ayala*?" rendeu capítulos e mais capítulos de uma novela global. Portanto, o melhor para o noticiário – e para os leitores – é o mistério, a ambigüidade, a permissão para a suspeição e para especulação. A confissão imediata é meio corta-barato, desmancha-prazer. Os crimes em que o criminoso diz de cara "estrangulei, sim, matei assim, por esse motivo" rendem muito menos matéria para os jornais do que o lero-lero da negativa inicial, da confissão arrastada.

g) E, por fim, uma razão de natureza ética. Sempre se deve dizer a verdade.

Isto não significa, entretanto, que a empresa deva reconhecer um erro que não cometeu como estratégia para livrar-se da pressão da mídia e dos lesados. Se ela está convencida que não errou, deve lutar com unhas e dentes para provar a sua inocência. Mas antes de entrar nessa linha, certifique-se que pode sustentá-la até a morte. Considere que esse é um caminho de risco e sem volta. Considere que muitas vezes a prova da inocência é difícil de ser obtida e, sem essa prova, não adianta espernear. A defesa tem que ser bem provada. A acusação, não. Por outro lado, as investigações para apurar responsabilidades são sempre lentas, ao contrário das acusações que são velozes. Há a possibilidade das surpresas. A turma da casa garante que a empresa está limpa mas depoimentos pessoais nem sempre são confiáveis. Podem aparecer novidades no meio das investigações. Aquela testemunha-chave que aparece nos dez minutos finais dos filmes americanos. Portanto, cautela e caldo de galinha.

Mas, afinal, o que é a "verdade"?

Está na hora de pedir um chope.

Essa é a pergunta cuja resposta a humanidade persegue há milênios. Em vão. Não será, portanto, aqui, neste modesto trabalho, que essa revelação será feita. Fiquemos no rasteiro.

Será a verdade aquilo que a mídia quer ouvir? Será a verdade aquelas informações sigilosas que a empresa guarda a sete chaves para não perder vantagem competitiva? Qual o limite que a empresa deve considerar nessa exposição durante a crise? Até onde deve chegar essa tal de "transparência" tão apregoada por consultores e pela mídia?

São essas perguntas que atormentam os administradores de crise e que provocam o maior quebra-pau entre relações públicas e advogados. Até onde ir? Onde passa a linha que separa a "honestidade" da "ingenuidade"? Ou será que não existe linha nenhuma separando as duas coisas?

Vejamos se conseguimos estabelecer um balizamento para a questão.

O limite é o "interesse público". Com a ressalva de que "interesse público" não é na acepção amazônica que a mídia dá à entidade. "Público" aqui são os <u>constituintes</u> da empresa eventualmente afetados com a crise ora desencadeada. Duas questões são nucleares: (1) Antes da crise, sabíamos – ou deveríamos saber – de algo que pudesse afetar os interesses dos nossos <u>constituintes</u> e ficamos calados? Noutras palavras, tínhamos esqueletos nos armários e moitamos? (2) Sabemos agora de algo que possa piorar a crise? Ou seja, ainda temos mais esqueletos que possam afetar os interesses dos acionistas, dos empregados, dos consumidores, da comunidade, do país, da sociedade?

Se a resposta é afirmativa para quaisquer dessas questões, o assunto é de "interesse público" e é eticamente exigível que a empresa os traga ao conhecimento dos interessados, doa a quem doer, custe o que custar. Se não for, não me encham o saco.

Um tipo de declaração que os advogados gostam muito é aquela que não é nem verdade nem mentira. Há exemplos e mais exemplos. Uma das minhas preferidas é aquela do *Bill Clinton*: "*I did not have sex with Monica Lewinsky*". Escorava-se na interpretação *stricto sensu* que "fazer sexo" implicava em algum tipo de penetração.

Eu sei, cara, que é fácil a gente falar pra ser transparente estando fora da situação. Eu sei também que a tentação de mentir, de esconder as coisas do resto do mundo é enorme. Ali, na frente do repórter, ele babando de satisfação, louco para que você diga aquilo que sustente as coisas que ele mentalmente já escreveu, que reforce os estereótipos que ele alimenta há anos, que embase as conclusões às quais já chegou antes de conhecer os fatos; você e ele já antevendo as manchetes do dia seguinte, você se vendo na rua da amargura, execrado, sendo cuspido pelas multidões ensandecidas... Só quem não viveu situação semelhante pode atirar a primeira pedra e dizer: mentir, jamais! Se você já mentiu numa situação dessas, não se envergonhe. A maioria mente ou já mentiu. Bandidos, hipócritas, gente do mal? Que nada, pai de família, gente honesta, séria, ética, crente. Mas ouça um conselho importantíssimo: o problema maior não é a primeira trapalhada; são as trapalhadas que a gente faz para esconder a primeira, tá ligado?

76. O Caso *Mitsubishi* – O Esqueleto de Olhos Oblíquos

Em agosto de 2000, a poderosa empresa foi obrigada a reconhecer de público que durante anos omitiu dos clientes e das autoridades defeitos de fabricação de seus carros. Uma auditoria feita por funcionários do Ministério dos Transportes japonês descobriu, nos porões da empresa, esqueletos de 30 anos de idade. Reclamações de clientes que não eram – como manda a lei japonesa – reportadas ao governo. O procedimento da empresa era, quando reclamavam alguma coisa, discretamente, resolver o problema específico do cliente e moita. Esqueleto, *vupt*, pro armário. Este procedimento protegia a imagem da empresa no mercado, sendo até melhorada junto aos clientes que viam suas reclamações serem prontamente atendidas.

O que há de errado nisto? (1) Ter sua reclamação satisfatoriamente atendida não é uma conquista dos consumidores? Pois bem, a *Mitsubishi* fazia isto com toda categoria. Quantas empresas, no mundo, já chegaram a esse estágio, isto é, ter a preocupação com a satisfação dos clientes e a capacidade de atender plenamente a qualquer reclamação dos consumidores? Poucas, muito poucas. Pois a *Mitsubishi* tinha as duas: preocupação e capacidade. (2) Não fazer alarde de seus problemas: quantas instituições, empresas, pessoas não agem assim? Atire a primeira pedra quem não se comporta dessa maneira. Por que entregar o ouro para o bandido se estamos dando o melhor de nós para resolver o problema de quem reclamou? Afinal, o que é mais importante: atender satisfatoriamente o consumidor ou cumprir uma burocracia idiota criada pelo governo?

A *Mitsubishi* pensava assim. Esse era o embasamento ético de seu procedimento. A visão pragmática dos homens de negócio fez o resto. O risco valeria a pena.

Não é bem assim. "Burocracia idiota" ou não, era a lei. E leis são para serem respeitadas. Seria absolutamente legítimo e ético que a *Mitsubishi* fizesse *lobby* para acabar com a obrigação de reportar reclamações dos clientes – a tal "burocracia idiota" – desde que a empresa se comprometesse fazer os *recalls* devidos e mantivesse os registros das ocorrências. Certamente tentou, sem êxito. Daí, ao invés de respeitar a lei – absurda, *sed lex* – partiu literalmente para a ignorância. Deu no que deu. A genial "estratégia de imagem" virou contra o feiticeiro. Estava construída sobre um pressuposto furado e perigoso: "não seremos descobertos". Resultado: seu presidente perdeu o emprego, as ações despencaram 12%, o moral interno foi ao chão. Na Opinião Pública, o caso viria fortalecer o "estigma da raça": "Viram só? As empresas sempre enganam os consumidores". [27]

CAPÍTULO CINCO

MÍDIA

77. A Importância da Mídia nas Crises Empresariais

Em vivendo uma situação difícil – uma crise pessoal, por exemplo – todos nós gostaríamos de poder passar por ela e resolvê-la sem que ninguém ficasse sabendo. A gente poderia até contar pros outros, mas depois, bem depois, isto é, quando tudo estivesse novamente nos eixos.

Por quê? Porque sabemos que o desgaste sofrido para resolver a crise em si é menor do que o trabalho exigido na administração das fofocas, dos disse-me-disse. Porque gastamos um tempo precioso dando explicações para curiosos, gente que não pode nos ajudar, quando deveríamos estar concentrados na solução do problema que nos aflige.

Você também pensa assim? Pois é, todo mundo pensa assim.

Empresários mais ainda. Que bom seria se os consumidores acometidos de forte diarréia por causa da ingestão daquele produto estragado liberado pela empresa tivessem ficado de bico calado. Ou, se quisessem reclamar, que fizessem com bons modos, falassem baixinho no nosso ouvido, sem envolver a mídia. Seria mais fácil consertar as coisas. Que bom seria se, ao invés de ir para as televisões falar mal da gente, o cliente escrevesse para a empresa pedindo desculpas por não ter lido com atenção o manual de instrução que veio junto com o aparelho, falha essa que acabou provocando o incêndio da casa.

Melhor ainda seria se não houvesse mídia!

Maldito *Gutenberg*!

Na nossa definição de **CEOP**, incluímos a expressão <u>repercussão negativa</u> como fundamental para existência desse tipo de crise. Não necessariamente essa repercussão precisa ser registrada pela imprensa. Muitas vezes ela surge na forma de um descontentamento discreto que rola dentro do universo de um constituinte. Por exemplo, consumidores insatisfeitos com um produto comentam entre eles à boca pequena. Nada pinta nas páginas dos jornais. Se a empresa não tiver bons ouvidos e/ou não agir sobre esse descontentamento, o zunzunzum pode causar bons estragos de longo prazo. Esta situação é uma crise, melhor dizendo, uma **CEOP** e o tititi é a mídia da repercussão negativa.

Quando, porém, a repercussão negativa chega à imprensa e essa se interessa por ela, essa repercussão é amplificada, ganha outros agregados e coloridos, passa a se propagar mais rapidamente e aquele estrago que aconteceria de longo prazo pode ser antecipado. Em função disto, a imprensa talvez seja um dos constituintes mais importantes na questão das **CEOPs**.

Sem dúvida, as crises que não têm publicidade são mais fáceis de serem gerenciadas do que aquelas que estão na mídia. Não que sejam mais fáceis de serem resolvidas. É que, no caso de não haver publicidade, a energia dos que cuidam do problema é concentrada no mérito. Nas questões discutidas em público, é necessário gerenciar também a mídia. Normalmente, gasta-se mais energia com ela do que com o problema em si.

78. A Importância das Crises Empresariais para a Mídia

Anteriormente, dissemos que, nas **CEOPS,** somente a mídia e os advogados ganham. O resto perde. “Crise” é sempre assunto. E “assunto” é matéria-prima do jornalismo. Os jornalistas ficam chateados quando a gente diz que eles adoram desgraça. Mas é verdade. Crises empresariais, por exemplo, vendem jornais. O caso *Tylenol*, em 1982, recebeu mais cobertura da imprensa do que o assassinato de *John F. Kennedy*, em 1963. Vá lá que esse seja um caso badalado. Mas faça um teste: pegue o jornal de hoje e veja quantas crises empresariais estão lá noticiadas.

Viu? Contou? Só dez? Então hoje foi um bom dia para as empresas.

Mas não são apenas os cofres das empresas de jornalismo que se beneficiam nessas horas. O lado profissional também tira partido. Crises empresariais dão oportunidade ao repórter de investigar, de ter motivos para fuçar os meandros dos negócios e das empresas. Nesse sentido, é educativo. Para ele, é aprendizado. Cultura *on-the-job*. Por outro lado, é a chance de enriquecer o currículo, de mostrar serviço. Uma boa crise empresarial está para o repórter assim como uma decisão de campeonato está para o jogador de futebol. A crise, além de garantir-lhe assunto por várias semanas, tira-o por uns tempos do feijão-com-arroz de todos os dias, dando-lhe condições para exercitar recônditas fantasias. Ele se sente um membro do Ministério Público, se imagina um *Clark Kent*. Pinto no lixo.

Enfim, não pense que será com papo careca que ele vai largar o osso.

79. Características da Mídia

"Mídia", leitor(a), é outro assunto com o qual a gente poderia esvaziar barris e mais barris de chope e consumir toneladas de batatinhas fritas. Seria prazeroso passar tanto tempo com você mas não dá. Portanto, vamos limitar a nossa conversa sobre ela essencialmente no que interessa à análise das **CEOPs.**

Alguns pontos que devem ser levados em consideração para facilitar a comunicação entre a empresa em apuros e a mídia faminta.

(1) A competição é desenfreada entre os jornalistas pela notícia, pelo furo. "Dar a notícia na frente e com exclusividade" é a glória do repórter, sua obsessão. Os editores vão elogiar, e – quem sabe? – o feito pode justificar uma promoção. Os colegas de trabalho vão morrer de inveja. Os concorrentes, atear fogo às próprias vestes. Portanto, privilegiar alguém nessas horas com "informações de cocheira" pode significar abrir outra frente de batalha.

(2) O sentido de urgência jornalística é diferente do sentido de urgência empresarial.

(3) Assim como o resto do planeta, jornalistas têm preconceitos contra a atividade empresarial. Aqueles mesmos da minha avó. O preferido é: "empresas escondem coisas da Opinião Pública". A transparência pode ser total mas a idéia de que "debaixo desse angu, tem carne" nunca lhes sai da cabeça. Vão usar todo o complexo de *Clark Kent* para escarafunchar tudo. Sua agenda é não deixar ficar pedra sobre pedra.

(4) Não assuma que eles conheçam o seu negócio ou que entendam do assunto que estão cobrindo. Também, a hora de explicar essas coisas não

é quando o circo estiver pegando fogo. Deveria ter feito isto antes. Fica a lição.

(5) Como grande parte da humanidade, jornalistas se atrapalham com números. Confundem "milhões" com "bilhões". Se precisa argumentar com números, vá devagar.

(6) A mídia não é um monobloco. Ela também pode ser decomposta em subpúblicos, cada um deles com características muito próprias. Os mais importantes: os donos de empresas, editores-chefes, editores especializados, repórteres, colunistas, fotógrafos, entrevistadores de *talk shows* televisivos, de rádio, comentaristas. Impossível tratá-los como sendo uma coisa só, um corpo só. Cada um deles tem uma cabeça, uma visão de mundo, um processo mental, lógica e motivações próprias. Cada qual, um protocolo. O que faz sentido para um editor pode ser um absurdo para um repórter. E vice-versa. Por outro lado, os estereótipos relativos a empresas têm coloridos diferentes. Para ficar nos extremos, o dono da empresa jornalística tende a ser mais tolerante como os meio-irmãos de sangue – empresários – enquanto o repórter pode escrever sobre a empresa que investiga colocando os problemas que ele tem com a empresa para a qual trabalha. Conseqüentemente, é importante entender que a abordagem a cada um desses atores deve ser a apropriada. Se não, a comunicação fracassa.

(7) Em tese, um repórter é treinado para ser isento. Ensina-se nas faculdades de jornalismo que o bom(boa) repórter seria aquele(a) com a capacidade e habilidade de reportar um evento sem que o leitor descubra a opinião pessoal do autor da reportagem. Opiniões – como se sabe – devem ser reservadas aos editoriais. A teoria é bonita, mas não é bem assim que a banda toca. Conheci muitos jornalistas honestos, sérios, inteligentes, competentes mas nenhum isento. Nesse quesito, o que existe é que alguns jornalistas fazem mais esforços do que outros para serem isentos. Alguma coisa de errado em não ser isento? Claro que não, afinal são humanos, vivem no mesmo planeta que você, estudaram nos mesmos colégios, sofreram as mesmas influências, casam, criam filhos, separam, operam as hemorróidas, trocam pneus de carro, enfim, somos todos farinha do mesmo saco. Se tem alguma coisa errada aqui é a teoria.

80. Teoria da Conspiração

Um princípio e uma paranóia crescem na investigação jornalística.

O princípio é que as pessoas mentem. Não há como discordar. A história tem evidenciado que políticos mentem, que presidentes mentem, que cientistas mentem, que empresários mentem, que líderes religiosos mentem, que a nossa mãe mente e vai por aí afora. Enfim, todo mundo mente. Portanto não dá pra acreditar de prima em tudo aquilo que nos é dito e apresentado. É preciso questionar, ir fundo nas coisas. Ninguém é absolutamente confiável. Até prova em contrário – muitas provas! – todo mundo é suspeito.

A paranóia é que sempre existe uma história oculta por trás das coisas. Essa paranóia varia de acordo com a pessoa. Pode ir desde pequenas fabulações até acreditar na existência de uma sociedade ultrapoderosa que orquestra grandes conspirações contra a humanidade. As crises são um campo fértil para devaneios.

Para ficar num exemplo clássico, há dezenas de versões explicando o que há por trás do assassinato de *John Kennedy*. Todas verossímeis. As teorias vão desde um gesto isolado de um maluco que resolveu por conta própria matar o presidente até teses que garantem o envolvimento da Máfia, da *CIA*, da *KGB*, do *Fidel Castro*, dos industriais do complexo-militar, etc. etc. etc. Todas as teorias estão bem documentadas, com depoimentos, provas, argumentações suficientes para convencer qualquer um de nós. Como só uma tese pode ser a verdadeira, as demais são falsas e fantasiosas. Mas todas foram exploradas na mídia.

"Crise" é tudo que um paranóico pede a Deus.

Muitas reportagens sobre crises empresariais foram enriquecidas pela imaginação fértil dos investigadores.

81. Jornalistas e Empresas

A mídia sempre gostou de pegar no pé das empresas. Em todo o mundo. Nos Estados Unidos, no início do século passado, os *muckrakers* – algo como "fuçadores de lixo" – se divertiram correndo atrás dos podres empresariais. Uma espécie de jornalismo investigativo, com alma de *paparazzi* e traços de imprensa-marrom. Aliás, quem batizou esse tipo de jornalismo de *muckrakers* foi nada mais, nada menos, que *Theodore Roosevelt*, presidente dos Estados Unidos, um crítico ácido das grandes empresas. A coisa parecia orquestrada: Governo, Judiciário e mídia, unidos contra as corporações. Marcação, porém, mais do que merecida. Do ponto de vista da mídia, era sopa no mel: as denúncias eram de interesse público e vendiam jornal.

As poderosas corporações acordaram. Passou a ser importante acompanhar como a mídia noticiava os atos e fatos da empresa. Descobriram que não controlavam a mídia sendo forte anunciante. Descobriram também que a imprensa não era tão entusiasmada quando favorável quanto era dramática quando desfavorável. Então, "estar a favor", claro, ajudava, mas pouco. Já se negativa, era destruidora. As críticas produziam grandes estragos: os consumidores sumiam, o valor das ações despencava, etc.

82. A Imagem dos Jornalistas dentro das Organizações

A fama de que jornalista é um profissional "perigoso" para as organizações é antiga e universal. *Irving Shapiro* – *chairman* da *DuPont* – recomendava que os empresários evitassem falar com repórteres.

A recomendação *shapiriana* não é mais seguida mas empresários e executivos continuam com pé atrás em relação à imprensa. Se por um lado ficam seduzidos pela possibilidade gloriosa de terem seus feitos enaltecidos nas páginas do dia seguinte, por outro morrem de medo do tiro sair pela culatra. Esse medo é maior ainda quando não se é o dono da empresa. Neste caso, o mau passo, além da execração pública, pode, também, custar o precioso emprego.

– Jornalista quer mais é ver sangue!" ou "Eu não confio em jornalista" – são expressões que circulam no meio empresarial em qualquer escalão, aqui e no exterior. Em reuniões, ou em almoços de executivos, da mesma forma que se contam experiências de violência urbana vividas pessoalmente (um assalto, um roubo de carro, etc), todo executivo tem, pelo menos, uma história para contar de experiência malsucedida com a imprensa. Muitos deles têm vivas, em suas memórias, as vezes em que caíram do cavalo. O reflexo está condicionado: cachorro mordido por cobra tem medo de lingüiça. Não é à toa que muitos deles temam mais dar uma coletiva do que serem vítimas de um seqüestro. Um bom segurança pode protegê-lo dos bandidos. Mas este expediente não é bastante para defendê-lo dos jornalistas.

83. Interesse Público e Interesse da Mídia

Serão a mesma coisa?

Nem sempre.

Há muita confusão sobre o que seja "interesse público" e "interesse da mídia".

Quando uma empresa se transforma em notícia porque é acusada de ter feito o mal, a mídia não tem nenhum constrangimento em exibir o nome da empresa e sua marca, nem em especular sobre esse mal, mesmo que seja uma acusação ainda não-apurada. No máximo, o que se permite é dar espaço para que a empresa acusada apresente a sua defesa. O princípio ético que sustenta essa prática é o chamado "interesse público".

Até aqui tudo bem.

Entretanto, quando a empresa faz o bem, ainda que o feito seja noticiado, o seu nome e a sua marca dificilmente serão mencionados porque isso seria considerado "publicidade". "Noticiário" e "publicidade" não se misturam, este é o fundamento ético da prática. Se a empresa quiser cacarejar seu feito, deve procurar o guichê especializado. Ou se contente com a publicação do milagre numa coluna especializada sem muito oba-oba e sem menção ao nome do santo. E lamba os beiços. A "publicidade gratuita" que se permite é a "publicidade negativa". Esta é a única que a mídia acha que seja do "interesse público".

Não é razoável que seja assim mas esta é a ética jornalística.

Pra não achar que estou exagerando, faça um teste hoje mesmo. Assista ao jornal televisivo de sua preferência. Preste atenção. Se a notícia for com relação a algo que uma empresa fez de errado, vai aparecer tudo no noticiário: nome, logo da empresa, marca do produto. Talvez até a cara constrangida dos principais executivos como se marginais fossem. Esse conjunto de informações e de imagens seria de "interesse público". Se, ao contrário, for uma notícia sobre o anúncio de um produto que cura o câncer, nem o nome da empresa, nem a marca serão mencionados ou aparecerão. Empresa, produtos e executivos viram genéricos. Se for uma reportagem feita dentro da empresa, os câmeras farão acrobacias para evitar que o logo da empresa seja focalizado. Se acontecer uma bobeada das câmeras, na edição final da reportagem, a aparição da marca será cortada.

No exemplo dado acima, ambas as notícias – a que a empresa fez o mal e a outra que a empresa fez o bem – atendem aos dois interesses, o do público e o da mídia, ou seja, informa o público e vende jornal. Já a citação do nome da empresa ou do produto, depende do sinal da notícia. Se negativo, a mídia considera a informação de "interesse público"; se associado a um fato positivo produzido pela empresa, não.

Dois pesos e duas medidas.

Enquanto a empresa está preocupada com a sua imagem, a mídia está interessada com o que está sob essa imagem. No fundo, o que interessa mesmo à Opinião Pública não está na pauta de nenhuma das partes.

84. Um Pequeno Caso Real – Empresa que matava Índios

Um jornalista publicou na sua superlida coluna que uma importante empresa brasileira, no processo de expansão de suas propriedades rurais, estava trucidando os índios que apareciam pelo caminho. A notícia era um absurdo mas "empresa matando índio" é irresistível. Evidente que a nota causou o maior rebuliço na instituição. Clientes telefonaram perguntando sobre o assunto. Funcionários estavam perplexos. Outros jornais pediram entrevistas.

O diretor de comunicação da empresa ligou para o jornalista. Depois de aguardar horas no telefone para ser atendido, conseguiu por fim manifestar sua indignação pela notícia. Sustentou que a matéria não tinha cabimento, que isso, que aquilo, quem foi que inventou uma barbaridade dessas ? – quis saber o diretor. Diz o jornalista: "Você sabe, cara, que, como bom jornalista, não posso revelar a minha fonte. Só posso dizer que ela é confiável. Nunca me derrubou. Por outro lado, eu tenho muita simpatia por esse negócio de índio. Mas se você está me garantindo que isto não é verdade, tudo bem. Olha aqui, vou te dar uma forra. Fica combinado: numa próxima vez que você quiser fazer um oba-oba da sua empresa, liga pra mim que eu dou uma notinha caprichada na coluna. Tá falado?"

85. Crises Empresariais na Mídia-Espetáculo

Apesar do carisma, "imprensa" é um negócio como outro qualquer. Para sobreviver, precisa das mesmas coisas que empresas de outro ramo precisam. As funções biológicas são as mesmas. Entre essas funções, a mais importante delas: faturar, ver a cor do dinheiro. Também, a exemplo das demais empresas, a mídia briga no mercado para conquistar consumidores para os seus produtos. Que produtos são esses? Informação e opinião. Como em qualquer outro mercado, os consumidores de informação e opinião também são dengosos, insaciáveis, querem novidades o tempo todo. O problema é que, na maioria das vezes, a verdade nua e crua – principal matéria-prima da mídia – é chata, desinteressante. *In natura* não dá conta da voracidade dos leitores. Não satisfaz. Não chama a sua atenção. É preciso então carregar na maquiagem, colocar uma pimenta, dar um colorido, caprichar na embalagem. Este "algo mais" leva o noticiário para uma outra gôndola: o da mídia-espetáculo. Os escândalos são ótimos e as crises empresariais caem como uma luva nos requerimentos da mídia-espetáculo. O espaço para criação é enorme. As crises podem ser tratadas como uma novela televisiva: em capítulos, com todos os truques de dramaturgia – contrapontos, emoção, suspense, mistério. Sempre com a verdade – ou pelo menos com o verossímil – como fio condutor. As empresas estão nessas novelas, assim como os mordomos estão nas histórias de *Agatha Christie*: para corresponder ao imaginário popular, são sempre os principais suspeitos.

86. O Competitivo Mundo de Serviços Noticiosos

O competitivo mundo de serviços noticiosos tem dispensado que informações que chegam aos jornais sejam devidamente checadas. A *Bloomberg*, por exemplo, compete para dar notícia em primeira mão com a *Dow Jones*, *Reuters*, *Bridge News*, disputando também com portais na *web*, dezenas de *sites* menores e até com salas de bate-papo, os *chats* onde a fofoca corre solta. Na maioria das vezes, as primeiras versões são publicadas imediatamente como chegam. Depois então é que são checadas e arrendondadas. O processo tem derrubado muitas empresas. O boato eletrônico é um grande desafio dos comunicadores empresariais no momento. Antigamente bastava acompanhar o noticiário de televisão e rádio – que tinham hora marcada para ir para o ar – e a área estaria policiada. Como controlar os zilhões de *sites*, de "repórteres" sem lei e sem alma?

87. Um Pequeno Caso Real – Um dia de Cão Desnecessário

Numa das mais lidas colunas da imprensa brasileira, aparece uma pequena nota com o seguinte título: AGORA É PRA VALER. Segue o texto: "*IBM* vai transferir sua fábrica em Hortolândia, próximo à Campinas, para Manaus". Nada mais.

A notícia era absurda. A empresa não tinha tomado tal decisão. Pior! – jamais tinha pensado na possibilidade. Mas aquela coisa do boato: a verossimilhança. Em busca de incentivos fiscais, algumas empresas tinham se transferido para Manaus. "Por que não a *IBM*?" A nota não era verdadeira para mas poderia ser.

A notícia caiu como uma bomba dentro da empresa. O caos se instalou. As famílias dos empregados – entorno de 1000 – entraram em desespero. "Meu Deus, mudar para Manaus... e o colégio das crianças...? e a nossa vida aqui, a nossa casa, nossos pais idosos?..."; "E quem não quiser ir pra Manaus, será indenizado? Não será melhor consultar um advogado" – eram as perguntas que as pessoas se faziam. Do desespero à raiva: "Como a *IBM* escondeu isto de nós, gente! Que absurdo!!!"

E não foi somente o público interno que se agitou. Fornecedores – mais de 3.000 – na maioria pequenos empresários, também entraram em pânico. O prefeito – que tinha na *IBM* o seu maior contribuinte – viu a sua administração indo pro brejo. Na semana anterior, tinha visitado a fábrica da *IBM*, tirou fotografias, fez discurso. "Me fizeram de palhaço!" – pensou.

No meio dessa loucura toda, a empresa parou. Por umas boas horas, a credibilidade da diretoria esteve no chão. Os comunicados internos, a fala do presidente aos funcionários negando o teor da notícia, nada funcionava. O "aí tem coisa", "o debaixo desse angu tem carne" – mensagens que estavam no ar – resistiam. Piorava a situação o fato do jornalista responsável pela coluna conhecer bem a empresa.

Na condição de responsável pela Comunicação Institucional da IBM, ligo pra ele. Falo da nossa indignação, da trabalheira que estávamos tendo para administrar a crise, das aflições das famílias, etc. Verdadeiramente constrangido, ele pede desculpas e, em sua defesa, conta que a informação lhe foi dada por um secretário de estado e na presença de outras pessoas.

– Bem, esse secretário é um irresponsável – digo eu. Não sei de onde ele tirou essa maluquice.

O jornalista ponderou que talvez algum assessor tenha passado a informação para o secretário, ou algum lobista – sabe-se lá com que finalidade – soprou no ouvido dele, enfim, a gente sabe como a intriga corre solta nesses ambientes, não é mesmo?

– Entendo essas coisas todas, mas por que você não me telefonou antes para confirmar a informação, cara?

Depois de alguma hesitação, ele me disse:

– Achei que sendo verdadeira a informação vocês iriam negar.

88. Mídia em Tempos de Cólera

Se em tempos de mar de almirante lidar com a mídia não é coisa fácil, pior ainda com o mar revolto. De antemão, sabe-se que vamos enfrentar uma enorme quantidade de perguntas que, para a maioria das quais, não temos a menor idéia como responder. Há o medo de encarar a fúria dos constituintes. De sair-se mal, de perder o controle, de meter os pés pelas mãos e acabar piorando as coisas. Tudo pode acontecer. Enfim, a vontade de ficar calado ou de fugir é enorme. Acontece que, não falando, fugindo dos repórteres, uma das fontes de alimentação da notícia – e certamente a melhor delas – fica fora do processo. Tendo que "fechar a matéria", o repórter se vê diante da seguinte escolha:

(1) abandonar a matéria – o que é altamente improvável ou

(2) construí-la a partir de fontes alternativas, isto é, os reclamantes, os curiosos, os preconceituosos, os inimigos de sempre, os invejosos, os "especialistas", os urubus de plantão, os gargantas-profundas. Enfim, a omissão só vai ajudar a embolar o meio de campo.

Diante do que pode acontecer se ficar calado, é fácil concluir que o melhor a fazer é enfrentar as feras.

Desista da idéia de se matar. Resolveria o seu problema pessoal mas não o da empresa. Seria jogar lenha na fogueira. Se essa for a sua saída, saiba que seu sucessor na função vai odiar você.

89. Um Pequeno Caso Real – Perdendo o Controle do Esqueleto

1988. Uma enorme fraude foi descoberta dentro da *IBM Brasil*. Onze funcionários da empresa – com a colaboração de elementos de instituições financeiras – organizaram uma quadrilha com objetivo de aprontar um grande golpe. Ao longo de meses, desenvolveram uma operação bastante sofisticada que resultou no desvio para as suas contas pessoais de grande soma de dinheiro. Algo entorno de 1,5 milhão de dólares.

Tão logo a operação foi descoberta, os advogados da empresa chamaram a polícia e a apuração do caso foi conduzida a quatro mãos. No início, não se tinha ainda idéia da extensão nem da quadrilha nem do rombo. Achávamos que seria possível resolvê-lo dentro de casa. Entretanto, na medida em que a operação ia sendo desvendada e mais elementos da quadrilha descobertos, o problema ficava muito grande para ser contido dentro das paredes da empresa. A estratégia de "ficar calado, acreditar que não vai vazar pra fora, Deus é pai, etc." ia ficando cada dia mais fraca e perigosa, embora o assunto já rolasse há dois meses. O Plano B, isto é, o de convocar a imprensa para contar a história ia sendo postergado todas as manhãs quando líamos os jornais e... nada, nenhuma linha sobre o assunto.

O primeiro telefonema do dia do Presidente da empresa era para mim, à época diretor responsável pela comunicação da instituição:

– Alguma coisa nos jornais?

– Nada.

Bom demais pra ser verdade.

Um belo dia, uma importante jornalista com quem tínhamos bom relacionamento me liga:

– Um passarinho me contou que a *Big Blue* está escondendo um enorme escândalo. O que você pode me dizer sobre isto?

Não neguei. Mas não aceitei de saída a extensão do escândalo.

– Temos, sim, uns problemas complicados. Mas eu não chamaria de "um enorme escândalo". Se você quiser saber em detalhes, estamos às ordens.

– Ótimo! Estarei aí de tarde. Quero saber de tudo. Tintim por tintim. Mas mato você se falar sobre isto com mais alguém.

O Plano B, afinal, iria sair da gaveta.

De tarde, o assessor da jornalista avisa que ela não poderia vir ao nosso encontro porque iria entrevistar o presidente do Banco Central mas que continuava interessada no assunto. Respiramos aliviados. O Plano B retornava pra gaveta.

Enquanto ela cobria outro assunto, um jornalista do mesmo jornal, baseado em conversas com a polícia e com alguns contatos com fontes não-autorizadas, construiu uma reportagem que parecia com o caso. No dia seguinte, a manchete de primeira página era algo como "Escândalo pode derrubar a poderosa IBM". No dia seguinte, outros jornais vieram na esteira. Um deles – tendo como fonte o advogado dos criminosos – montou uma interessante história de "mocinhos e bandidos". Os bandidos éramos nós – os executivos da empresa – e os mocinhos, os fraudadores.

Levamos uma semana para virar o jogo. O assunto foi sumindo da mídia na medida em que outros jornalistas passaram a explorar o caso como um exemplo a ser seguido por outras instituições. Descobriu fraudes internas? Faça como a *IBM*. Chame a polícia, bote os ladrões na cadeia.

Quanto à jornalista, por conta dessa involuntária derrubada, ouvi cobras e lagartos, poucas e boas, algumas até que não merecia. Cavacos do ofício.

90. Julgamento pela Mídia

Querendo ou não, por mais isenta que procure ser, a mídia acaba julgando as questões antes dos tribunais. Na busca da justiça, o processo judicial tem formalidades e trâmites importantes: a iniciação do processo, a qualificação das testemunhas, a audição das partes, a anexação das provas, a perícia, o equilíbrio no contraditório, a assistência dos advogados, a letra da lei, os códigos, a liderança do magistrado no processo. Antes de declarar alguém culpado ou inocente, a justiça dos homens percorre um longo caminho que, às vezes, leva anos.

O processo jornalístico, por sua vez, é informal, descomplicado, sumário, rápido. Através dele, o acusado pode ser condenado à morte – morte moral, financeira, etc – em alguns dias. Por aclamação e sem apelação. E, em adição, a "sentença" pode vir a influir no julgamento da outra Justiça. Se um "condenado" pela mídia é absolvido num processo judicial, a sentença é posta sob suspeita. O estereótipo de que "empresas corrompem autoridades" é logo evocado para dar sentido a decisão judicial.

91. O Caso *Escola Base* – A Idade Média é Aqui

Interessante que a **Crise Empresarial com a Opinião Pública** mais badalada no Brasil não tenha, no papel principal, nenhuma empresa poderosa nem que estivesse em jogo milhões de dólares. Estamos falando do Caso da *Escola Base*.

A história ocorreu no bairro da Aclimação, zona sul de São Paulo, em 1994. Mas, pelos seus ingredientes e comportamento das massas, o evento teve mais cara de algo acontecido na Idade Média. Lembra também o episódio das Bruxas de *Salém*, maluquice que incendiou uma pequena cidade nos Estados Unidos no século 17.

Uma escolinha infantil de bairro, com 72 alunos, foi depredada, saqueada e fechada após a divulgação pela imprensa de que crianças lá matriculadas eram alvo de abusos sexuais. Os donos da escola – *Icushiro Shimada* e sua mulher (*Cida*) e *Maurício Monteiro de Alvarenga* e mulher (*Paula*) – gente do bem, sem nenhum antecedente policial, de uma hora para outra, se transformaram em monstros diante da Opinião Pública.

A coisa se desenrolou da seguinte maneira:

A mãe de um aluno, numa conversa com o menino, de 4 anos, teria descoberto que ele fora vítima de abuso sexual na escola. Na história que a mãe teria ouvido da criança, outros colegas seus também haviam passado pelos mesmos constrangimentos participando de sessões em que rolava vídeos pornôs, gente pelada, atos libidinosos e outras baixarias. Entre os participantes, o menino se lembrava de uma coleguinha sua. Imediatamente, a mãe procura a amiga – mãe da tal coleguinha – e conta a descoberta. A menina –

também de 4 anos – é pressionada mas não oferece grandes contribuições ao caso. Não satisfeita, a mãe insiste no interrogatório e obtém alguns sinais que considera suficientes para embasar uma acusação. A escola seria um antro de orgia. Ambas as mães decidem registrar a queixa na delegacia do bairro. A polícia faz algumas investigações mas não acha nada. O menino é submetido a exames no IML. Um jornal toma conhecimento da história e não se interessa. Acha que o caso está mal contado. Prefere aguardar o desenrolar dos acontecimentos.

As mães chamam a Rede Globo. Um subdelegado em busca de fama assume o caso e resolve dar espaço para a mídia. Diz que tem provas do crime. Ampara-se no laudo do IML que admite ter havido abuso sexual. O *Jornal Nacional* leva ao ar a primeira reportagem. A matéria esquenta.

Manchetes dos jornais e revistas semanais sobre o caso:

- "Tias" torturavam crianças na Escola do sexo.
- Uma Escola de Horrores.
- Pais suspeitam que a Escolinha drogava Crianças.
- Perua Escolar carregava Crianças para a Orgia.
- Kombi era Motel na Escolinha de luxo.
- CPI (da prostituição infanto-juvenil) pedirá Quebra do Sigilo dos Suspeitos do Abuso Sexual.

A ira popular subiu. Numa madrugada, a escola foi saqueada. Móveis e materiais escolares foram destruídos e aparelhos eletrônicos, furtados. Segundo os jornais, 30 pessoas participaram do saque e policiais militares deram cobertura. Ninguém foi preso. Certos de que seriam linchados, os acusados se escondem.

A história crescia e os boatos também. Corre que as sócias, donas da escola, eram lésbicas e que freqüentavam uma boate de homossexuais. Circula, também, que um dos donos era cafetão de longa data. Surgiram novas denúncias. As mães levantam a hipótese de que os filhos estivessem contaminados com o vírus da Aids. Mais assunto para os jornais.

Polícia e mídia vasculharam tudo. Ouviram todos os outros pais, ouviram as outras crianças, ouviram vizinhos da escola, funcionários. Nada. Os depoimentos eram sempre favoráveis aos donos da escola. Gente boa, honesta, gente que ralava. Quanto mais acumulavam os papéis no inquérito, mais se configurava a inocência dos acusados.

Alguns jornalistas de peso se interessaram pelo assunto e começaram a botar ordem nas idéias. Será verdade? Faz sentido? Não estamos indo longe demais?

A onda inverte. Lá pelas tantas a mídia percebe que o delegado era um irresponsável, exibicionista, que não tinha prova nenhuma contra os coitados dos empresários, que o tal laudo não era conclusivo droga nenhuma – as lesões no menino poderiam ser assaduras –, que as mães, autoras da denúncia, eram umas maluquetes com sérios problemas emocionais, que tudo não passava de um grande surto histérico e – por fim – que ela, a mídia, tinha cometido um erro monstruoso. Mesmo assim, alguns jornais foram cautelosos em voltar atrás e reconhecer a inocência dos acusados. E se forem realmente culpados? Essa cautela não tiveram quando acusaram. E se forem inocentes? – ninguém levantou a possibilidade.

Falando neles – naquela gente do bem – eles foram destruídos financeira, moral, física e psicologicamente. Comeram o pão que o diabo amassou. Um casal se separou. Ela vive em permanente estado de depressão. Ele se sente perseguido, tem alucinações, virou um pária. O outro casal sobreviveu por aí à base de biscates e de favor dos amigos.

O processo foi arquivado por falta de provas. Em 1999, o Tribunal de Justiça de São Paulo, por unanimidade de seus membros, condenou o estado a pagar a cada dos sócios uma indenização de 100 mil reais por danos morais. O delegado foi condenado a pagar 10 mil. A indenização referente aos danos materiais ficou para a fase de execução de sentença porque dependia de laudos periciais.

Essa é, em resumo, a história da Escola Base. Pena que nenhum cineasta brasileiro ainda não tenha se interessado pelo tema. Empresário, no cinema e na literatura, só interessa no papel de vilão. [28]

92. Mídia como Elemento de Pressão

A "Grande Opinião Pública" somente toma conhecimento de um conflito entre a empresa e seus constituintes através da mídia e/ou via a mais antiga das mídias – o boca-a-boca. É difícil imaginar que uma crise ganhe alguma proporção sem que a imprensa se envolva no caso. Como falamos, a empresa pode estar num tremendo bate-boca com um determinado público (consumidores, empregados, acionistas, governo, etc) mas se nada sobre o assunto saiu na imprensa, a temperatura do problema é uma. Mas se a mídia se envolve, a temperatura do problema sobe. Todo mundo sabe disso. Esta é a razão pela qual ativistas, grupos de pressão, comunidades se empenham tanto que a imprensa tome conhecimento das suas reivindicações. Diante dos olhos da Opinião Pública, a guerra é outra. E o litigante sabe que a empresa vai fazer, das tripas, coração para proteger a sua imagem. Isto aumenta o poder de barganha dos demandantes e os honorários dos advogados. Justiça seja feita, a mídia presta este serviço a uma das partes mas não recebe nada por isto.

Portanto, se o contencioso, o litígio com um ou mais constituintes ainda não está na mídia, é por pura bobeira dos queixosos, ou uma questão de tempo.

93. Mídia como Estratégia para sair do Sufoco

Não tem jeito, cara, a mídia está sempre na área. Este é um dado de realidade. Ela pode ter sido a grande responsável por ter elevado a temperatura da encrenca que a empresa se meteu. No ápice da crise, você gostaria de estrangular todos os repórteres. Não tenha vergonha desses sentimentos. Todo mundo os tem e não estamos falando de nenhum bandido. É gente como a gente, pessoas do bem, incapazes de matar uma mosca. Mas, tenha também paciência, controle-se. Foi ela, a mídia, que colocou a sua empresa nessa encrenca e só ela pode tirar.

Com essa você não esperava, certo?

Similis similibus curantur.

Apesar de tudo, o melhor amigo das corporações nas crises é a mídia. Verdade! Passados os momentos mais dramáticos, tendo o povão já feito a sua catarse e, na medida em que a empresa tenha bons argumentos, a mídia pode ser convencida de que existe uma outra história. Isto também é notícia. Faz parte da novela, embora não mais com os mesmos picos de audiência. Também não se pode ter tudo, né? Entretanto, a estratégia do convencimento não é a mesma que as empresas usam para conquistar mercados. Aqui, o público-alvo é de outra natureza. Um(a) jornalista no papel de consumidor(a) pode ser envolvido pelo *marketing* de uma empresa e optar por um produto.

Mas poderá não “comprar” explicações dessa mesma empresa se ela tentar empurrá-las através do mesmo *marketing* que as ajuda a vender seus produtos.

94. Um Caso Hipotético – Laboratório faz a Coisa Certa

Laboratório farmacêutico fabrica vários produtos de excelente aceitação popular. Entre eles, algumas drogas cujo consumo é controlado devido aos riscos à saúde quando usado indevidamente. Tudo corria às mil maravilhas para a empresa quando chega ao conhecimento da direção que usuários de um produto – cujo objetivo é aliviar dores musculares – alegam que a droga afeta o desempenho sexual masculino. Alegam também que esse efeito colateral não é informado na bula que acompanha o medicamento. Por conta desse “logro”, ameaçam ir à justiça.

Informalmente, a empresa admite a possibilidade de alguns pequenos efeitos colaterais em algumas pessoas – tais como irritação do estômago, diarréia, tosse. Aliás tudo isto consta da bula. Mas nega que a droga tenha qualquer influência na atividade sexual dos usuários.

“Sexo, droga e laboratório farmacêutico”, é tudo que a mídia gosta. O assunto desperta interesse da imprensa que procura a empresa para saber o que ela tem a dizer a respeito.

São duas as opções: (1) cooperar com a mídia, esclarecendo e dando sua posição, abrindo algumas informações ainda que corra o risco de entregar dados para os concorrentes; ou (2) ficar na moita esperando que a boataria termine por falta de subsídio.

A questão é debatida internamente em reunião da diretoria. Os advogados sustentam que não há nenhuma base para uma ação judicial contra a empresa. E se acontecer de algum maluco processá-los, não acreditam que a causa possa caminhar. Além disto – argumentam – o debate público vai estimular a fantasia de muitos consumidores. Neste país, gente com problema de desempenho sexual querendo achar um bode expiatório é o que não falta. Portanto, são contra a empresa se posicionar publicamente. E papo encerrado. Por outras razões, o pessoal de *marketing* tem a mesma posição. Acham que a imagem do produto pode ser afetada com a polêmica e a concorrência tirar partido. Votam pelo silêncio e pelo reforço na publicidade do produto. “Os cães ladram e a caravana passa” – o provérbio é lembrado.

A turma de Relações Públicas, entretanto, pensa diferente. Lembra que a empresa desfruta de uma excelente imagem no mercado e entre formadores de opinião. Nos últimos anos, vêm executando um cuidadoso trabalho de relacionamento com a mídia. Seus principais executivos têm falado sobre a indústria, sobre a empresa e sobre os investimentos em Pesquisa & Desenvolvimento. As histórias têm impressionado positivamente os editores dos principais jornais. Enfim, a empresa dispõe de uma boa reserva de credibilidade. A hora de usá-la é essa – sustentam.

A tese acabou prevalecendo. A empresa abriu as portas para quem quisesse se informar. O executivo responsável pela área de Pesquisa & Desenvolvimento fez uma exposição sobre a história do produto, dando informações sobre uma infinidade de testes feitos e de seus resultados. Aproveitou-se a oportunidade para mostrar aos jornalistas, passo a passo, todo o processo industrial, das pesquisas ao empacotamento final. A preocupação da empresa com a qualidade ficou evidente.

Após algumas perguntas e muitos bocejos, os jornalistas se deram por satisfeitos. A maioria deles achou que o caso não existia. Perda de tempo ir mais fundo. No dia seguinte, dois jornais deram uma nota pequena sobre a entrevista, falando pouco na queixa dos usuários. Preferiram descrever os investimentos programados pela empresa para os próximos anos. Parecia matéria encomendada.

Na reunião seguinte da diretoria, o presidente mencionou a experiência bem-sucedida. Disse ele na ocasião: "Nossa reputação – construída ao longo do tempo através de um trabalho paciente de relacionamento com a mídia – bem como a nossa estratégia de atacar o problema na raiz – nos salvou de uma possível crise no futuro, crise essa que nos consumiria energia gerencial, desgaste na imagem, credibilidade de nossos produtos, despesas, perda de produtividade, etc. Sabe Deus onde iria parar uma discussão dessa natureza com a Opinião Pública."

O que se aprendeu nessa historinha:

1. Como disse o nosso querido presidente, cortou-se o mal pela raiz. É um erro acreditar que um "boato sem fundamento" se dissipa naturalmente. "Boato" não morre, incuba. "Boato" é esqueleto dos bons. Precisa ser administrado como se verdade fosse.
2. "Credibilidade" se constrói pacientemente através de planejamento e de um trabalho disciplinado ao longo de anos.

3. "Credibilidade" é um patrimônio inestimável, um senhor cacife. E é para ser usado quando necessário. Em tempos de crise, por exemplo.
4. Em geral, a credibilidade da função de relações-públicas dentro das organizações é pequena. Uma das razões está no fato de que é difícil mostrar-se o valor agregado da função aos negócios. "RP, pra quê?" – perguntam seus críticos. O discurso do presidente, associando o trabalho realizado ao longo dos anos junto à mídia (investimento em Comunicação Empresarial) ao resultado agora obtido (poder "cortar o mal pela raiz"), mostrou a relação custo-benefício da atividade. "RP, pra quê?" Pra isso, meu amigo. Esse aprendizado poderá, numa próxima crise, fazer com que as resistências internas sejam menores. A educação permanente dentro de casa quanto à importância e à contribuição das atividades de RP para os negócios contribui para a produtividade funcional. [29]

95. Quando processar a Imprensa

Nenhum consumidor é tão desprotegido diante dos abusos de fabricantes quanto o consumidor de notícias. Se alguém consome um produto qualquer que venha lhe causar danos pessoais, esse alguém pode armar o maior banzé. E a primeira entidade a ajudar a tocar fogo no assunto, é a mídia. Entretanto, a mídia pode colocar no mercado seus produtos (notícia + informação) estragados, falsos, defeituosos, prazo de validade vencido; pode impingir prejuízos e danos ao patrimônio ou à saúde dos seus leitores.

Você já viu a mídia fazer um *recall* de notícia além daquele insosso "erramos"?

Você conhece alguém que procurou o PROCON para dizer que teve um infarto após ter lido uma notícia falsa sobre determinada situação?

Processar a imprensa?

Obviamente, a idéia só pode passar pela cabeça de alguém se a mídia tiver errado feio no que reportou. Vamos trabalhar somente com essa hipótese – a da mídia estar completamente errada – porque a outra seria impensável.

Advogados adoram a idéia – e o público interno, idem – de processar jornalista e de levá-los às barras do tribunal. Os advogados vão alegar que há muitas chances de ganhar a causa porque o judiciário, em geral, tem horror da mídia.

Sei não. Trata-se de uma declaração de guerra. Se ganhar a ação, qual será a reparação? Você acha que a imprensa vai dar o braço a torcer? Irá pedir desculpas pelo erro, encher a sua bola de novo? Indenizá-lo pelos prejuízos? Vai nada. O certo é que a empresa terá um adversário para o resto da vida. Será jurado de morte. A maioria dos consultores não recomenda esse tipo de confrontação. Fecho com eles. E se for um absurdo o que publicaram? Você pode tirar partido disto. Sabe quem é o seu aliado? Ele(a), o(a) jornalista. Se ele(a) for honesto(a), como felizmente a maioria deles é, ele(a) saberá consertar as coisas. Ao modo deles.

Há casos em que a confrontação valeu a pena para empresa? Há. Poucos. Houve, em 1992/93, o famoso caso *General Motors* versus *NBC*. Teve façanha da *Mobil Oil*. O Caso *Chiquita Brands*. A Petrobras processou um famoso jornalista brasileiro exigindo uma indenização de 100 milhões de dólares. Mas concorda que esses são casos esquisitos? Então, vai por mim. O melhor é botar o rabo entre as pernas e costurar outra saída.

96. O Caso *Chiquita* – Errei, sim, manchei o teu nome

Jornal *Cincinatti Enquirer*, para evitar um processo, concordou em pedir desculpas no alto da primeira página a *Chiquita Brands International* (ex-*United Fruit*) e a pagar 10 milhões de dólares. A *Chiquita* é uma das maiores produtoras de banana do mundo. O jornal editara uma série de reportagens criticando as práticas comerciais da empresa, entre elas suborno, controle secreto de dezenas de empresas de companhias bananeiras e o uso irresponsável de pesticida prejudicial à saúde dos agricultores. As informações teriam sido supostamente passadas por executivo do alto escalão da empresa a um repórter do jornal. O jornal reconheceu que as informações foram obtidas ilegalmente e demitiu o repórter que liderou a matéria. Duas declarações: (1) a empresa elogiou o jornal por reconhecer que “as conclusões das matérias são inverdades”; (2) “Decidimos nos desculpar à *Chiquita* porque sentimos que o produto final da série estava contaminado pela falta de ética e os meios ilegais pelos quais as mensagens foram obtidas” – diz o jornal. [30]

97. Como a Mídia trata a Mídia

Casa de ferreiro, espeto de pau – pra dizer o mínimo.

As empresas de mídia, quando ficam na berlinda, têm horror da mídia. Quando são atingidas por crises empresariais – dessas que acontecem às melhores famílias – não agem de acordo com aquilo que pregam: as organizações devem ser transparentes. Aí, o sempre invocado "interesse público" parece não existir. Empresas jornalísticas não falam de suas crises, dos passaralhos, das trapalhadas normais que acontecem com quem está na chuva.

Engraçado, né?

A postura do "nada a declarar" praticada pela mídia por ocasião de suas próprias crises, ["o faça o que eu digo, mas não faça o que eu faço"] não leva nem mesmo em consideração que a mídia sempre pega leve quando se trata de outra empresa do setor, mesmo sendo uma concorrente. Não tem a voracidade usada contra as "de fora". Seria por uma questão de ética profissional? Seria por corporativismo? Seria porque o jornalista precisa pensar no dia de amanhã?

De qualquer forma, essas empresas poderiam dar exemplo de como atender ao "interesse público" nessas horas e aproveitar o momento para ensinar as empresas leigas como fazer para serem transparentes.

98. Um Pequeno Caso Real – Faça o que digo mas não faça o que faço

Entrevista dada por *fax* à *Folha de S. Paulo* por um diretor da Rede Globo quando da saída de uma jornalista do *Jornal Nacional*. (7/2/98).

Folha – A Globo afastou a jornalista do *Jornal Nacional* ou acertou a sua saída em comum acordo com ela?

Diretor – Acertou a saída em comum acordo.

Folha – Por que ela deixou o *Jornal Nacional*?

Diretor – Entre outros motivos, porque quis.

Folha – Procede a informação de que há alto índice de rejeição a ela na apresentação do *Jornal Nacional*?

Diretor – Não discutimos pesquisas.

Folha – E a emissora tenta negociar a renovação de seu contrato? Quais os planos a ela reservados?

Diretor – Estamos conversando a respeito.

Folha – Já foi definido quem fica com a cadeira da jornalista no *Jornal Nacional*? A substituição será necessariamente uma mulher?

Diretor – Não e não.

Honestamente adorei essa entrevista. Primeiro, porque as perguntas foram feitas por fax. Isto dá oportunidade ao entrevistado de pensar, responder uma coisa, voltar atrás, mudar a resposta e, simplesmente, não responder. Pena que o método não seja muito usado no dia-a-dia. Segundo, porque todas as perguntas foram muito educadas. Dificílimas, mas educadas. Está de parabéns o jornalista que as formulou. A primeira delas, por exemplo, era de múltipla escolha. A saída já vinha embutida. Terceiro, porque as respostas foram muito objetivas e completas. Uma verdadeira aula de como lidar com a mídia.

CAPÍTULO SEIS

O QUE FAZER ANTES DA CRISE

99. Um Caso Hipotético – O Infarto do Edgar

Edgar passa mal em casa. Dores fortíssimas no peito. Apavorada, a esposa corre para o telefone com a intenção de localizar a filha. Não está, saiu para levar o filho à escola. Esqueceu o celular. Tenta achar o outro filho no trabalho. Viajou. Não há como localizá-lo. A estas horas deve estar a dez mil metros de altura. "Quer deixar recado?" Desesperada, a mulher pede socorro à vizinha de andar. Esta sugere ligar para o médico. Médico, que médico? Edgar sempre teve boa saúde, nunca precisou de médico. Enfim, não tem médico. A vizinha oferece o dela: doutor Ambrósio, gente muito fina. Não é caro – informa, tem essa vantagem – argumenta. Aceita convênio? Acho que sim, acho que não, pra falar a verdade, não sei. Se doutor Ambrósio entende de dor no peito, também não sabe. É homeopata. Deve entender. Homeopata entende de tudo. E, também, não tem tu, vai tu mesmo, não é verdade? O diabo vai ser achar o telefone dele, parece que mudaram o número. O que tem na agenda deve ser o antigo. Esse pessoal vive mudando de número. Vamos verificar, Deus é pai, Deus é pai – repete para tranqüilizar a amiga cada vez mais nervosa. Primeiro, tenho que achar os meus óculos, adverte mostrando possuir aguçado senso de prioridade.

A série de tentativas e erros prossegue enquanto o pobre do Edgar vê a morte chegar. Claro, o telefone do doutor Ambrósio não é encontrado. O Plano B é posto em execução: Severino, o porteiro do prédio, é acionado. E é ele quem sugere levar Edgar para uma clínica ali perto. Severino, ratificando sua fama de pau-pra-toda-obra, chama um táxi, carrega Edgar no colo, põe o homem no carro, etc.

Como a historinha do Edgar é invenção nossa – e para não afetar o astral da nossa conversa –, vamos dizer que agora está tudo bem com o nosso amigo. Foi um infarto caprichado – disseram os médicos. Edgar tinha um problema coronariano há muitos anos. Era cardíaco e não sabia. Passou uns dias na UTI, mas já está em casa, "novo em folha" – e como diz para os que o visitam – "pronto pra outra".

A ficção tem essas vantagens. A gente pode construir o final que quiser. Já na vida real a conversa é outra. Ela – a vida real – é impiedosa, autoritária, curta e grossa. Não cede, nem negocia. Falou, tá falado.

O que aprendemos na historinha do nosso amigo Edgar?

Quanto mais decisões forem tomadas antes da crise, melhor. Tome a decisão e a coloque num freezer. Quando precisar dela, ela já está lá, é só requentar. Quando se tem um planejamento, isto é possível. No exemplo do Edgar, se já tivesse sido tomada a simples – e barata – decisão de que médico procurar, simplificaria as coisas. Na hora do pega-pra-capar, uma decisão sobre uma bobagem tipo "quem tem a responsabilidade de ligar para a empresa seguradora" acaba virando problema. No planejamento, se pode simular situações e experimentar decisões. Diminui o risco de decisões tomadas no calor da guerra.

100. Teste a Vulnerabilidade da sua Organização

Em primeiro lugar, comemoremos o fato de estarmos tendo esta conversa ainda em tempos de céu de brigadeiro. Coisa rara, cara! Raríssima! A maioria das empresas só se interessa pelo assunto quando a batata deles já está assando. Aí, como na historinha do nosso amigo Edgar, tem que chamar o Severino. Portanto, nossas chances de fazer um bom trabalho, enquanto seu lobo não vem, são boas.

Considerando que uma crise pode acontecer de uma hora para outra, é possível que a gente tenha todo o tempo do mundo para organizar a casa – vamos bater na madeira, tóc-tóc-tóc – como também pode ser que não tenhamos tempo nenhum – tóc-tóc-tóc de novo. Por via das dúvidas, andemos depressa.

O primeiro passo a ser dado é:

TESTE A VULNERABILIDADE DE SUA ORGANIZAÇÃO!

Aqui entre nós, eu detesto certas tecnocracias. Sempre tive implicância com esses testes de revistas que pretendem medir, por exemplo, o risco de você vir a ter câncer ou para aferir se você é feliz no casamento ou se você é bom(boa) de cama. Mas, depois de anos de experiência empresarial, usando e abusando do recurso, sou obrigado a admitir que a técnica tem seu valor desde que você não a leve muito a sério.

Explico. Você já usou alguma vez cabo de vassoura para tirar medida de uma sala? Ou calculou o espaço necessário para colocar um móvel num lugar usando os palmos da sua mão? Funcionou, não é mesmo? Pois é. Use a técnica do teste como uma régua que meça as coisas *grosso modo*. Sem a precisão científica mas que lhe dê uma idéia geral da situação. Por alto. Assim considerada, a técnica é um excelente instrumento de trabalho. É muito melhor do que nada. É muito melhor do que o vôo totalmente cego.

Antes de qualquer coisa, é preciso conhecer melhor o ambiente. A gente não pode sair por aí feito um maluco dando tiro a torto e a direito. É preciso economizar bala. Atirar na coisa certa. Organizar as paranóias.

Preliminarmente precisamos saber:

1. Como está a nossa empresa em relação ao mundo. O que faz, em calos de quem normalmente pisa, por quais fios de navalha anda, a quem assusta, irrita, incomoda. É bom também saber seus antecedentes, o que andou aprontando no passado. Enfim, saber se ela pertence a algum grupo de risco. Usando a historinha do nosso amigo Edgar, seria procurar saber, antes do infarto, se ele tinha algum problema de saúde, alguma propensão a um acidente cardíaco. Concorda que essa informação poderia ter motivado a família do Edgar a organizar-se um pouquinho melhor? Ele só não morreu porque eu não quis. Essa, ele me deve.
2. Qual o apoio que vamos receber para fazer o nosso trabalho de preparação da empresa para uma **CEOP**. O Edgar tem consciência dos riscos que corre, vai colaborar, levar a sério o tratamento recomendado, tomar algumas ações preventivas? Ou sua família vai ficar pregando no deserto e dando murro em ponta de faca?
3. E, finalmente, como está a nossa empresa por dentro. Seriam todas aquelas perguntas que o médico faria ao Edgar numa primeira consulta. Vamos, também, precisar de alguns exames.

A primeira questão procura identificar sua empresa. Como ela está em relação ao mundo, sobretudo no que diz respeito a estigmas e preconceitos. São coisas que o comunicador certamente não vai poder fazer muito para mudar mas, conhecê-las, ajuda sobremaneira na determinação da vulnerabilidade da empresa quanto a **CEOPs**.

O que se tem a fazer é verificar se sua empresa se enquadra entre aquelas identificadas como "grupo de risco" e listadas em "Empresas e suas vulnerabilidades" no Capítulo 2.

As conclusões deste teste são muito simples. Se a sua empresa se enquadra em mais de uma das situações da lista, lamento dizer que ela não está em boa companhia. São grupos de empresa que estão mais propensas às **CEOPs** do que outras. Evidentemente, quanto mais enquadramentos houver, maior o risco da empresa de se envolver em encrencas e ter uma administração da crise bem complicada. A empresa é cardíaca. Das boas.

A segunda questão nos dará idéia do esforço necessário para preparar a empresa no enfrentamento de uma **CEOP** se ela ocorrer. Se vamos trabalhar a todo vapor no projeto, com alta produtividade, ou se vamos correr com o freio de mão puxado. De certa forma, esta questão também ajuda a determinar a vulnerabilidade da empresa diante das **CEOPs**.

Poderemos ter esta resposta aplicando o Teste de Nível de Consciência.

Esse teste é muito simples. Vamos a ele.

Aponte, entre as cinco sentenças abaixo, qual delas é a que melhor representa a opinião da alta gerência de sua empresa quando você falar numa possibilidade de uma **CEOP** ocorrer:

1. Crise? O que é isto?
2. Nós somos uma empresa organizada, bem gerenciada, temos boa reputação, os empregados nos amam. Enfim, somos imunes a crises.
3. Se – ou quando – acontecer uma crise, nós saberemos nos virar. Somos muito criativos e adoramos desafios.
4. Temos consciência de que precisamos nos organizar para uma crise mas fizemos pouco nesse sentido.
5. Temos consciência de que precisamos nos organizar para uma crise. Já fizemos muita coisa nesse sentido mas precisamos fazer muito mais.

As conclusões deste teste também são óbvias.

Se as respostas forem 1, 2 ou 3, companheiro(a), eu não gostaria de estar na sua pele. Sua tarefa vai ser difícil. Já sacou, né? A empresa tem de saída muita vulnerabilidade porque o nível de consciência é baixíssimo. Não me leve a mal, mas a sua empresa é dirigida por marcianos. Quer um consolo? Oito entre dez empresas estão nessa categoria. São gerenciadas por marcianos.

Se as respostas forem 4 ou 5, erga as mãos para o céu e agradeça. Vamos largar bem.

A terceira questão diz respeito a empresa em si, a sua saúde.

O questionário que se segue tem três finalidades práticas:

(1) Analisar as possibilidades de **CEOPs** em função de fragilidades internas. Ver, de um modo geral, a quantas anda a organização como um todo e avaliar quão vulneráveis estamos às crises dessa natureza.

(2) Descobrir os pontos de vulnerabilidade da empresa, ou seja, os buracos que precisam ser tapados. Apontar os lugares onde devem estar sendo fecundados os ovos de serpente e escondidos os esqueletos. Esta informação é importante tanto no nosso trabalho de prevenção quanto no de gerência de risco.

(3) Como subproduto, vamos criar um negócio chamado **Índice de Vulnerabilidade Empresarial (IVE)**. Este índice vai funcionar como um medidor do esforço da organização em diminuir a vulnerabilidade da empresa. Isto significa que, aplicando o teste periodicamente, poderemos avaliar a evolução do nosso trabalho. Teoricamente, quanto mais a gente melhorar o índice (**IVE**) menos vulnerável estará a organização. *Grosso modo*, certo? Cabo de vassoura.

Existem inúmeros exemplos de "testes de vulnerabilidade" na literatura sobre crises empresariais. Desde complicadíssimas fórmulas matemáticas até métodos muito simples que beiram a idiotice. Desde métodos que exigem do usuário um amplo conhecimento de várias áreas do negócio até modelos utilizáveis por um ignorante absoluto em coisas empresariais. Enfim, os extremos. Modéstia à parte, o método que apresentamos está equilibrado. Quanto aos conhecimentos matemáticos, pede apenas ao usuário que saiba contar até 100. Espero que isto não seja um problema pra você. Quanto aos conhecimentos empresariais, exige o básico, o suficiente para conduzir um levantamento inicial decente. Se mesmo assim você achar complicado, começo a pensar que o nosso caso está na hora de acabar.

Selecionei as questões que me parecem mais importantes e que estejam diretamente relacionadas com tudo que falamos sobre **CEOPs** até agora e nos casos de crises examinados. Mas você pode expandir o elenco de questões, sofisticar a escala de notas, ponderá-las, e criar um índice que atinja as três finalidades acima. Se me permite, a minha sugestão é que você use este cabo de vassoura como partida. Depois, na medida em que for ganhando pé da situação e asas para vôos solos, vá introduzindo mudanças no teste de forma a aproximá-lo da precisão de uma fita métrica.

Vamos ao nosso "cabo de vassoura".

Por este método, existem quatro áreas a serem pesquisadas:

- Cultura da Empresa
- Comunicação Institucional
- Sistema Gerencial
- Preparação da empresa para uma **CEOP**

Sobre cada uma dessas áreas, foi elaborada uma lista de perguntas. Responda-as dando as notas abaixo:

2 – Quando a resposta for totalmente negativa: "não", "jamais"; "de forma alguma", "nem pensar". Pode também abrigar respostas tipo "não sei", "não tenho a menor idéia", "nunca ouvi falar nisso".

0 – Quando a resposta for totalmente afirmativa; "sim", "sempre", "é óbvio, né?"

1 – Quando a resposta não puder ser nem totalmente negativa, nem totalmente positiva. Corresponderia ao "mais ou menos", "é e não é", "talvez".

* <u>Com relação à cultura empresarial</u>

Sua empresa...

(1) Tem código de ética? Tem valores assumidos e divulgados?

(2) Tem programas de qualidade?

(3) Pode-se dizer que é uma "empresa ágil"?

(4) Pode-se dizer que é uma "empresa inovadora"?

(5) Tem boa política de recursos humanos? Tem baixo *turn over*?

(6) "Segurança" faz parte dos objetivos dos empregados? "Segurança"

aqui é no sentido amplo: segurança de dados, segurança física, segurança no trabalho.

(7) O nível de pressão sobre as pessoas é o adequado?

(8) Tem hábito de fazer análises (*de-briefings*) logo após a realização de eventos, programas, etc?

(9) Pode-se dizer que as pessoas trabalham mais em equipe do que individualmente?

(10) Há poucos níveis (*layers*) de subordinação?

(11) Investe em treinamento interno?

(12) As pessoas são estimuladas a dizer o que pensam? Quem traz "más notícias" não fica mal com a gerência?

* Com relação à Comunicação Empresarial:

Sua empresa...

(13) Tem boa imagem na sociedade?

(14) Investe em Comunicação Empresarial?

(15) Investe em *marketings* temáticos – *Marketing* Social, Esportivo, Ecológico, Cultural?

(16) Pode-se dizer que a "comunicação da empresa é integrada"?

(17) A alta gerência se envolve com a comunicação da empresa?

(18) Pode-se dizer que o principal executivo está comprometido com a comunicação?

(19) Tem boa comunicação com os clientes/consumidores/usuários?

(20) Tem boa comunicação com investidores?

(21) Tem boa comunicação com fornecedores?

(22) Tem bom relacionamento com a mídia?

(23) Tem bom relacionamento com as autoridades (Poder Público)?

(24) Tem bom relacionamento com as comunidades? Da cidade, do bairro, etc.

(25) Participa ativamente de associações de empresários (Câmaras de comércio, da indústria)?

(26) Tem boa comunicação interna? Estimula a comunicação de baixo para cima? Há programas para recolher reclamações e sugestões dos empregados e de fornecedores?

* Com relação ao Sistema Gerencial

Sua empresa...

(27) Tem bons controles em geral?

(28) Nas auditorias financeiras, alcança níveis satisfatórios?

(29) Faz auditorias ambientais?

(30) Faz pesquisas de opinião junto ao público interno? Monitora permanentemente o clima organizacional?

(31) Tem *issue management*?

(32) Tem boa manutenção dos equipamentos vitais?

(33) Tem procedimentos eficientes de segurança?

(34) Faz regularmente auditoria nos fornecedores e nos serviços terceirizados?

(35) Tem sistemas de alarme para alertar que um erro ocorreu?

(36) Faz acompanhamento de correção de erros, de falhas detectadas, de queixas e reclamações apresentadas?

(37) Dá treinamento especial para funcionários novos?

(38) Tem estatísticas positivas de acidentes de trabalho?

(39) Os funcionários tem as responsabilidades claramente definidas?

* Com relação a crises

Sua empresa...

(40) Tem um comitê de crise ou algo que o valha?

(41) Tem orçamentos reservados para crises?

(42) Faz treinamentos para crises? Faz simulações de crises?

(43) Está preparada para enfrentar crises relacionadas com produtos e serviços?

(44) Está preparada para enfrentar crises relacionadas ao meio ambiente?

(45) Está preparada para enfrentar crises relacionadas a atos criminosos?

(46) Está preparada para enfrentar crises relacionadas com o público interno?

(47) Tem planos de emergência conhecidos (incêndio, acidentes, calamidades, etc)?

(48) Tem ampla cobertura de seguros?

(49) Tem documentação sobre crises anteriores?

(50) Tem *back ups* para os sistemas vitais?

Tudo respondido? Foi honesto nas respostas? Não quer dar uma repassada nas questões? Se precisar, eu espero. Não? Podemos continuar?

Valeu, cara!

Bem, agora vou precisar de seus conhecimentos matemáticos. Some os pontos todos. Este número totalizado é o **IVE – Índice de Vulnerabilidade da Empresa**.

Pronto? Agora entre na tabela abaixo.

Negócio é o seguinte: se o **IVE** estiver...

- ...abaixo de 30 pontos, sua empresa está bem no quesito.
- ...entre 30 e 60 pontos, sua empresa corre riscos.
- ...entre 60 e 80 pontos, sua empresa corre sérios riscos.
- ...acima de 80, sei não. Você falou em tirar férias? Melhor não. A menos que não se incomode de interrompê-las.

Resumindo a avaliação final da **vulnerabilidade empresarial**, sua empresa estará numa situação entre:

- O melhor dos mundos: se não pertencer a nenhum grupo de risco, se a empresa estiver consciente da possibilidade de que pode ser vítima de uma **CEOP** e se o **Índice de Vulnerabilidade Empresarial (IVE)** for baixo (menor que 30).
- O pior dos mundos: se estiver num grupo de risco, se a empresa for dirigida por marcianos e se o **IVE** for alto (maior que 60).

Se sua empresa estiver mais para o pior dos mundos, vou lhe dar o direito de dar uma boa chorada por alguns minutos, de dizer seus palavrões preferidos, de literalmente chutar o balde. Feita a catarse, peço que lave o rosto, recomponha-se e vamos trabalhar. Na verdade, cara, qualquer que seja o mundo que sua empresa esteja no momento, o trabalho pela frente é sempre muito. Quisesse moleza, escolhesse outra profissão. Ainda dá tempo.

101. O Caso *NASA – Challenger* – A Propaganda que foi pro Espaço

No dia 28 de janeiro de 1986, *Ronald Reagan* conduzia uma cerimônia rotineira na Casa Branca quando foi avisado que a nave espacial *Challenger* havia acabado de explodir no Cabo *Canaveral*, alguns segundos depois de ser lançada. Ainda teve tempo de ver na televisão o *replay*. "*Oh, no!* " – teria exclamado. Sua expressão facial foi de tal horror que *Larry Speakes*, o porta-voz da Casa Branca, proibiu que a fotografia tirada do presidente naquele momento fosse divulgada.

O *Challenger* tinha um significado importantíssimo na propaganda americana. Representava o golpe de misericórdia nos soviéticos dentro da corrida espacial iniciada há 30 anos. Politicamente, outra vitória sobre o "Império do Mal". De quebra, serviria para fortalecer a imagem da *NASA*. Entre os tripulantes da nave, estava uma professora, *Christa McAuliffe*, uma cidadã tipo "gente como a gente". A idéia do "*teacher in space*" era um exemplo de *showcase* para os Relações Públicas da *NASA*. Uma jogada de mestre.

Como sabemos, deu tudo errado.

Assim como havia uma falha no projeto, o Plano B de Comunicação – para ser usado em caso de algo sair errado – também tinha furos. Não contemplava, por exemplo, a participação do presidente do país, coisa que fazia parte de qualquer planejamento de crise desde quando o homem foi mandado para a lua. A *NASA* estava mesmo de salto alto.

Speakes pensou em improvisar um posicionamento para os jornalistas que estavam – por outras razões – no saguão da Casa Branca. *Reagan* deu o tom: "A melhor homenagem que podemos oferecer a estas pessoas (que morreram) é continuar o programa (espacial)". *Speakes* empacotou a mensagem imediatamente e 17 minutos depois da explosão, na TV, para o país e para o mundo, o Governo já se posicionava:

1. O presidente está chocado com o que acabou de ver na TV (*replay* do acidente)
2. Não temos mais informações para o público neste momento
3. O acidente não vai afetar a determinação dos Estados Unidos na exploração do espaço.

Era o melhor que se podia fazer no momento. O primeiro *statement* era óbvio mas verdadeiro. O segundo, mostrava transparência, sinceridade. Óbvio, também, mas nem sempre é observado. Geralmente, nas notas oficiais procura-se passar a idéia de que se tem controle da situação. O último *statement* – de "a vida continua" – preencheu logo um espaço que serviria para especulação, possivelmente afetando valor de ações de empresas envolvidas no projeto. Mas a grande sacada foi a velocidade do posicionamento. Esta foi a real mensagem.

No Plano de Ação existente para crises, havia uma determinação de mandar alguém do time de relações públicas da Casa Branca para a *NASA* e vice-versa: alguém de relações públicas da *NASA* para a Casa Branca. A intenção era melhorar a comunicação entre as entidades e torná-la única. A idéia era boa. Quanto maior o número de "intérpretes", pessoas que falam a mesma língua, melhor a comunicação.

Reagan cancelou a agenda e foi imediatamente para o Cabo *Canaveral*. Duas horas depois do acidente já estava no local. A atitude parece óbvia mas não é. A recomendação mais encontrada para a postura do presidente em momentos de crise é que ele não altere a sua programação. A teoria é que a "interrupção da agenda" é um gesto que pode aumentar a gravidade da crise e produzir mais incertezas. Entretanto, esta não pode ser uma atitude generalizada, isto é, que se aplique a qualquer crise. Tudo depende da mensagem principal a ser levada a Opinião Pública. Se a mensagem for de "intenso pesar", de "lamentamos a enorme perda", a suspensão da agenda é a atitude mais indicada. O gesto de continuar a programação como tentativa de não adicionar incertezas pode ser adequado no caso de uma crise política, por exemplo. A atitude pode minimizar a crise. Mas no caso de "morte de heróis nacionais", esta minimização não pode acontecer. Ao contrário, sua importância tem que ser valorizada.

Mensagem no local: "Todos os esforços para saber as causas do acidente".

Acaciana, né? Todo mundo faz isto. Por que então a declaração óbvia? Porque, embora óbvia, se não for feita pode abrir campo para especulação sobre a origem da crise. ("Não querem apurar") além de passar outras idéias: desleixo, desatenção, etc. De tarde, de volta a *Washington*, *Reagan* falou à nação. Segundo *Speakes*, *Reagan* produziu o seu mais eloqüente discurso como Presidente. "Ele olhou para a câmera como se tivesse olhando para os *living rooms* enlutados" – disse.

O passo seguinte seria cumprir o prometido nos pronunciamentos. Prometeu investigar? Investigue e informe. Prometeu cuidar das vítimas? Cuide e informe. Prometeu apurar as responsabilidades e punir todos os culpados? Apure todas as responsabilidades e puna todos os culpados. Não aposte na memória curta das pessoas:

"Eles vão esquecer o que prometemos".

"Se voltarmos a falar no assunto, a coisa vai voltar a feder".

São aconselhamentos de quem não é do ramo. Porque é esta complementação da comunicação que vai criar ou restaurar a credibilidade.

No dia seguinte, o vice-presidente *Bush*, encarregado de "apurar as causas do acidente", despachou com o Presidente na primeira hora da agenda Outro símbolo importante. Se tivesse despachado de tarde, ou mesmo, sendo "a segunda coisa da agenda", a atitude perderia o valor. Foi anunciado um Comitê de Investigação composto de *experts* da NASA.

Dois dias depois, o Presidente viajou pelo *Air Force One* para participar dos funerais dos astronautas e falou com todos os familiares presentes. [31]

102. Defina a Linha a ser seguida

Passemos ao segundo passo.

Estamos falando agora do investimento em Comunicação que a sua empresa pode e quer fazer. Neste momento, temos três alternativas quanto aos caminhos a seguir:

- A primeira – chamemos ela de **Opção Global** – é a melhor alternativa. A mais completa, a mais abrangente, a mais segura. Caso ainda não tenha, considere a hipótese de desenvolver dentro da empresa um sistema de **Comunicação Empresarial Integrada**;
- A segunda – seria a **Opção Intermediária** – é satisfatória e também atende aos objetivos desse livro. Na verdade, esta opção é um subprocesso dentro da primeira alternativa mas pode ser implantada de forma independente; e a
- Terceira – batizada de **Opção Mínima** ou **Básica** – é um quebra-galho. É a opção sugerida quando as duas primeiras, por alguma razão, não são

factíveis. Na historinha do Edgar, corresponderia a ter o telefone do médico à mão, o plano de saúde em dia, saber onde estão os óculos, manter o hábito de dar boas gorjetas pro Severino. É pouca coisa, mas melhor que nada.

103. Opção Global – Sistema de Comunicação Integrada

A **Opção Global** consiste em ter um **Sistema de Comunicação Empresarial Integrada.**

Quem me conhece sabe que sou um ardoroso defensor do conceito. Defensor, é pouco. Sou fanático! No que consiste isto, falarei mais adiante em rápidas pinceladas. Mas reconheço que nem sempre é possível começar um trabalho partindo para esta opção. Pode ser um objetivo ambicioso demais. Sobretudo pra quem não tem nada, ou pra quem tem pouco. O caminho é mais tortuoso, os ventos que sopram contra são fortes, o esforço, portanto, é muito maior. Se a sua empresa estiver mais para o pior dos mundos, deixe esta tarefa de integrar a Comunicação Empresarial para mais tarde. Mas se a sua empresa estiver mais inclinada para o melhor dos mundos e a comunicação da empresa ainda não estiver integrada, tomo a liberdade de sugerir que pense no assunto. Um dia, você vai me agradecer por este conselho.

O que é **Comunicação Empresarial Integrada** num piscar de olhos.

Em primeiro lugar, trata-se de um processo conduzido por uma direção colegiada. Este comitê reúne todas as funções que fazem algum tipo de comunicação com constituintes da empresa: Relações Públicas (Relações com Investidores, Relações com a Mídia, Relações Governamentais, Relações com a Comunidade), Marketing e Vendas, agências de publicidade, Recursos Humanos, *Ombudsman*, advogados, etc. A idéia básica é: nada de igrejinhas. As funções podem ter suas estratégias próprias e independentes desde que, no momento da Comunicação Empresarial, as ações sejam coordenadas. A filosofia é, em matéria de comunicação, todo mundo tem que ciscar pra dentro. Ao contrário da galinha.

Este grupo gerencia cinco subprocessos.

(1) Planejamento estratégico da Imagem. Processo que começa nas pesquisas sobre como a empresa é percebida pelos constituintes, passa pela

análise do ambiente político/social/econômico e termina com um conjunto de ações estratégicas a serem implementadas.

(2) *Issue Management.* Trata-se do gerenciamento de questões tanto relativas à imagem da empresa (estigmas, atributos, traços, ovos de serpente, esqueletos) quanto às chamadas Questões Públicas (econômicas, políticas, sociais, etc).

(3) Gerência da Comunicação Programada. Através da qual se administra a comunicação sobre a qual se tem relativo controle (publicidade, eventos, patrocínios, *lobby*, etc), integrando-a, de forma a obter sinergia das mensagens.

(4) Gerência da Comunicação Simbólica. Objetiva controlar a comunicação espontânea da empresa, aquela que flui através de símbolos, atitudes, posturas, produzindo mensagens muitas vezes não-desejadas.

(5) Gerência de Objetivos. Por fim, estabelecendo metas concretas a serem perseguidas, medindo, analisando avanços e insucessos, propondo mudança de rumos.

Obviamente, esta é uma conversa longa. Caso esteja interessado em conhecer mais sobre o tema, recomendo que leia o meu trabalho **Comunicação Empresarial Integrada**. Lá, as idéias estão mais expandidas e mais bem organizadas.

No conceito da **Comunicação Empresarial Integrada**, a Gerência de Crises está dentro de *Issue Management.*

104. Opção Intermediária – Sistema de Gerenciamento de Crises

A Opção Intermediária **é ter um** Sistema de Gerenciamento de Crises (SGC**).**

Se a decisão foi partir para algo mais modesto – mas que também atende no que diz respeito a **CEOPs** – vamos falar da **Solução Intermediária**.

É bom lembrar algumas coisas, umas já ditas, outras ainda não. Cada crise é um crise. Não há receitas de bolo. Mas há consenso de que certas providências fazem parte de um processo de administração de crises independentemente do tipo ou natureza. Tudo que vamos falar baseia-se em inúmeras experiências, depoimentos de gente que conheceu o inferno, de estudiosos sobre crises, etc.

Podemos começar? Então, vamos lá.

105. Prepare a Empresa subjetivamente para a Crise

O Teste do Nível de Consciência que aplicamos acima já informou a medida do esforço necessário para cumprir esta tarefa. Desnecessário dizer que numa empresa dirigida por marcianos, o esforço será maior.

Como se prepara uma empresa subjetivamente para a crise.

Despertando a consciência (Criando o chamado *mind-set*)

Significa preparar a empresa psicologicamente para a possibilidade de um dia a casa cair. Assumir que o surgimento de **CEOPs** não é algo que só acontece com os outros. Combater a "ideologia dos ilhéus", a síndrome da "ilha da fantasia" que grassa em muitas empresas estimuladas pelos próprios dirigentes achando que essa enganação é boa política de Recursos Humanos. Se um dia foi, hoje não é mais.

A mensagem "o nosso dia também chegará" é importante. Por que isto é importante? Porque o inesperado provoca perplexidade nas pessoas. A perplexidade as imobiliza. "Como isto foi acontecer?" "Por que logo com a gente?" A preparação que chamamos de "subjetiva" visa fazer do "inesperado" uma coisa "esperável", "que pode acontecer" e assim reduzir o tempo da perplexidade, o tempo que leva para cair a ficha. Tudo ficará facilitado se essa consciência existir. A reação organizacional será mais rápida. A produtividade do time que gerencia a crise será maior e a energia despedida pela organização, menor. Vamos ver mais à frente quão importante numa crise é a empresa voltar rapidamente aos trilhos.

A partir daí, dar asas a uma sadia paranóia. Treinar as pessoas que ocupam certas funções críticas e estratégicas a olhar as coisas na organização e se perguntarem "e se...?"

E se acontecer isto?

E se acontecer aquilo?

Fazer como Dona Maria, de prendas domésticas, quando está organizando uma festa em sua casa. Ele se pergunta: E se faltar água? E se a comida acabar? E se chover? E se a empregada não vier? Dona Maria não estudou em *Harvard* mas entende tudo de *crisis management*. É uma craque.

Como fazer para despertar essa consciência?

Desenvolvendo um programa de treinamento interno. Formal e informal. Divulgando histórias que acontecem com os outros. Divulgando e discutindo o Código de Ética da empresa. Como? Sua empresa não tem código de Ética? Huum. Precisamos conversar.

A idéia é que, quanto mais gente dentro da organização estiver consciente de que uma **CEOP** é tão possível de acontecer quanto um incêndio no prédio, melhor. Assim como no caso de incêndio, melhor ainda se as pessoas estiverem treinadas para enfrentar os percalços oriundos de crises de outra natureza. O ideal seria que todas as pessoas na organização estivessem conscientes e que soubessem o que fazer quando o bicho pegar. Mas se isto não for de todo possível, que pelo menos o corpo gerencial esteja preparado. E a coisa tem que começar de cima, dos verdinhos, dos marcianos.

Muitas empresas fazem um tipo de treinamento com *workshops* anuais de um ou dois dias cobrindo os seguintes tópicos:

(1) O que é uma crise;

(2) Crises que a empresa pode vir a viver;

(3) Como a empresa está organizada para enfrentá-las;

(4) Qual deve ser o papel do público interno numa crise;

(5) Como deve ser o relacionamento com os principais <u>constituintes</u>: mídia, autoridades, comunidade;

(6) Exercícios e debates. Simulações de crise também são importantes. Algumas empresas reportam que tinham bons planos de emergência mas que nunca foram exercitados. Quando foi necessário, nada funcionou por falta de familiaridade das pessoas com as ações necessárias. Usando o exemplo de incêndio, exercícios de evacuação de prédio são absolutamente necessários. Por mais que, no Brasil, os funcionários não levem a sério o exercício, muita coisa se aprende com eles. Erros de planos no papel são corrigidos em simulações.

Enfim, esta é uma tarefa que nunca termina. Treinamentos como esse devem ser repetidos de tempos em tempos. Anualmente, é o ideal. A ausência de crises ou a distância em tempo entre elas atuam no sentido de diminuir essa <u>consciência</u>.

106. Um Pequeno Caso Real – Sutil como Pata de Elefante

A sensibilidadedos técnicos para entender a Opinião Pública é de gelar a espinha.

Final dos anos 60. A prefeitura de uma grande cidade brasileira contrata o Bureau de Serviços da *IBM* para fazer a emissão das guias referentes ao imposto predial – o correspondente hoje ao IPTU. Após a distribuição de centenas de milhares de guias, contribuintes descobrem que suas taxas foram aumentadas para valores absurdos. A cidade entra em pé de guerra. Querem matar o prefeito. A mídia é mobilizada. A oposição solta o sarrafo. Todo o estado maior da prefeitura procura a *IBM* em busca de explicações. Uma grande crise para a empresa e para o governo.

Após tensa e rápida conversa, diretores da *IBM*, o prefeito e secretários, repórteres, fotógrafos estão defronte da mesa do programador, responsável pelo desenvolvimento do programa onde se suspeitava estar a falha. O profissional era um profissional conhecido, entre seus pares, pela sua competência e por seus ares de *prima donna*.

– O que foi que aconteceu? – perguntam.

– É óbvio que tem um erro na programação!" – diz o prefeito.

– Erro? Acho muito difícil que eu tenha cometido um – diz o programador do alto de sua arrogância.

Como se nada tivesse acontecendo, calmamente, abre a gaveta, tira um maço de papéis, coloca-os sobre a mesa, acende o cachimbo e com o dedo indicador vai passando por uma longa lista de comandos impressos em linguagem simbólica. Enquanto isto, todo mundo em pé no maior silêncio, o prefeito espumando de raiva, diretores da *IBM* com o coração na mão. Lá pelas tantas, o programador solta uma baforada do cachimbo e diz num sorriso que vai de orelha à orelha.

– Tem razão. Cometi um pequeno erro de "*branchada*"! ["branchada" era um jargão de programadores; derivado do verbo inglês "*to branch*" que significa "desviar"]

107. Prepare a Empresa objetivamente para a Crise

Como foi dito no primeiro capítulo, uma **CEOP** pode acontecer a qualquer empresa, independentemente da natureza da atividade, tamanho, nacionalidade, etc. Portanto, toda empresa deveria pensar na forma de proteger-se. As recomendações que se seguem vão parecer ser mais adequadas a empresas de tamanho médio para cima. Se a sua empresa é menor, é possível que você ache que elas não poderão ser aproveitadas. Gostaria muito que você não pensasse assim. Minha sugestão é que procure fixar-se na idéia central de cada recomendação. Leia com atenção. Depois busque uma forma de adaptá-la ao seu caso concreto, à sua realidade, aos seus recursos.

Combinado? Então vamos botar a mão na massa.

1. Crie um time para crise

Estou pressupondo que não haja um colegiado de comunicação na empresa.

O gerenciamento de uma crise deve envolver toda a organização. Entretanto, esse gerenciamento requer o conhecimento de algumas teorias e a existência de certas habilidades. Daí a necessidade de um time que comande e coordene as ações. De uma liderança na crise. Um time pequeno mas com capacidade de movimentação, de análise e com poderes para tomar decisão. Nada de representantes simbólicos, encostados, os "pau-pra-toda-obra". Massa cinzenta de boa qualidade é fundamental. Se a empresa for grande, pode-se ter um núcleo para operar em crises de qualquer natureza e grupos especializados por área ou por tipo de problema. O núcleo deve ser formado pelo Número 1 da organização (ou seu substituto na hierarquia), e pelos mais graduados nas funções de Finanças, Marketing, Fabricação, Comunicação Empresarial (Relações Públicas) e Legal.

Perfil do time:

- Tão pequeno quanto possível. Quanto mais gente, mais difícil o consenso, mais demoradas as decisões. Número ideal: de 6 a 8.
- Perfil dos participantes: contestadores, agressivos, criativos, paranóicos por curiosidade intelectual e não por doença. Ah, ia me esquecendo o mais importante, "bom senso". "Bom senso" é fundamental. Eu sei, é difícil mas não desanime. Você vai achar gente com esse perfil.

- Todos os "conhecimentos" envolvidos ou representados no time: mercado, legislação, investidores, relações-públicas, técnicos, agências de publicidade. Gente de fora (consultores) também pode ajudar desde que sejam bem aceitos pelo time.
- Egos grandes, espaçosos, fora! Nas crises, este bicho só atrapalha.

Papéis e responsabilidades de cada participante devem ser previamente definidos. Bater cabeça é gol contra.

Missão do time:

- Criar o **Sistema de Gerenciamento de Crise (SGC)** e administrá-lo.
- Trabalhar para o desenvolvimento da consciência. É a preparação subjetiva anteriormente explicada.
- Monitorar vulnerabilidades (*issues*) conhecidas.
- Farejar ovos de serpente e esqueletos escondidos.
- Recomendar ações preventivas.
- Coordenar a Comunicação Empresarial durante a crise. Funcionar como superego do "porta-voz".
- Avaliar a estratégia de forma continuada e crítica. Acompanhar a evolução do **IVE – Índice de Vulnerabilidade Empresarial**.

Dirijo-me, agora, a você que tem uma empresa pequena e com quem conversei ainda há pouco. Me vendo falar de "time", de "colegiado", desse bando de departamentos, você deve estar achando que está lendo o livro errado. Não está não. Vamos voltar ao que falei antes. Pense na idéia central da recomendação. Quer saber de uma coisa? Acho que essa idéia é mais fácil de implementar numa empresa pequena do que numa grande corporação. Esqueça "departamentos" e pense em "funções". A sua pequena empresa pode concentrar todas essas funções numa só pessoa e obter resultados mais rápidos do que aqueles obtidos numa grande empresa. Sacou?

2. Faça a análise da Missão/Valores/Ética da Empresa

Se uma empresa com imagem de ser ética nos negócios é acusada de corromper autoridades, é possível e razoável que as pessoas aceitem que o crime se deveu à lambança de funcionários e inocentarem a organização por esse crime. A acusação, para essas pessoas, não faz sentido. Já outra empresa que não tenha a mesma imagem, mesmo sendo vítima de empregados desonestos, dificilmente encontrará o mesmo nível de tolerância e de compreensão por parte da Opinião Pública. Para ela, a acusação faz todo sentido. A empresa é bandida.

Outro exemplo.

Uma empresa é acusada de agredir o meio ambiente. Se, historicamente – por pensamento, palavras e obras – a empresa demonstrou a sua preocupação com o meio ambiente, o que ela prometer fazer em função da crise nascida dessa acusação terá credibilidade. Se, ao contrário, ela nunca fez nada pelo tema, ou nada demonstrou, ou já aprontou alguma no passado, tudo que ela prometer agora soará oportunista, falso, demagógico, hipócrita. Esta percepção superveniente – do oportunismo, da falsidade, da hipocrisia – poderá inclusive aumentar a raiva das pessoas contra ela.

A reflexão sobre a missão e os valores da empresa é o primeiro grande exercício a ser feito pelo time. Verificar se – em pensamentos, palavras e obras – a empresa atende aos princípios éticos da sociedade onde ela opera.

Escrita ou não, debatida ou não, divulgada ou não, aceita por todos ou não, toda organização tem uma missão. Obviamente, essa missão tem que ser aceita socialmente ou até mesmo desejada pela sociedade. Tem que ser ética. A missão é algo muito acima dos objetivos operacionais. Do vil metal. A missão é transcendente, está acima dessas baixarias tais como faturamento, lucro, *market share*. Idem com relação aos valores que a empresa sustenta. A missão de um laboratório farmacêutico não é – ou não deveria ser – ganhar dinheiro para seus acionistas, nem dar emprego para os seus funcionários. A missão é pesquisar a evolução das doenças e desenvolver produtos que ajudem o consumidor a proteger-se dessas doenças. Essa é sua contribuição para a sociedade, o seu valor agregado em termos sociais, a sua missão ética.

Muitas organizações têm códigos de ética – ou de conduta – formalizados. Outras, não, mas têm uma atitude eticamente tão forte quem nem precisam de formalidades. Esses valores são passados para os <u>constituintes</u> tanto pela Comunicação Programada (publicidades, patrocínios, relacionamentos, etc) quanto pela Comunicação Simbólica (comportamento dos seus dirigentes e de seus empregados, posicionamentos, práticas comerciais, atitudes, etc). A imagem da empresa na cabeça dos <u>constituintes</u> é resultante desse bombardeio de mensagens emitidas por todas as fontes mencionadas.

Quando uma empresa de boa imagem se envolve numa **CEOP**, a primeira percepção é que ela se descolou dessa missão, que houve uma desconexão entre a sua história e o que está acontecendo. Houve uma ruptura no seu sistema de valores. E apesar dos preconceitos conhecidos, as pessoas tendem a se perguntar: "Por que isto aconteceu com essa empresa que sempre me pareceu tão certinha, tão correta?..."

Quando uma instituição não tem boa imagem, ficam valendo só os preconceitos. "Essas empresas não tomam jeito!"

Certas organizações respeitam seu código de ética como os árabes fundamentalistas respeitam o *Alcorão*. Quando a *Johnson & Johnson* vivia o pesadelo do *Tylenol* envenenado, em 1982, a direção da empresa decidiu tirar de circulação todos os frascos do analgésico (*recall*). Esta decisão bateu de frente com o FBI. No entendimento do governo americano, a medida iria estimular terroristas do mundo inteiro a repetir a operação com outras empresas. Isto seria o caos para a economia do país. Para quem a *Johnson & Johnson* apelou? Para a Suprema Corte? Para a Constituição Americana? Nada disto. A empresa apelou para a sua missão, a sua bíblia, que assegurava, no capítulo 6, o compromisso com o bem-estar de seus consumidores.

Portanto, a visitação a esse pacote (missão, valores, código de ética) é o melhor começo.

Alguns questionamentos importantes para reflexão do grupo:

- A missão da empresa é conhecida internamente?
- Idem quanto aos valores da empresa?
- Existe um código de ética ou algo semelhante que oriente os funcionários na condução de suas atividades? Veja bem, não estamos falando de nada parecido com o que tem uma empresa do porte da *Johnson & Johnson*.
- Os principais constituintes da empresa conhecem esses valores?
- As lideranças da empresa dão bons exemplos?

3. Faça a análise da história das crises passadas

Este exercício consiste em um levantamento de encrencas vivenciadas pela empresa no passado: a folha corrida da organização, sua vida pregressa. E de tudo mais relacionado aos eventos: erros, acertos, comportamento dos públicos na ocasião, inclusive da concorrência.

Importante analisar também **CEOPs** pelas quais passaram outras empresas, principalmente as do mesmo ramo de negócio.

Essa tarefa não é fácil. Informações sobre as crises na própria empresa raramente estão disponíveis. Dificilmente haverá documentação a respeito. O único caminho é tentar remontar o passado buscando informações que estão na cabeça dos que viveram a crise à época ou em material veiculado pela imprensa. Quanto às crises em outras empresas, também a vida do pesquisador não é fácil. Nem sempre somos bons relatores. Tendemos a exagerar, para o bem ou para o mal. Há muitos segredinhos entre as empresas, não temos tradição de trocar figurinhas, além do medo – pra lá de fundamentado – de abrir informações para o inimigo. O melhor meio mesmo é saber como a mídia reportou a questão. Verdadeiro ou não, é algo objetivo. Afinal, foi isso que foi passado para a Opinião Pública na ocasião. Há também muitas crises que foram objetos de minuciosos estudos. Muitos deles estão na literatura especializada. Há casos exaustivamente examinados e dissecados. Chega a enjoar. Alguns deles estão sendo mencionados neste trabalho.

Este levantamento das vidas passadas tem boas aplicações:

a) Funcionar como guia para o nosso planejamento. Pode produzir bons *insights*;

b) Ser usado na educação interna em seminários, palestras, etc. Útil para a conscientização da galera;

c) Conhecer os "cartões amarelos" recebidos pela empresa. Evidente que crises da mesma natureza, reincidências específicas, são mais difíceis de administrar do que uma crise em que a empresa é – digamos assim – ré primária. Óbvio, não? Quem vai acreditar na palavra da empresa que voltou a cometer a mesma falha? A *Drexel Burnham Lambert*, por exemplo, foi uma empresa poderosa por cinqüenta anos. De repente, a partir de 1986, viu-se enrolada numa série de crimes do colarinho-branco. Sua credibilidade resistiu aos primeiros choques. A Opinião Pública foi tolerante. As fraudes poderiam ser episódicas, coisas que acontecem. Depois da terceira crise, a paciência das pessoas acabou. A empresa faliu em 1990. Motivo: água mole em pedra dura.

4. Faça um *Check-up* da organização

Temos as seguintes fontes para fazer um bom trabalho de varredura da organização:

a) Os resultados do Teste de Vulnerabilidade que acabamos de fazer. A rigor, todos os quesitos que receberam nota diferente de **0** (zero) merecem a nossa atenção.

b) Os tipos de **CEOPs** – os fatos geradores – apresentadas no Capítulo 2, classificadas por constituintes. Dependendo da atividade da empresa, uns tipos de crises se aplicam mais do que outros.

c) A relação das causa das causas também listadas no mesmo capítulo pode subsidiar algumas idéias.

De posse dessas fontes, já é possível identificar áreas:

- De pouco risco ou de baixas possibilidades
- De risco médio ou de algumas possibilidades
- De muito risco ou de alta possibilidades

Prossiga a varredura, usando agora as cinco categorias de ovos de serpente e de esqueletos sugeridas também no Capítulo 2.

Esse material já é suficiente para passar às tarefas seguintes. A qualidade e a profundidade desse *check-up* depende de você. Ele pode ser esmiuçado em detalhe, validado com vários setores da empresa. Entretanto, tenha em mente que esta é uma tarefa que não acaba nunca. Portanto, fique tranqüilo se a sua impressão é que o trabalho está incompleto ou muito superficial. Pra começar, isto não é problema. O importante é pegar o gosto pelo exercício. A qualidade das análises será melhorada na medida em que o exercício for sendo repetido. A cada nova rodada.

Algumas outras fontes devem ser usadas no *check-up*:

- Entrevistas internas com funcionários de vários níveis.
- Rondas diárias ou periódicas. Circular pela organização com ouvidos de *ombudsman*.
- Visitas de surpresa. Não com o objetivo de pegar ninguém em flagrante delito, mas para ter um retrato mais fiel da realidade operacional. Nos encontros formais com data marcada, as coisas costumam ser maquiadas. Não é assim quando você recebe visitas em casa?
- Reuniões com sargentos, sem a presença dos coronéis e capitães. Contato com as bases tem outro sabor.
- Sistemas que captem reclamações internas.
- Investigação de denúncias anônimas.
- Registros de empregados demitidos e de suas declarações antes de sair.
- Ações nos tribunais, principalmente naquelas ações em que a empresa é ré.
- Análise de relatórios de auditoria.

Nessas andanças, preste atenção a comentários jogados no ar, mesmo os sem pé nem cabeça. Podem ser mensagens cifradas de quem tem medo de se comprometer. Procure entender por que houve a queda inesperada de um desempenho: de um profissional, de uma equipe, de um setor, de uma filial. Por que um grupo reclama muito e por que um outro não reclama nada. Muitas fraudes internas levaram tempo para serem descobertas porque os funcionários fraudadores eram pacatos demais, subservientes demais, "gente boa" demais.

Serviços de Atendimento a Clientes (SACs) é uma dádiva de Deus. Muitas empresas têm SACs, mas poucas sabem aproveitar o tesouro que têm nas mãos. **SACs** não podem ser encarados como um enfeite da organização, uma entidade de faz-de-conta. **SAC** é um excelente radar, perdigueiro, apontador de ovos de serpente e de esqueletos no armário.

Vale a pena abrir um parêntese para fazer uma pequena digressão sobre os **SACs**.

É o seguinte. Antes de espalhar sua irritação ao sentir-se ludibriado, a primeira coisa que o consumidor queixoso faz é acessar o **SAC**. Depois disto, é que ele vai sair contando a experiência para os vizinhos, para os amigos, parentes, iniciando assim o boca-a-boca negativo. Pesquisas sustentam que pessoas irritadas contam o milagre e o santo para outras dez pessoas. Uma vez na rede, a notícia vai se espalhar na velocidade da luz. Então, aquele exato momento em que o reclamante entra em contato com o **SAC** é o único instante no processo em que a empresa reclamada está na frente da maledicência. A partir daí, se não for eficaz no processamento da queixa, ela estará atrás. É a forma pela qual a reclamação é tratada que vai definir se ela se transforma em maledicência através do boca-a-boca ou se a questão vai morrer ali mesmo. A atitude ideal para esterilizar a reclamação seria a empresa dizer para o reclamante: "Não saia de onde está. Não fale com ninguém. Estamos indo imediatamente ao seu encontro para resolver todos os problemas que você apresentou". E cumprir a promessa. Esta queixa – que tendia a se transformar em boca-a-boca negativo – certamente se transformará em boca-a-boca positivo. Pesquisas também mostram que reclamações bem administradas são excelentes para a imagem da empresa, fortalecem a fidelização. Fecha parêntese.

Esta fase de *check-up* tem preciosos subprodutos. Um deles é a possibilidade de matar muitos males na raiz. Um número absurdo de crises em potencial foi evitada por ações tomadas logo após a identificação dos problemas.

5. Crie um *Issue Management*

Vamos chamar de *issue* cada vulnerabilidade da empresa, cada ovo de serpente ou esqueleto que a gente descobriu na varredura que acabamos de fazer. Vamos tratar cada *issue* como sendo uma enfermidade da empresa, algo que precisa ser resolvido, solucionado, se não extirpado pelo menos controlado. Enquanto isto não for feito, ele continuará sendo um risco para a nossa empresa, uma vulnerabilidade. A esse tratamento, ao conjunto de coisas que fazemos para administrar a enfermidade, damos o nome de *issue management*.

Vários *issues* são questões funcionais e devem ser tratados dentro de cada função. Se descobrimos que há funcionários sem treinamento fazendo operações de risco, cabe ao time cobrar a quem de direito que feche essa porta.

Vamos dar aqui uma especial atenção aos *issues* relacionados às crises com constituintes.

A esta altura do campeonato, pelos levantamentos feitos, análises de vulnerabilidades, pesquisas, etc. já deveremos ter uma idéia sobre as áreas em que o bicho pode pegar. Para cada um deles, vamos fazer:

- Nomeação do *issue manager*. A designação de quem vai coordenar a administração do problema.
- Levantamento de constituintes. Uma usina nuclear sabe que uma crise por causa de vazamento é uma possibilidade. Sabe também com que públicos precisará se comunicar caso o vazamento aconteça: mídia, agências de governo, empregados, comunidade local, ongs. Uma ordem de prioridade também pode ser estabelecida. Em muitas crises, as empresas se atrapalharam porque não sabiam a que constituintes dar prioridade.
- Adequação dos públicos aos veículos. Mensagem, meios e públicos devem estar sintonizados. Muitas ações morrem na praia por inadequação dos meios (veículos). Portanto, a escolha do veículo feita por antecipação evita decisões tomadas no calor das emoções e na pressa. Decida antes a mídia mais apropriada: *press releases*, cartas, visitas pessoais, telefonemas, reuniões, videoconferências, publicidade, publicações internas, coletivas, fax, correspondência eletrônica, vídeos, entrevistas, palestras, etc. E quaisquer que sejam as mídias escolhidas, assegure que há *feedback*.
- Levantamento de recursos existentes dentro da organização. Os *skills*, os práticos, os *experts*. Quem você consultaria se tal problema ocorresse. Nem sempre essas pessoas estão na organização formal e nem sempre existem dentro da empresa.

6. <u>Designe o Porta-Voz</u>

Em muitos casos analisados, se conclui que as crises foram agravadas pelas besteiras que representantes da empresa disseram na mídia. A maioria deles não tinha autorização, nem muito menos preparo. Falaram bobagem por desconhecimento, por nervosismo ou por puro exibicionismo.

Um pouco mais sobre o tema "porta-voz".

Muitas empresas, nas crises, entregam esta função para advogados dentro do pressuposto de que eles sabem o que deve ou não deve ser falado e, por formação, são bons de bico. Nem sempre. Já vi advogados meterem os pés pelas mãos em entrevistas. Mas o pior de tudo é aquela coisa "da outra agenda". A cabeça do advogado está sempre na batalha nos tribunais. Esse é o seu foco.

Muitos sustentam que o(a) principal executivo(a) da empresa deve assumir a tarefa. Depois do vexame produzido pelo *Lawrence Rawl*, o CEO da *Exxon* que, no caso *Valdez*, fugiu da raia, a recomendação quase virou uma doutrina. O Número 1 é quem deve dar a cara à tapa – recomendam. Não é bem assim. Depende do caso. Não deixe de considerar que a presença do Número 1 pode amplificar a imagem da crise (" a coisa é tão séria que ele(a) se envolveu pessoalmente"). Está certo que o seu não-envolvimento ostensivo pode passar a idéia de descaso como aconteceu no mais do que citado caso *Valdez*. Mas considere que nem sempre ele(a) vai fazer bem este papel. Também já vi muitos se esborracharem na função. Claro, estamos de acordo que ele(a) não pode se esconder. Mas nas crises ele(a) também tem outras tarefas importantes para cumprir. Não pode ficar à disposição da mídia o tempo todo, envolver-se em bate-boca e em briga de rua. Embora a pressão "de falar com o chefe", "com o dono do botequim", seja sempre muito grande por parte da mídia é preciso ser criterioso no uso do recurso.

Também há quem defenda que a função de porta-voz deva ser entregue a um jornalista. O racional é que ele entende melhor seus companheiros, "fala a mesma língua". Também já vi jornalistas conceituados darem grandes vexames na pele de porta-vozes. A condição de ser "um deles" mais atrapalha do que ajuda. É comum jornalistas que passaram a trabalhar em empresas serem vistos como traíras na sua antiga comunidade.

Algumas dicas sobre porta-vozes nas crises empresariais:

- Porta-voz da empresa não é assessor(a) de imprensa. Ele(a) deve ter um nível na hierarquia da empresa que assegure sua participação no processo decisório da organização. Não pode passar a idéia de que seja um papagaio treinado, nem um pau-mandado.

- Porta-voz da empresa não é como porta-voz do governo. Não é um(a) mero(a) mensageiro(a). Deve ser visto como alguém que trabalhou na construção da mensagem.
- Deve ser escolhido(a) e treinado(a) **antes da crise**.
- "Inteligência" é condição necessária mas não suficiente. Precisa é ser articulado(a), emocionalmente equilibrado(a), paciente, pavio pra lá de longo.
- Bom conhecimento da questão em discussão – a natureza da crise – e da empresa.
- Em tempo: Porta-voz e locutor(a), porta-voz e galã de novela, porta-voz e aeromoça, porta-voz e recepcionista são coisas diferentes.

O racional da "informação consistente" sugere que ele(a) seja a única voz. Mais do que nunca, numa crise, uma "só voz" é fundamental. Nada de gente batendo cabeça ou disputando as câmeras. A configuração de porta-vozes temáticos – cada macaco no seu galho – funciona bem em tempos serenos. Nas crises, se não houver uma perfeita coordenação, a tendência é criar mais confusão. No caso *Three Mile Island*, a empresa atuou com dois porta-vozes. Um para a parte técnica, outro para assuntos relativos à saúde e à segurança dos cidadãos. Apesar de ter havido muita coisa errada na comunicação dessa crise, a dobradinha de porta-vozes deu certo porque operaram coordenados.

Muitas organizações proíbem terminantemente seus funcionários de falarem com a mídia sobre qualquer assunto, em qualquer época. Só fala quem é autorizado. Outras organizações são mais liberais e a proibição é válida apenas para época de crises. Embora essa proibição não seja entendida pelos jornalistas, ela faz sentido pelas seguintes razões:

a) A qualidade da informação é um elemento importante na estratégia de enfretamento da crise. Portanto, a informação deve ser tratada com método. Informações erradas, incompletas, sem sustentação, palpites, etc. – ainda que favoráveis à empresa – podem ter conseqüências devastadoras. Desfazer um mal-entendido dá muito trabalho e nem sempre é possível. Mais tarde, ninguém se lembra se aquela barbaridade que apareceu no jornal foi dita pelo presidente da empresa ou pelo funcionário da portaria.

b) Dois elementos combinam como a fome e a vontade de comer: por um lado, a voracidade dos repórteres em busca de informação a qualquer custo; por outro, a compulsão de ser famoso que embriaga todos nós. Ninguém resiste a chance de ter seus quinze minutos de sucesso. Momentos de crise é uma oportunidade que não podemos perder. Os gargantas-profundas ficam excitadíssimos. Para melhorar a proteção, conheci empresas que consideravam "falar com a mídia sem estar autorizado" uma falta passível de demissão.

Muitas empresas usam *media training* com o objetivo de preparar seus funcionários para falar com a imprensa. Com a autoridade de quem ajudou a "treinar" centenas de gerentes e funcionários, posso afirmar que esses programas jamais chegam perto do objetivo. Não funcionam. O correspondente seriam treinamentos de dois dias para preparar as pessoas para defender a empresa nos tribunais. Ou para conduzir uma operação de safena. Enfim, só aprende a "falar com a mídia" quem tem vocação para a missão, conhecimento de causa, treinamento e exposição continuada na função. Entretanto, esses cursos – que viraram um modismo empresarial – têm as seguintes vantagens: (1) descobrir talentos internamente – "gente que leva jeito" – para depois então treiná-los seriamente; (2) mostrar o que é a mídia, sua motivação, processos, objetivos. Essa educação reduz as resistências internas quanto à necessidade do bom relacionamento com a imprensa; (3) e para passar a mensagem para o resto da galera de que o buraco é mais embaixo e de que não é fazendo karaokê que se vira um Pavarotti.

Quer um conselho? Lei da mordaça é um santo remédio. A galera não vai gostar. Talvez você que implantou a lei seja assunto na rádio-corredor mas paciência. Uma apelido a mais não vai mudar a sua vida.

7. Organize o Banco de dados

Precisava sugerir isto? É bom, né? Tem muitas empresas que vivem como a família do Edgar. É básico ter-se um bom Banco de Dados. De órgãos de imprensa, nomes, locais, telefones de trabalho, de casa, celular, fax, *email*, *pagers*, etc. Enfim, da tropa toda na mídia. O mesmo para autoridades, agências de governo. Pessoas ligadas às questões levantadas. Quem é quem no mundo. Bancos de dados devem ser atualizados periodicamente. Mas a melhor opção é terceirizar a organização e manutenção desses bancos. O esforço dentro de casa costuma dar com os burros n'água.

8. Avalie a estratégia

A idéia é estabelecer um sistema de acompanhamento da estratégia durante o desenvolvimento da crise. É a forma de monitorar o ambiente e saber se aquilo que estamos fazendo está atingindo os objetivos desejados. Não se pode esperar acabar a crise para saber se, no geral, agimos certo. No decorrer da crise, no meio do tiroteio, há informações que serão da maior utilidade para nós. Precisamos ir buscá-las. Por exemplo, pesquisas relâmpagos por telefone. Tudo isto pode ser pré-encomendado (universo pretendido, perguntas, preços das pesquisas, etc).

9. Faça a simulação da crise

No mundo todo, a maioria dos funcionários – incluindo peixes graúdos da organização – acha esse negócio de "simulação" de crise uma bobagem, tempo jogado fora, coisa inventada por quem não tem o que fazer. Se em exercícios simulados de evacuação de prédio em caso de incêndio – que é algo aceito como altamente possível de acontecer – o pessoal já torce o nariz, imagine convencer alguém que a simulação de uma crise com a Opinião Pública tem utilidade. Na nossa cultura, como somos avessos a tudo que cheire a "planejamento", a dificuldade é ainda maior. Dureza, cara, dureza.

A questão é que "planejamento de crise" sem exercícios simulados é inócuo. Porque é simulação que dá oportunidade de testar o que foi planejado e de corrigir desvios. E veja bem: a "simulação" faz parte da conscientização interna quanto aos riscos de **CEOPs**. Não quero fazer pirraça mas entre (1) fazer planejamento e não testar; e (2) não fazer planejamento nenhum sugiro a segunda opção por ser menos trabalhosa.

10. Prepare o Plano de Emergência

"Planos" têm que ser simples e objetivos. E corporificados.

a) Manual. Acho horrível esse nome. A idéia é ter documentado um roteiro para ser usado quando uma crise acontecer, desde as principais ações a lembretes e predefinições importantes. Se você – como eu – implica com o termo "manual", fique à vontade para chamá-lo de outra coisa.

Itens que devem constar dessa documentação:

Missão/valores da empresa

Orientação para os primeiros passos na crise

- "Quem é quem" na administração da crise: responsabilidades
- O que fazer para acionar time que vai gerenciá-la
- O que fazer para entendê-la. Do que se trata. Primeiras avaliações. Como avaliar a extensão. Que constituintes podem estar afetados
- Como comunicá-la interna e externamente (veículos, formato, termos, quem assina a comunicação, etc)
- Como instalar o *War Room*
- Como instalar o Centro de Imprensa
- Como instalar a Central de Atendimento
- Ir ao local onde o fato aconteceu.

Há manuais e manuais. O nível de detalhe e de sofisticação depende de cada empresa. Apenas como curiosidade, o Manual de Crises da Cruz Vermelha Americana estabelece as providências que devem ser tomadas. Mais ou menos assim: oito horas a partir do fato, tais coisas precisam estar prontas; doze horas a partir do fato, tais outras precisam estar prontas; e vai assim até que um plano de ação preliminar esteja completo em 48 horas. Esse Manual, além de ser um roteiro de ações, define o tempo que cada etapa deve levar. [32]

b) *War room*

War Room é um nome pomposo e pedante. É uma daquelas expressões que a administração empresarial copiou da organização militar. Mas, como metáfora, é boa. Na realidade, uma **CEOP** é uma guerra. E guerra se ganha com informação e inteligência. Por causa desse segundo elemento, há quem chame o recurso de "Central de Inteligência". Também acho a expressão pernóstica. Alguns autores americanos sugerem: "*Crisis Manager Center*". Mais besta ainda. De novo, esta questão de nomes. De novo, deixo você, leitor(a), à vontade. O importante é captar o conceito.

O conceito é esse: informação e inteligência. O *War Room* possibilita a sinergia desses elementos, vindo a ser um recurso essencial na administração de **CEOPs**. Um *war room* pode variar desde um enorme centro aparelhado com tudo que se possa imaginar em termos de recursos tecnológicos até uma salinha com uma mesa para reunião, um telefone, papel, lápis e borracha, e alguém que centralize as informações a respeito do andamento da crise. Obviamente, o dimensionamento do local físico e dos recursos disponíveis depende do tamanho da organização e da natureza da crise.

Nas grandes empresas e nas grandes encrencas, o *War Room* é um local com suficiente número de tomadas, computadores ligados em rede com acesso aos arquivos necessários; fax, telefones com viva-voz, *hot lines*, copiadoras; lista completa de endereços – diretores, funcionários, fornecedores, jornalistas, autoridades, etc.; jornais e revistas, televisão com acesso também a canais fechados, rádio, internet; videocassete, material de papelaria; mapas; quadro-negro ou equivalente; mesas e cadeiras; sofás para eventuais cochilos; lixeiras; relógios; biscoitos, água mineral, café, sucos, etc; banheiros nas proximidades.

Qualquer que seja o *war room* que você imagina ser necessário montar para administrar a sua tão aguardada **CEOP**, o macete é ter alguém já escalado para colocar esse apoio logístico no ar em alguns minutos. Nessas horas, o tempo é um recurso precioso. Imagine um acidentado entrando numa sala de cirurgia e o médico preocupado se o instrumental está completo, se tem gaze suficiente, se o oxigênio funciona, etc. Eu sei, você conhece hospitais assim, mas você conhece também os resultados.

Enfim, a organização desse instrumental – que dá tanto trabalho se tiver que ser improvisada de uma hora para outra – é uma tarefa ridiculamente fácil quando pensada com antecedência. Uma boa secretaria é capaz de cuidar do tema com um pé nas costas.

c) Centro de Imprensa

Este é um recurso físico destinado à interação da empresa com a mídia durante o ciclo da crise. Igualmente indispensável na administração de uma **CEOP**. Também pode ser organizado – ou pensado – com antecedência. Boas instalações simbolizam o interesse da empresa em facilitar o trabalho da mídia, noutras palavras, “entendemos o papel da mídia”, “não temos nada a esconder”, “queremos facilitar o seu trabalho”. Não podem faltar: *press kit* (informações sobre a crise em si, posicionamento e ações da empresa, próximos passos, etc); telefones, fax, computadores com acesso à internet, copiadoras, material de papelaria disponíveis para os jornalistas; além dos prosaicos mata-fome (biscoitos, sanduíches, água mineral, café, suco, etc.).

d) Central de Atendimento

O objetivo é criar facilidades para interação entre a empresa e constituintes que tenham tido seus interesses afetados pela crise. A resolução física pode ser através de balcões de atendimento instalados em local de fácil acesso; pode ser através de linhas telefônicas dedicadas ou endereços na internet. Normalmente as empresas montam esquemas que combinam várias formas de atendimento. Qualquer que seja a resolução é importante que, tanto os recursos, humanos e tecnológicos, quanto os processos de atendimento, sejam de qualidade. Ou seja, hajam pessoas em número suficiente, treinadas para lidar com público e com informações para transmitir; linhas disponíveis; tempo de resposta dentro do nível de expectativa dos usuários. Imagine como fica a raiva de alguém desesperado tentando falar com a empresa em busca de informação e que ache os telefones ocupados, ou que fique horas ouvindo música e, ao ser atendido, não tenha explicações de nada. Uma Central de Atendimento que não funcione bem é lenha na fogueira.

108. Opção Mínima – Um quebra-galho

Ok, nossos inimigos venceram mais uma vez. Não compraram o nosso peixe. A empresa não quer organizar-se, isto é, não quer ter um **Sistema de Comunicação Integrada** – a opção Global – nem criar um **Sistema de Gerenciamento de Crise** – a opção Intermediária. Ou as pessoas dizem que querem, que é importante, mas fazem corpo mole. Você, responsável pela comunicação da empresa fica desesperado(a) porque sabe que mais dia, menos dia, a casa cai. E vai sobrar pra você.

Calma, cara, não se desespere. Você não está sozinho(a). Há outros(as) milhares de colegas seus(suas) que estão na mesma situação: pregando no deserto.

Não jogue a toalha. Continue no seu esforço e, em paralelo, faça com um amigo meu cuja mãe é cardíaca e rebelde. Perto dela, esse seu povo aí é brincadeira. Ela se recusa a ir ao médico, a se tratar, a tomar remédios, a fazer regime, exercício, etc. Seu script é o da crônica do infarto anunciado. O que fez o meu amigo:

(1) Tem todos os telefones importantes à mão: médicos, prontocors, ambulâncias;

(2) Mantém o Plano de Saúde em dia e a documentação toda à mão;

(3) Anotou todas as providências que devem ser tomadas quando algo acontecer: para onde ligar, que parentes avisar, que informações deverão estar disponíveis, etc.

(4) Reza todos os dias para esse dia demorar a chegar.

Este é o seu Plano de Emergência Mínimo, um plano pessoal para enfrentar uma crise de doença na família. A mãe do meu amigo não tem a menor idéia da existência desse plano. Aliás, nem precisa saber. O sono dela não mudou nada com o "plano" mas o do meu amigo melhorou muito.

No caso da empresa, expanda um pouco mais esse *kit*. Independentemente da natureza da crise, se o rolo vai ser por causa da qualidade do produto, ou por um problema com o meio ambiente ou por uma fraude interna, as providências, na sua maioria, são as mesmas. O que fazer, o que é preciso, as mídias, o sistema de gerenciamento, a organização, as habilidades requeridas, o estafe – é tudo mais ou menos semelhante. O que é específico, isto é, aquilo que depende da natureza da crise, é pouca coisa. É recheio. Enfim, tente aproximar-se o máximo possível das providências recomendadas na Opção Intermediária. Há uma série de coisas que você pode fazer por conta própria. Faça. Tenha certeza de que a qualidade do seu sono vai melhorar. Depois, me conte.

109. O Caso *TAM – Fokker 100* – Gerenciando a tragédia

A queda de um avião deixa todos nós – *frequent travelers* ou não – em polvorosa. É um evento que mobiliza não só constituintes imediatos da empresa (as vítimas e seus familiares, clientes, empregados, fornecedores e acionistas) e outros constituintes (mídia, autoridades e formadores de opinião) como também toda a população. Por essa razão, a queda de um avião, onde quer que ela tenha ocorrido, seja de que companhia for, é notícia de primeira página nos jornais locais e nos demais jornais do resto do mundo.

No final de 1996, um avião da *TAM* (*Fokker* 100) que saiu do aeroporto de Congonhas, em São Paulo, com 99 pessoas a bordo, caiu logo depois da decolagem sobre um bairro na periferia do aeroporto. Um desastre de avião na cidade mais populosa do país, com tantas vítimas e prejuízos materiais não é uma crise para se desejar ao nosso pior inimigo.

A *TAM*, entretanto, fez o que de melhor se pode fazer em crises dessa natureza. Desde o início, se mexeu e ocupou todos os espaços. Socorreu, de imediato, os sobreviventes das casas atingidas. Seu então presidente e fundador da empresa – Comandante *Rolim* – estava fora do país, no Caribe, em viagem de férias. Tão logo soube da notícia, voltou ao país imediatamente. E como era do seu feitio, foi para a linha de frente. Enfrentou a imprensa. Encarou o sindicato dos aeroviários que pretendia politizar a desgraça. Gerenciou as primeiras declarações de eventuais testemunhas na mídia. Monitorou as especulações em torno da famosa caixa-preta. Facilitou o entendimento, por parte da imprensa – e, por conseqüência, da Opinião Pública – sobre o problema técnico, explicando didaticamente a questão do reverso. A afastou *in limine* qualquer suspeita de falha humana na manutenção. Depois, pessoalmente, visitou as famílias de todas as vítimas. Escalonou indenizações, fez acordos. Enfim, deu a cara a tapa antes de movimentar seus advogados.

O que foi feito, evidentemente, não fez esquecer a tragédia, nem trouxe, de volta, as vítimas às suas famílias. Evidente, que, apesar de todo o esforço da empresa, sempre existirão os inconformados – afinal perderam seus entes queridos – e os eternos zangados, por neurose ou por ideologia, ou por ambas. Mas, sem dúvida, o trabalho da *TAM* e de seu presidente fortaleceu a imagem da instituição como empresa que assume responsabilidades. Em crises como essa não há ganhadores. Ao contrário, todos perdem muito. A única coisa que se pode fazer nessas horas é tomar as medidas certas de forma a fazer o máximo pelas vítimas e seus familiares, encurtar a duração da crise e plantar as sementes da reconstrução da imagem.

A simulação que precisa ser feita é: Como teria ficado a imagem pessoal do Comandante *Rolim* – que, habitualmente, recebia os passageiros na pista –, se, a conselho de advogados, ele tivesse sumido? Se tivesse viajado do Caribe para Nova Iorque "com forte gripe e muito deprimido" (como certamente se explicaria num *press release*) e fosse fotografado na Quinta Avenida olhando vitrine ou jantando num restaurante caro? Ou tivesse ficado na encolha, "esperando a coisa esfriar" escondido atrás de advogados e de porta-vozes, deixando as acusações oportunistas e as fantasias da mídia sem contestação? [33]

CAPÍTULO SETE

O QUE FAZER DURANTE A CRISE

110. Sorria, Você está na Mídia!

A crise explodiu. A sua empresa está na mídia – e certamente não da forma pretendida por seus comunicadores. As sirenes começam a tocar. Começa o corre-corre. A boataria. Aquela sensação de caos. Segura peão!

Companheiro(a), nesse momento de adrenalina total, você só pode estar diante de uma de duas situações:

(1) Houve um trabalho anterior de preparação para a crise. A empresa adotou uma das três opções oferecidas no capítulo anterior – a opção Global ou a Intermediária ou a Mínima. Mal ou bem as pessoas sabem o que fazer, há alguns papéis já definidos, foram feitas até algumas simulações, já existe um Comitê de Crises designado. Enfim, a empresa fez investimentos pensando na possibilidade que – infelizmente – agora ocorreu. Chegou a hora dessa gente bronzeada mostrar o seu valor. Tenha sido feito um bom trabalho ou não, essa situação é infinitamente melhor do que a seguinte;

(2) A empresa não fez nada e vai enfrentar a crise que se inicia com a cara e com a coragem.

Se você está no primeiro caso acima, ótimo. Mesmo assim saiba que não vai ter moleza. Se o seu caso é o segundo, não é hora de cobrança do tipo "eu não disse?", "bem-feito! quem mandou não me ouvir?", etc. Fique tranqüilo que não vou pegar no seu pé. Não agora. Vamos fazer tudo para recuperar o tempo perdido. Deus é pai!

O que fazer? Bem, a minha sugestão é que você – se ainda não o fez –

leia os capítulos anteriores deste trabalho e tente fazer o máximo que as condições atuais permitirem. Treinamento *on the job*, cara! Também funciona.

111. O Caso *Kraft Foods – Trakinas –* Não dando Chance pro Azar

Em 1º de abril de 2002, a diretoria da *Kraft Foods* soube que um menino de 7 anos tinha sido vítima de um brinquedo distribuído dentro do ovo de chocolate da marca *Trakinas*, produto de fabricação da empresa. [*Trakinas* e *Lacta* são duas importantes marcas da *Kraft Foods Brasil*. Mundialmente, a *Kraft Foods* tem receita anual de 34 bilhões de dólares.] As informações – como acontecem nessas horas – eram desencontradas. O menino teria ficado cego de um olho.

Assim que soube do ocorrido, a empresa nem pestanejou. Acionou imediatamente o Grupo de Situações Especiais – uma espécie de "brigada de incêndio" para crises. Colocou o representante comercial da empresa, em Marília, onde morava a vítima, na cola da família; e uma relações-públicas no hospital para lidar com a imprensa e autoridades. Transferiu o menino do SUS para um apartamento particular; localizou o melhor oftalmologista da região, recomendado pela Escola Paulista de Medicina; deslocou o médico da *Kraft* para o local; montou um *war room* da empresa num quarto de hotel da cidade.

O menino foi imediatamente operado. A partir da operação, a profissional de Relações Públicas elaborava diariamente um boletim sobre o seu estado. Em paralelo, a empresa pôs outra equipe em campo. Três mil vendedores foram convocados para fazer o *recall* dos ovos de Páscoa que estavam nas dezenas de milhares de postos de venda. Outro grupo avisou aos funcionários das 13 fábricas através de um sistema interno de comunicação. Inseriu um comunicado no *Jornal Nacional*, na sexta-feira, dia 5, no SBT, nas rádios mais ouvidas e em cada um dos principais jornais do País, solicitando a quem tinha comprado o produto para entrar em contato com a empresa. Só a inserção no *Jornal Nacional* custou 400 mil reais. Cinqüenta pessoas foram treinadas a jato para o SAC (Serviço de Atendimento ao Cliente). Só no sábado, dia 6, o telefone tocou 8 mil vezes. A *Kraft* foi de casa em casa para trocar os brinquedos. Um galpão foi montado em Curitiba para abrigá-los. Por falar nisto, o brinquedo, não era de fabricação da *Kraft*, mas de um fornecedor. Resumindo: o custo total da operação saiu em 2 milhões de reais.

Sem dúvida, essa é uma boa história de sucesso na administração de crises. Tudo que era necessário fazer, foi feito pela empresa: rapidez nas ações, ida ao "local do crime", atenção total e eficaz à vítima, criação de uma *war room* para monitorar os desdobramentos, eliminação dos riscos de outras vítimas através do *recall* do produto, controle da mídia, etc. Quantas empresas, nas mesmas circunstâncias, não tirariam o corpo fora alegando que a culpa era do fornecedor do brinquedo? Ou deixariam a coisa rolar pra ver como ficaria? Afinal, era só uma vítima – uma só! – ferida num olho – um olho só! – de uma cidade do interior... Muita vela pra pouco defunto! E quantas empresas, ao invés de médicos e de relações-públicas, não mandariam para o local o melhor advogado da empresa? [34]

112. Recomendações de Ordem Geral

As recomendações que se seguem valem para quaisquer das situações, isto é, tenha havido algum planejamento anterior ou não. São recomendações feitas pela maioria dos especialistas, gente que estudou detalhadamente a experiência de outras empresas ou de gente que já sofreu na carne o que é viver uma **CEOP**. Embora cada crise seja uma crise, o que será recomendado se aplica a maioria delas.

Tratam-se de recomendações – chamemos assim – de ordem "filosófica". Não é nada que a empresa precise "fazer". São mais coisas que ela não deve perder de vista durante uma crise.

1. *The show must go on*

Isto mesmo, companheiro(a), a peteca não pode cair. Quando uma pessoa adoece, a mais comum das recomendações é "pare tudo que está fazendo e descanse; só volte a trabalhar quando as coisas melhorarem". É isto que os médicos dizem. Claro, nem sempre a pessoa pode seguir esse aconselhamento, mas é o que manda a sabedoria. A idéia é que o enfermo deixe de queimar energias com outras coisas de forma que seus recursos internos se devotem inteiramente ao problema. Ou seja, à enfermidade. Ela é a prioridade. Esta recomendação, entretanto, não se aplica a organizações quando elas adoecem, isto é, quando enfrentam uma crise. Não dá para colocar a organização de repouso, "tirar uns dias" até que as coisas melhorem. Noutras palavras, não dá para concentrar todos os recursos na solução da crise e deixar de lado a operação de todos os dias. Os recursos precisam ser mobilizados para trabalhar igualmente nas duas frentes: a do dia-a-dia e a da crise em si.

ESTA É A DICA MAIS IMPORTANTE DE TODAS, caro(a) leitor(a). É preciso empurrar a empresa de volta aos trilhos o mais rápido possível. E mostrar a todos os constituintes que as funções vitais da empresa estão preservadas. Vida que segue. Nesse sentido, a Comunicação Simbólica é muito importante. Tudo na agenda empresarial que não se choque com a crise em si deve ser mantido. Exemplo: investimentos, continuidade de projetos, etc.

2. Dê visibilidade à liderança

A mensagem pretendida aqui é a do "temos comando". É um grande complicador a impressão de "barco à deriva". Numa **CEOP**, essa impressão é facilmente transmitida. A turma batendo cabeça – ou parecendo estar – o corre-corre, as notícias desencontradas, a boataria, tudo ajuda a desenvolver o sentimento de que a vaca foi pro brejo e que o piloto sumiu. Essa sensação traz ainda mais aflição para os constituintes, sobretudo aqueles que classificamos como "internos" (empregados, acionistas, consumidores/clientes/usuários e fornecedores). É comum em crises – principalmente com marinheiros de primeira viagem – a liderança da empresa se trancar nos gabinetes. Está lá queimando a mufa para resolver o problema mas a impressão que passa é que está fugindo da raia. Isto é, a crise tem comando mas ninguém vê. Acredite, isto é ruim.

3. Respeite as expectativas e os sentimentos dos públicos

A sociedade espera que a empresa conheça suas vulnerabilidades e que esteja preparada para administrar crises. A comunidade espera ser avisada de problemas e riscos. O Poder Público espera que as empresas ajam responsavelmente e administrem emergências com competência. As vítimas e os lesados têm grandes expectativas.

Entenda e respeite suas preocupações e seus sentimentos – dor, raiva, repúdio – ainda que a empresa não tenha culpa no caso. Não os desmereça. Não reduza os pleitos à condição de "frescura", "bobagem", "maluquice", "viagem". Procure colocar-se na pele deles. E se fosse comigo? Coloque a pimenta em si e verifique se é mesmo refresco.

4. Diga sempre a verdade

Falamos bastante sobre isto no Capítulo 4.

5. Seja coerente nos posicionamentos

Claro, o primeiro posicionamento é o mais importante. Culpado ou inocente. Sabia ou não sabia. Ou nada disso, talvez um posicionamento cauteloso caia melhor. "Ainda não sabemos a causa mas estamos apurando".

Na medida em que a crise avança, muita coisa acontece. Novas descobertas podem obrigar a empresa a reposicionar-se. Esses reposicionamentos não podem estar soltos no espaço. Eles devem estar vinculados aos posicionamentos anteriores. Se a novidade contradiz um posicionamento anterior, antes de seguir em frente. é necessário limpar a barra. Como? Desmentindo-o com toda clareza. Exemplo: "No nosso comunicado anterior, nós erramos ao informar que..." Ao contrário do que muita gente pensa, essa franqueza sustenta a credibilidade. Há histórias de empresas que se enrolaram ainda mais porque achavam que, em se desmentindo, perderiam a confiança pública. Estavam totalmente enganados.

Portanto, o comunicador deve ter sempre em vista a possibilidade de ter que voltar atrás. Declarações fechadas do tipo "desta água não beberei", desejos (*wishful thinkings*), não são declarações prudentes. Em muitas ocasiões, é preferível um posicionamento vago mas sincero do que esperançoso mas incerto. Os tentadores "a situação já está sob controle", ou a "nossa previsão é que a situação estará normalizada em poucas horas" podem ser comunicações de risco.

Quando falamos em "comunicação" não estamos nos restringindo apenas à escrita. Referimo-nos também à verbal e sobretudo à Comunicação Simbólica. Exemplo: num caso de suspeição quanto à qualidade de um produto, a empresa declara que está examinando as denúncias, etc. mas não faz *recall* do produto e continua anunciando pesado na mídia como se nada estivesse acontecendo. Não faz sentido.

6. Poupe energia

Não gaste bala à toa. Os tiros devem ser certeiros. Nada de desperdícios tais como reuniões pouco objetivas e com conversa fiada. Nunca o tempo é tão valioso quanto agora. Nem perca muito tempo com os inimigos de sempre. Quem são eles? Você sabe. Jamais vão acreditar em você. Ou você acha que pode chegar a um acordo com quem lhe chamou de "porco fascista".

Nem vem. Portanto, não gaste essa preciosa energia – que é o seu ódio – com essa turma. Use galhos de arruda e faça algumas orações. É o máximo de tempo que se permite perder com eles.

7. Tenha cuidado e paciência com os consultores avulsos

Sempre que acontece uma crise, aparece uma legião de "especialistas" que acham que têm solução para o problema. Não só dentro da empresa. Fora, também. Familiares, vizinhos, barbeiros, motorista de táxi, porteiro. É a turma do "não entendo nada desse assunto, mas na minha opinião..." Nas crises, a consultoria gratuita chega a seu ponto de maior oferta. Com a cabeça quente, é preciso ter nervos de aço para não explodir. Pense no seguinte: a maioria das pessoas quer ajudar. O achismo, o palpite absurdo é uma forma de mostrar solidariedade. Não engrosse. Veja bem, eles são a sua Opinião Pública particular. Não vai fazer bem a nenhum dos dois mandar o palpiteiro à merda. Agradeça a sugestão. Pense nela. Às vezes, surge alguma idéia que pode ser usada. Pra falar a verdade, as chances de uma dessas ser aproveitada é de 1 em 10 mil. Mas – quem sabe – apesar da encrenca, hoje não é o seu dia de sorte?

8. Trabalhe sempre com o pior cenário

Pense no pior desdobramento possível para a crise. Prepare-se para essa possibilidade. Se as coisas não forem tão dramáticas assim, tudo que foi feito será suficiente. Melhor sobrar do que faltar. Prepara-se também para o pior em termos de conflito. Para o chumbo grosso. Se estiver preparado para violência física, cusparada, quebra-quebra, etc., se o barraco ficar só no xingamento é lucro.

113. O Caso *Three Mile Island* – A Vida imita a Arte

Certamente você nunca ouviu falar na *Metropolitan Edison Company*. Mas é provável que já tenha ouvido falar em *Three Mile Island*, certo? Pois é, a *Metropolitan* era a empresa que controlava a usina nuclear instalada em *Harrisburg*, estado da *Pensilvânia*, que, no dia 23 de março de 1979, vazou causando o maior rebu. *Meltdown* – uma palavra desconhecida para a maioria dos americanos que ficou famosa de um dia para o outro.

Three Mile Island como caso de Comunicação Empresarial é importante por duas razões:

(1) Porque a comunicação da empresa, do governo, das agências reguladoras, a participação da mídia e da comunidade acadêmica e científica produziram mais danos à Opinião Pública do que o vazamento em si. Um show de incompetência generalizado. *Mamma mia!*

(2) A triste coincidência de estar em cartaz em todos os cinemas do país o filme "Síndrome da China" cuja história girava justamente em torno do vazamento numa usina nuclear. Era a vida imitando a arte. Ou vice-versa.

A empresa errou em muitas coisas. (1) Levou 4 horas para comunicar o fato às autoridades; (2) Não havia um relações-públicas de plantão. Os primeiros contatos da mídia com a empresa foram feitos diretamente com os técnicos (argh!); (3) Quando organizou a comunicação, a empresa criou três centros de informação: um, na sede da empresa; o outro, no escritório na cidade; e o terceiro, no local do acidente. Cada um deles falava o que bem entendesse. Não havia coordenação. Fatos se misturavam com possibilidades teóricas, probabilidades, achismos e cenas do filme em cartaz.

Com a notícia do acidente, o governo do estado aceitou, sem checar, a informação de "incontrolável vazamento". Mas que diabo seria isso? Por via das dúvidas, recomendou de imediato que as pessoas não saíssem de casa e que as grávidas se mandassem das redondezas. Que sumissem. O governador dirigiu-se à população pela televisão com a seguinte pérola: "Vocês (o povo) estão sendo massacrados por informações conflitantes vindas de diferentes fontes. Eu também." Faltou o "salve-se quem puder".

A mídia deu o seu show à parte. Não entendendo patavina do que estava acontecendo, agarrou-se ao filme em exibição nos melhores cinemas para organizar seu pensamento e ação. A pauta. Três reportagens botaram lenha na fogueira; (1) No terceiro dia após o acidente, a *United Press* especulou sobre as chances do que se chamava de "síndrome da China"[a tese é que a usina nuclear desgovernada poderia infiltrar-se solo a dentro feito uma broca gigantesca até sair lá do outro lado da Terra. Na China, por exemplo]; (2) *Walter Cronkite*, o conhecidíssimo apresentador do *CBS News*, abre o noticiário com um "Nunca o mundo teve um dia como hoje"; (3) No quarto dia, a *Associated Press* sustentou que "a bolha de hidrogênio formada com o vazamento" poderia explodir a qualquer momento.

Ah, *Orson Welles* – você faria melhor!

Entre os formadores de opinião, aquilo de sempre: briga de escolas, fogueira de vaidades, a doentia necessidade de aparecer. E a hora é essa.

Ajudaram a semear o pânico e a boataria. Mas ganharam muito dinheiro depois escrevendo livros e fazendo palestras a respeito.

A operação-limpeza ambiental custou à *Metropolitan Edison Company* em torno de 1 bilhão de dólares, e os reatores foram definitivamente desligados. Proporcionalmente, o acidente perdeu significado quando comparado com o de *Chernobyl*, acontecido na Ucrânia, em 1986. Com *Three Mile Island*, a indústria recebeu seu primeiro cartão amarelo. *Chernobyl* foi a pá de cal. A reputação da indústria caiu em desgraça. [35]

114. Ações Imediatas

As ações que a empresa deve tomar imediatamente não estão aqui apresentadas em ordem de importância nem de prioridade de execução. Numa crise, na verdade, todas essas coisas devem ser implementadas simultaneamente. Em paralelo. Exatamente como os procedimentos com um doente que chega no setor de emergência de um hospital.

Pronto? Podemos começar? Então, mãos à obra.

1. Convoque o Comitê de Crise

Caso não tenha um, crie um time imediatamente. Já falamos anteriormente do perfil e dos componentes desse grupo. Se o Comitê estiver sendo criado agora, dê preferência aos que conheçam os fundamentos da comunicação, aos advogados e aos técnicos familiarizados com a natureza da crise.

2. Defina a crise

Obviamente, esse momento ainda é de grande confusão. Com as informações disponíveis, o grupo deve levantar:

- O que aconteceu.
- Qual a natureza da encrenca.
- Constituintes afetados.
- A melhor estimativa da extensão, dos danos, do número de vítimas.
- Primeira avaliação da responsabilidade da empresa: se culpada ou inocente.

- Estabelecimento de objetivos de curto prazo. Exemplos: socorrer às vítimas, conter o vazamento, etc.

Nenhuma crise, no nascedouro, fornece todas as informações necessárias e completas para a sua análise. Ao contrário. Quando uma crise irrompe, as informações nos chegam velozmente, aos borbotões, desencontradas e desconexas. Após se fazer idéia do que seja, a dificuldade imediata é conhecer-se a extensão e profundidade da crise. Um exercício recomendado é o dos cenários extremos. Baseado nas informações que se têm no momento, construa, por um lado, o pior cenário; e, por outro, o melhor cenário. O tamanho da crise deve estar contido entre esses dois extremos. Na medida em que as informações forem chegando, – isto é, a poeira for baixando –, embora esses extremos possam ser agravados, o intervalo entre eles tende a diminuir.

3. <u>Vá imediatamente ao local do crime</u>

Quem deve ir? A primeira sugestão é que seja o Número 1. Se não for ele, o imediato.

Te digo por quê. Quando há uma inundação numa região do país, a gente vê o ministro – ou até mesmo o presidente da república – sobrevoando a região em helicópteros, falando com a população atingida, etc. Esta visita ao local é importante por duas razões: (1) "Ir ao local" é um gesto que simboliza "atenção", "cuidado", "preocupação pelo ocorrido e com as vítimas". Em contraposição, o "não-ir" significa "desatenção", "falta de interesse", "desumanidade", etc. (2) porque a autoridade está vendo com os próprios olhos o tamanho dos estragos e não sendo informado sobre eles por subordinados que podem, por interesses próprios, diminuí-los ou aumentá-los. Essas impressões vão ajudar na definição das providências e no seu acompanhamento.

Olha só o que acontece na vida real quando a providência de "ir ao local" não é observada. No caso da enchente, simulemos uma conversa entre o presidente de um país e o ministro responsável pela área.

<u>Presidente</u> – Em que proporção foi essa enchente?

<u>Ministro</u> – Foi grande, presidente, mas não na proporção que a mídia está dando.

<u>Presidente</u> – Soube que os estragos da inundação foram maiores porque não tomamos medidas preventivas. É verdade?

<u>Ministro</u> – Não, presidente, todas as medidas foram tomadas. Novamente, a mídia vem exagerando. Sacomé jornalista... quer vender jornal.

Outra simulação. Agora o presidente fala com um parlamentar da região que tem conflitos políticos com o ministro.

Presidente – Em que proporção foi essa enchente?

Deputado – Enorme, senhor Presidente. A maior que já aconteceu na região. E foi agravada porque não tomamos as providências necessárias em tempo.

Em ambos os casos, na cabeça do presidente, o melhor cenário é o reportado pelo seu ministro e o pior é o que está sendo descrito pela mídia, cenário aliás corroborado por um adversário político do ministro. Com quem que ele fica?

4. Controle o fluxo da informação

Informação que entra e informação que sai. Informação – você sabe – é insumo estratégico. Nas **CEOPs** elas são abundantes e velozes. Os públicos – mídia, público interno, vítimas e lesados – estão ávidos para consumi-las. O clima é favorável para surgimento de boatos, inferências, surtos delirantes, fabulações, etc.

5. Ative o *War Room*, a Central de Imprensa e a Central de Atendimento

6. Posicione-se rapidamente

Bem, o melhor dos mundos numa **CEOP** seria a empresa convocar a mídia e dizer: "Temos um problema, falhamos nisso, os lesados são esses e já estamos tomando as seguintes providências. Tchau e bênção ". Os *recalls* têm esse charme. Desmontam de saída grandes raivas.

Quando, porém, quem dá o saque é alguém de fora da empresa, o jogo é outro. Quando quem levanta o problema está fora da organização – algum constituinte, a empresa já entra em campo com a sua credibilidade arranhada. Ou porque não sabia do problema – o que é chato – ou porque o estava escondendo – o que é escroto.

"A pressa é inimiga da perfeição" – ensinava minha avó tantas vezes citada neste trabalho. Desculpe, vó, mas ensinou errado. Pelo menos no que diz respeito a **CEOPs**. Sabe por que, vó? Porque nessas horas não há perfeição. O que se busca é perder de pouco. Isto é o que melhor se pode conseguir na hora da onça beber água, me entende? Portanto, nada de lerdeza. A decisão sobre se vai confrontar com a mídia, se vai bater de frente com o governo ou outra postura pode ficar pra depois. Mas se posicione logo, depressa, ainda que de forma imperfeita. O silêncio é solo fértil pra se plantar as sementes do mal.

Ponha na sua cabeça e acredite com toda força nisto que vou dizer: Numa crise, se você não abastecer a mídia com informações sobre o ocorrido – especialmente nas primeiras doze horas – alguém o fará. A mídia é um animal faminto. Sente cheiro de comida, sai da toca e não volta pra casa de barriga vazia. Nem morta. Então, se alguém vai falar, que seja você. Não espere ter 100% das informações para decidir-se dar a cara à tapa. Você nunca, em momento algum do processo, vai ter 100%. Os técnicos vão dizer que ainda não estão preparados – e nunca acharão que estão –, os advogados – pensando nos tribunais e na velocidade que as coisas são resolvidas na Justiça – vão aconselhar você a pisar no freio. Outro perigo: as intermináveis revisões de textos. Explico. Existe um hábito nas organizações que é uma praga. Altos executivos adoram introduzir modificações num comunicado. Além de retardar o posicionamento, eles não têm a menor idéia dos riscos quando se fazem essas modificações de última hora.

7. Acione a Comunicação Interna

Principais recomendações no que diz respeito à comunicação com empregados

- A Comunicação também deve ser rápida. No mínimo, simultaneamente com a comunicação com outros constituintes, nunca depois.
- Mensagens claras. Reforce-as. Peça que eles as divulguem junto aos seus (deles) constituintes.
- Mantenha o fluxo da comunicação. Assegure que a ela vai acontecer sempre que eventos novos surgirem ou mudanças de rumo.
- Não minta, não esconda, trate-os como adultos.
- O que não puder ser falado, explique por quê.
- Informe as razões da decisão.
- Se decisões duras precisam ser tomadas – demissões, por exemplo – pense bastante qual é o veículo mais apropriado e tenha muito cuidado no empacotamento da mensagem.
- Abra todos os canais para perguntas, *feedbacks*, sugestões e preocupações.
- Nas **CEOPs** em que eles são aliados, encoraje-os a ajudar.

- Não confie muito em seus instintos. Pesquise. Ouça as bases. Descubra o que os seus empregados estão pensando sobre a crise. O que eles pensam sobre como a encrenca está sendo administrada. Essa percepção é um excelente insumo para a estratégia de comunicação como um todo. Tomadas as devidas precauções, ela vale como uma pesquisa de opinião em larga escala. Mas – cuidado – os empregados podem estar mais mobilizados – por exemplo, numa crise em que os seus interesses estejam em jogo – como podem estar menos mobilizados – como no caso de um conflito com uma comunidade.
- Sugestões, mesmo que não sejam aproveitáveis, devem ser anotadas e processadas e, se possível, respondidas. O ato de propor sugestão é um gesto de solidariedade e de vontade de participar. Querem vestir a camisa. Esta é uma energia barata e disponível que precisa e pode ser usada. Muitos comunicadores se irritam com esta participação. Sentem-se invadidos em seus domínios. "Cuide lá do seu trabalho que nós cuidamos aqui do problema". Olha a imagem, cara!
- Não caia na armadilha de supor que "reina a mais profunda ordem" dentro de casa. Em qualquer **CEOP**, a maior repercussão está dentro de casa. Não acredite nos silêncios, não se guie pelos olhares de sonolência e pelos bocejos. Pode ter certeza que o assunto está fervendo nos corredores, nos bares da proximidade, nos correios eletrônicos, nos *happy-hours*.
- Evite que a galera fique sabendo das novidades – boas ou ruins – pela imprensa. Quando souber de algo que vai ser publicado sobre a crise, "fure" a mídia. Saia na frente dela. Comunique antes para o público interno o que vai ser dito aos jornais. Principalmente as más notícias. Elas são mais bem digeridas quando chegam pela mídia interna do que quando liberadas pela imprensa. Quando isto acontece, as leituras são as seguintes: "Não nos contaram porque não confiam na gente"; "Querem a nossa colaboração, mas não nos contam tudo"; "Fiquei sabendo disto no cliente"; "Meu filho é que me contou"; "O babaca aqui ficou sabendo pelo jornal". Quando as más notícias são antecipadas internamente, no momento em que aparecem na imprensa, elas são tidas como "coisa velha". "Estava careca de saber". Algumas empresas contratam serviços que fazem a varredura, pela internet, de todos os jornais ainda na madrugada, de forma a estarem preparados para dar explicações ao público interno já no início do expediente.

- Faça dos empregados *insiders*: diga o que estão fazendo, revele estratégias não-confidenciais, ouça-os

Em momentos de **CEOPs**, a Comunicação Interna enfrenta dois desafios.

(1) Equilibrar a credibilidade da Comunicação Interna (absolutamente fundamental) e a manutenção do moral interno (igualmente fundamental para a crise e para sustentação dos negócios). Como dizer a verdade sem produzir pânico é um desafio. A absoluta franqueza, a transparência total pode arrasar o moral interno e, por conseqüência, agravar a crise. Por outro lado, pintar a situação de cor-de-rosa, negar evidências como estratégia para manter o moral interno em bom nível, além de não ser ético, pode resultar no fracasso da estratégia e na perda da credibilidade.

Vamos explicar isto com dois exemplos extremos.

No primeiro, a empresa diz ao seu público interno: "Erramos feio, somos responsáveis por sérios danos à comunidade, nossa reputação está seriamente abalada, deveremos perder muitos clientes, nossas receitas vão desabar, certamente não poderemos manter o nível de emprego. Enfim, vai sobrar pra vocês. Ah! e tomem cuidado porque vocês podem ser hostilizados nas ruas".

No segundo, a empresa comunica: "Tivemos um pequeno problema que infelizmente a mídia sensacionalista vem distorcendo inteiramente. A situação está sob absoluto controle e temos certeza que o acontecido não vai alterar nossos resultados e projetos para o futuro."

(2) Equilibrar a Comunicação Interna e a Externa. A documentação classificada como "somente para uso interno" é o mesmo que dizer "isto fica entre eu e você e a torcida do Flamengo". Muitos burocratas acreditam que se colocarmos um carimbo com esta ressalva, a publicação jamais será lida por olhos de pessoas de fora da tribo. Outros acreditam que se pedirmos "confidencialidade" sobre o que estamos revelando, esta solicitação vai ser atendida rigorosamente pelos ouvintes. Que nada! Lembretes que insinuam informação privilegiada, segredos de estado, coisa que poucos sabem são exatamente os elementos que a informação precisa ter para ganhar valor no mercado. A informação "somente para uso interno" vai sempre encontrar uma alma caridosa dentro da organização que gosta de socorrer jornalistas carentes. É impossível evitar, por menor que seja o contingente de pessoas informadas, que essas coisas não vazem. Além das paredes terem ouvidos, a informação vai viajar atra-

vés dos ingênuos, dos gargantas-profundas, dos descontentes, dos vaidosos, dos descuidados, dos amantes.

Por fim, os veículos mais indicados na Comunicação Interna durante as **CEOPs** são: reuniões coletivas; reuniões individuais – sobretudo quando afetam apenas um grupo de pessoas; memos escritos ou eletrônicos. Podem ser usados como reforço; correspondência para a residência – quando envolver a família ou for do interesse deles; Qs & As; telefonemas; *toll free*; intranet; videoteipe.

8. Avise a quem for necessário

Quando se definiu a crise lá atrás no Passo 2, foram identificados os constituintes que tiveram os seus interesses afetados. A pergunta agora é: foram todos notificados? Todos sabem do problema? Não? Então, mãos à obra.

9. Mobilize suas tropas

Pátria em perigo.Vá atrás de quem possa ajudar. Busque aliados. Associações de empresários. Parceiros de negócio, etc.

10. Organize-se para falar com a mídia

Nem pense na hipótese de fugir como um criminoso para não ser pego em flagrante. A estratégia "se for da imprensa, diga que eu não estou" é errada. Só existe uma alternativa: encarar as feras. O principal objetivo da empresa numa crise é transformar a mídia de inimiga – como certamente ocorrerá em 100% dos casos – em aliada ou em quase aliada – o que tem 50% de chance de ocorrer mais à frente. Se já existe um bom relacionamento anterior à crise, esse objetivo pode ser mais facilmente alcançado. Caso não tenha havido, vai ser duro de roer mas o objetivo deve ser perseguido.

Há publicações e mais publicações que dão dicas de como falar com a mídia. Abaixo estão as minhas preferidas para serem usadas em tempo de **CEOP**.

- Prepare-se para a entrevista. Desenvolva Qs&As (Perguntas e Respostas), ensaie. Faça de conta que vai prestar prova oral em concurso público.
- Não saia dos termos da declaração aprovada. Não improvise.
- Não voluntarie informações a menos que elas sejam de domínio público.

• Use comparações quando usar números, estatísticas, etc. Exemplo: "foram derramados x litros de óleo, o que corresponderia a produção de tantos dias"; "a fraude é de x milhões de dólares e corresponde a y% da nossa receita anual. Esse valor daria para construir tantas casas populares..."

• *No comments*, o preferido dos advogados, deve ser evitado. O medo do "tudo que você disser pode ser usado contra você" estimula as pessoas a usá-lo. A orientação dos entendidos é: (1) Se não tem nada a dizer, diga: "não tenho nada a dizer"; (2) Se não pode falar, diga "infelizmente não posso falar porque..."; (3) Se não sabe, diga "não sei e quando souber, se puder, falarei a respeito".

• Evite o "*off the records*". Isto não existe, cara! Nem que o repórter lhe deva dinheiro, nem que ele jure por todos os santos. [Na sua maioria, jornalistas são ateus.] A recomendação é "não diga nada que não queira ver publicado". Há quem use o "*off*" maquiavelicamente, isto é, exatamente para que seja usado pela mídia. Um comentário tipo "aqui, entre nós – pelo amor de Deus não vá publicar isto, hein? – mas o verdadeiro culpado dessa crise é o governo que não tomou nenhuma providência". O objetivo oculto é empurrar a mídia para outra investigação, criar novos suspeitos, transferir o mico para outros ombros, fazer o cara largar do seu pé. Mesmo sendo verdadeiro, é antiético e a garantia do anonimato é nenhuma. Quer acusar alguém, assuma a responsabilidade e o faça por outros meios.

• Colabore com a mídia. Parta do seguinte princípio: ajudando ou não, dando informações e comentários ou não, a mídia vai contar uma história sobre a crise. Se o caso for interessante, não há nenhuma possibilidade de ele não ir para as páginas simplesmente porque você não quis falar a respeito. E pode acontecer que, no fim do relato, depois de terem dito cobras e lagartos sobre a sua empresa, aparecer uma frase tipo: "Nossa reportagem procurou a empresa mas ela se recusou a falar sobre o assunto". Em termos de prejuízo, equivale ao *no comments*.

• Não deixe que o entrevistador coloque palavras na sua boca.
• Trate-os com toda cortesia sempre. Durante as crises, se supere.
• Compreenda que este é o trabalho deles. Que as crises são os seus (deles) grandes momentos profissionais.
• Retorne suas chamadas *asap*. Isto é, URGENTEMENTE.
• Esteja disponível 24 horas.
• Administre com cuidado as exclusividades. Dando preferência aos seus

cupinchas na mídia, você pode estar entrando num vespeiro horroroso.

- Não tente usar a lábia como arma. Não é hora de "vender". A hora é de informar.
- Não confie no seu charme pessoal. Nessa hora, ele não vale nada.
- Revele qualquer informação que o(a) repórter pode obter em qualquer lugar. Poupe o tempo dele(a). E se ele(a) vai obter, que seja você o fornecedor. Conta ponto.
- Seja paciente. Em coletivas, repórteres costumam fazer a mesma pergunta várias vezes. Ou porque chegaram atrasados, ou porque não entenderam ainda, ou porque não vão entender nunca, ou porque não prestaram atenção às respostas anteriores, ou porque querem te sacanear. Em qualquer hipótese, fique frio. Jamais diga: "Já respondi essa pergunta." Faça de conta que é a primeira vez que ela foi feita. Responda com paciência e respeitosamente. Mas tome cuidado: a resposta dada agora tem que bater com a anterior.
- Não se mostre intimidado ou com medo. Essa postura levanta suspeitas. Tente ficar o mais relaxado possível.
- Trate-os(as) de igual para igual. Você não é melhor que ele(a), nem ele(a) é melhor do que você.
- Separe bem "fatos" de "interpretações", de "julgamentos", de "hipóteses". A mídia não tem direito de distorcer fatos. Fato é fato. Se há um erro na descrição do fato, você tem todo o direito de corrigi-lo(a) e a mídia tem a obrigação ética de aceitar a retificação. Entretanto, administre essa retificação com cuidado e elegância. Lembre-se que voltar atrás para o(a) repórter é doloroso. Afinal, é uma falha profissional. Se tiver que escalar, isto é, passar por cima dele(a), mais cuidado ainda. Vai comprar um inimigo para o resto dos seus dias. Agora, "interpretação" e "julgamento", são prerrogativas da mídia. Se você discorda da interpretação, argumente mas entenda e respeite a opinião.
- Não caia nos truques. Os mais comuns (1) falsas premissas embutidas nas perguntas; (2) situações hipotéticas; (3) "Ouvi uma história..."; "uma fonte me contou..."
- Não use seu poder como anunciante. Nem insinue nada por aí.
- Não peça para dar uma olhada na reportagem antes de publicada.
- Não ameace. NUNCA!!!!

- Cumpra o que prometeu fazer: fornecer dados complementares, mais informações etc.
- Não tente seduzir, oferecer vantagens.
- Não seja sarcástico. Não é hora de mostrar seu senso de humor nem seu lado irônico. Contenha-se. O risco de você ser mal interpretado é enorme. Guarde esse seu lado espirituoso para o *happy-hour*.

11. Faça as mudanças que assegurem que o problema não voltará a ocorrer

Inclusive demitir os responsáveis. Mas cuidado com os bodes expiatórios de baixa resistência. No Caso *Valdez*, entre tantas bobagens que a *EXXON* fez, uma delas foi pegar o comandante do petroleiro pra Cristo. Foi imediatamente demitido. Há comprovações de que ele teria bebido antes do acidente. Portanto, a demissão fazia sentido. Mas a empresa achou que essa medida resolvia as coisas. Não resolveu, claro. A repercussão foi horrível. "A corda sempre arrebenta do lado mais fraco" – foi o que disseram. E boas intenções não bastam. Providências precisam ser e parecer ser efetivas.

12. Acompanhe a evolução da crise na Opinião Pública

A monitoração é um instrumento de regulagem da estratégia. Por exemplo, se a Opinião Pública está esquecendo o assunto, por que fazer marola? É o andar da carruagem que vai estabelecer o momento em que a administração possa dar atestado de óbito da crise, mesmo que ela deixe seqüelas. Por outro lado, a monitoração pode indicar desvios de opinião forçando ajustes na estratégia. Digamos que surjam outros públicos não contemplados na estratégia inicial. A monitoração corresponde aos exames clínicos e laboratoriais que o médico submete o paciente no tratamento de uma enfermidade.

Pesquisas, telefonemas, SACs, mensagens na internet; quantidade e teor das reclamações, comentários negativos e positivos, material na imprensa, cartas do leitor, etc. Tudo isto são insumos para reavaliação da estratégia, para dosagem das ações e material para análises futuras. O *call back*, isto é, voltar ao autor da queixa também é importantíssimo. Esse retorno pode ser individual ou coletivamente. Por carta, por telefone ou por e-mail. O ideal é ser através do mesmo meio usado pelo reclamante. No Caso *Tylenol*, a empresa registrou todos os contatos com a mídia; nomes, títulos, organização, telefones, endereços de cada um dos autores das 2.500 solicitações da mídia; todo e qualquer artigo, menção ao caso feito na imprensa americana. Estes registros foram usados para voltar-se aos autores das solicitações, das críticas, etc. com explicações da empresa. [36]

115. O *Caso Vasco da Gama versus São Caetano* – Não é bem assim, Moço!

A partida final do campeonato brasileiro de futebol de 2000, entre Vasco da Gama e São Caetano, realizada em São Januário, no Rio de Janeiro, estádio pertencente ao primeiro, foi interrompida em face de um tumulto nas arquibancadas. O alambrado não resistiu a pressão da multidão em pânico e cedeu. Torcedores pularam para o campo, passando por cima de outros. Várias pessoas ficaram feridas no episódio.

O Vasco da Gama passou a enfrentar uma típica **Crise Empresarial com a Opinião Pública.** E com uma característica: a administração da crise passou a ser acompanhada por todo o Brasil pela televisão, ao vivo e a cores.

Eurico Miranda, presidente do Vasco da Gama, assumiu a condução da crise. Imediatamente desceu para o campo e se misturou com as vítimas, no meio do tumulto. Até aí, tudo certo. A pessoa mais importante da empresa compareceu sem demoras ao “local do crime”. Se não tivesse tomado esta atitude, teria sido criticado por omissão, etc. O problema é que *Eurico Miranda*, figura pra lá de polêmica, passou a idéia de que estava no campo não para socorrer as vítimas mas para tirá-las dali de forma que o jogo pudesse continuar e o Vasco da Gama não perdesse os pontos. Uma aplicação equivocada do conceito de “*The Show must go on*”.

116. Publicidade paga como Extintor de Incêndio

É fundamental que a empresa faça uma declaração de esclarecimento à Opinião Pública. A melhor maneira ainda é através da publicação de uma nota nos jornais, ou pela sua leitura nas rádios, ou nas televisões, ou publicações nos seus próprios *sites*, ou tudo junto. Importante é que essa nota seja clara, objetiva, curta, equilibrada e assinada. Aquelas notas redigidas por advogados em linguagem pomposa, ou por técnicos com jargões herméticos geralmente não compram a boa vontade de ninguém. Às vezes irritam. Os tijolões cheios de detalhes costumam não ser lidos. Declarações sem assinatura provocam desconfianças. O simbolismo é perverso.

Umas palavrinhas sobre anúncios espetaculosos em época de crises.

Anúncios de grande impacto – muitas páginas ou na primeira página dos jornais ou no horário nobre das televisões – são muito usados pelas empresas durante as crises para:

(1) Reconhecer a falha e pedir desculpas. No caso *Valdez*, a *EXXON* publicou seu *mea culpa* (atrasado) em 166 jornais.

(2) Informar o andamento da crise. Informação de real utilidade pública. Para explicar o que a *Johnson & Johnson* estava fazendo no caso *Tylenol*, a empresa publicou anúncios de página inteira nos principais jornais dos Estados Unidos. A *Telemar*, no Rio de Janeiro, em agosto de 99, por ocasião da crise dos telefones na Barra da Tijuca, usou o mesmo procedimento.

(3) Partir para o confronto com a mídia ou com governo ou com concorrente. Exemplos: a *Mobil Oil* no Caso dos Tanques Submarinos; a *Pepsi* no Caso das Seringas; a *AMBEV* contra a *Kaiser* no Brasil na fusão *Brahma* e *Antártica.*

Trata-se de um tiro *urbe et orbe*, isto é, uma comunicação que não fica restrita ao público-alvo – no caso vítimas, lesados, etc. Sai do âmbito da Pequena Opinião Pública. Quem não sabia do babado, agora vai ficar sabendo.

Os que defendem este tiro de canhão sustentam que funciona como "uma explicação à Opinião Pública", a Grande Opinião Pública. De novo, a eficácia da medida depende muito do tipo e da extensão da crise.

Se esse for um dos procedimentos escolhidos, mais do que nunca é preciso ser convincente e honesto. Nada mais fácil para aumentar a irritação dos lesados do que um anúncio caro com meias-verdades. Se tiver vítimas fatais, pior ainda. Anúncios espetaculares levam imediatamente a pensar na "fortuna" gasta com eles que "poderia estar sendo usada para socorrer ou indenizar as vítimas". O estereótipo do "rico e poderoso" aflora. A mensagem que deve ser passada é que a empresa está investindo dinheiro, atenção, energia gerencial na solução do problema – das vítimas, dos lesados, dos prejudicados – e não dos acionistas, nem para livrar a sua cara ou tirar o seu da reta.

117. O Caso *Pepsi* – Pra Quem tem Aquilo Roxo

Em junho de 1993, um sujeito em *Tacoma*, *Washington*, declarou ter achado uma seringa hipodérmica dentro de uma lata de *Diet Pepsi*. Imediatamente, a mídia noticiou que outras pessoas, em todo país, estavam achando coisas estranhas dentro das latas, tais como agulha de máquina de costura, parafusos, bala de revólver, porções de narcóticos, etc. De repente, uma poderosa marca de 95 anos de existência se via diante de uma catástrofe. A mídia tentou comparar a crise que se iniciava a do *Tylenol* e sugeriu que as mesmas providências tomadas pela *Johnson & Johnson* naquela ocasião fossem adotadas pela *Pepsi*, como, por exemplo, *recall* das latas. A *Pepsi*, entretanto, confiou no seu taco. Viu que o problema era convencer o público de que se tratava ou de uma maluquice ou era obra de sabotagem. Gente nos Estados Unidos para praticar qualquer uma das duas coisas se acha em qualquer esquina.

Tomou três decisões:

1. Com o apoio da poderosa *Food and Drug Administration* (*FDA*), comunicou ao público que não tinha cabimento fazer um *recall*. Fez um anúncio de página inteira nos jornais do país dizendo em letras garrafais: "*PEPSI* tem o prazer de anunciar... NADA" E seguia um texto desmascarando a farsa. "Toda América sabe que essa história envolvendo a *Diet Pepsi* é uma grande farsa." Em pouquíssimas linhas (oito linhas), deu o recado. Usou mais quatro linhas de texto para reforçar o *marketing* do produto.

2. O presidente *Craig E. Weathrup* aproveitou todas as oportunidades de aparecer na mídia. Tinha sempre a tiracolo um alto funcionário da *FDA*.

3. Fez rodar por três dias nas televisões um vídeo sobre a linha de engarrafamento da *Pepsi* com 2.000 garrafas por minuto. O processo era tão rápido que tornava evidente que nenhum gaiato poderia tentar fazer alguma gracinha durante esse processo. O vídeo foi visto por 183 milhões de pessoas.

Esse é outro caso que foi resolvido com a empresa botando todas as fichas na sua própria competência. Para peitar a mídia – como eles fizeram – é preciso ter aquilo roxo. Paradoxalmente, a mídia – ao aceitar irresponsavelmente as mais estapafúrdias denúncias – acabou ajudando a desmoralizar as acusações e a controlar uma situação de histeria coletiva. Outro trunfo poderoso usado pela *Pepsi* foi a alta credibilidade que tinha junto ao *FDA*, uma organização com fama de carne de pescoço. Numa hora dessas, pra uma agência de governo ficar do lado de uma empresa é preciso que ela tenha muito borogodó. Não é pra qualquer uma não, cara! Debaixo desse angu, tem muito trabalho de RP. [37]

118. A Participação do Número 1

A participação do Número 1 – CEO, presidente ou outra designação – tem dois enormes significados simbólicos. (1) A sua presença na arena carrega a mensagem de que a crise é realmente séria. A empresa está tão preocupada com a crise que até seu presidente, a sua maior patente, se envolveu. Não delegou. Essa "admissão" pode ter muitos desdobramentos. Portanto, a decisão de usá-lo passa por essa certeza: a crise é realmente séria. (2) A empresa está realmente preocupada com o ocorrido e com os constituintes afetados.

Em suma, um ruim e outro bom. A regulagem dessas duas sinalizações deve ser feita caso a caso. Considere sempre que o CEO é um trunfo importante. É o rei do tabuleiro. Não pode ser exposto em tempestades com copo d'água nem em briga de rua. Agora, se a decisão é que a crise está à altura dele, que ele ponha a cabeça de fora a zero minuto de jogo. Ele não pode ser arrastado para o problema, como foi o CEO da *Exxon* no Caso *Valdez* e muitos outros por aí.

119. Considerações sobre Negociações

A criação de um clima de negociação é necessária para acelerar o equacionamento de uma **CEOP**. Quanto mais cedo as partes em litígio se sentarem à mesa com ânimo de acertarem as contas, mais rápido a crise se resolverá.

Geralmente, a empresa encontra do outro lado da mesa os seguintes tipos de "adversários":

(1) Pessoas físicas ou seus representantes legais.

(2) Grupos de interesse preexistentes. Exemplo: em crises sobre meio ambiente, ONGs ligadas ao tema costumam representar os interesses das comunidades afetadas ou trabalham em paralelo a elas.

(3) Grupos formados *ad hoc*. Exemplos: no caso do Edifício Palace, no Rio de Janeiro, os moradores do prédio que desabou constituíram uma associação para enfrentar o *Sergio Naya*; idem correntistas do antigo *Banco Boavista* quando se sentiram lesados em 1999.

(4) Representantes do Poder Público: ministério público, agências, polícia, etc.

(5) Sindicatos ou outras associações.

Sobre o primeiro tipo de litigante, uma consideração.

Empresas morrem de medo que reclamantes se organizem. Às vezes chegam a usar estratégias – e até mesmo atos de sabotagem – para atrapalhar esse objetivo. "Não podemos deixar que o inimigo se organize" – essa é a preocupação dos estrategistas amadores. Partindo desse princípio, preferem a negociação "caso a caso". Errado. Numa **CEOP**, o que melhor se pode ter é a outra parte organizada, com liderança e interlocutores definidos. A organização dos "inimigos" tem infinitamente mais vantagem para o estabelecimento de um clima de negociação do que desvantagens.

Porque:

(1) A negociação "caso-a-caso", embora seja mais fácil no varejo, é mais demorada e mais trabalhosa para a empresa no conjunto. Além disso, sendo os acordos individualizados – e portanto diferentes um do outro – quando comparados, podem gerar ressentimentos. Os litigantes que não fizeram bons acordos ficam com a impressão que, mais uma vez, foram passados pra trás. A ferida reabre. Na negociação conjunta, há um critério básico: todos são iguais.

(2) A negociação da empresa com uma liderança constituída facilita a interlocução porque organiza e dá racionalidade à conversa. A liderança tem mais facilidade de entender a vantagem da proposta que lhe é feita e ajudar no andamento das negociações. Essa liderança acaba virando aliada.

(3) Uma liderança é um interlocutor mais confiável que uma manada de búfalos. Eu não conheço nenhum búfalo que cumpra acordos e que respeite compromissos.

(4) Uma liderança isola os radicais. Os que ainda há pouco lhe chamaram de "porco fascista".

Resumindo: é melhor ter uma liderança do outro lado para negociar.

Técnicas de negociação, há muitas. Aqui não falaremos sobre elas mas sim do que deve ser observado por quem esteja conduzindo a negociação por parte da empresa.

Há um princípio milenar que diz que "a boa negociação é aquela que é boa para ambas as partes". Nas **CEOPs**, este princípio é ainda mais válido. Portanto, descarte, de saída, a equação "perde-ganha" – a favorita dos advogados – sobretudo se o perdedor é o constituinte que teve seus direitos lesados. A estratégia de "fazer de um limão uma limonada" é cínica e desrespeitosa na maioria dos casos. Já a forma "ganha-ganha" nem sempre se aplica. Como pensar em "ganha-ganha", por exemplo, numa negociação com pessoas que tiveram seus familiares mortos num desastre aéreo? Enfim, a maioria das negociações se dão sob a égide do "perde-perde". E aqui, não pode a empresa achar que estará sendo justa se propuser que as perdas sejam, lado a lado, proporcionais. Muitas vezes a empresa terá que arcar com o ônus maior. Parêntese. Não se quer dizer que a outra parte possa aproveitar a ocasião para tirar uma vantagem que não merece. Gente sem caráter, de mal com a vida, neuróticos, psicóticos, etc. patrocinados por advogados inescrupulosos, costumam marcar presença nas **CEOPs**. Fecha parêntese.

Em termos de recomendações de ordem tática, os autores sugerem quase as mesmas coisas. No já citado livro *Em Crise com a Opinião Pública*, os professores Lawrence E. Susskind e Patrick T. Field resumem bem o pensamento geral encontrado na literatura a respeito. Entre outras idéias, sugerem eles:

(1) Busque princípios comuns como uma base para o diálogo. Por mais diferenças que existam, sempre há valores em comum. Comece por descobri-los. Se o meu adversário reconhece um princípio importante para mim, a gente não só percebe que temos algo em comum como nos sentimos menos ameaçados. Esta descoberta não resolve o conflito central, mas pode ajudar a iniciar a conversa.

(2) Considere a possibilidade de você estar errado. Eu sei, é duro de aceitar. Mas tente. Em vez de nos defendermos quando atacados, devemos considerar que o outro lado talvez tenha tido um bom motivo para atacar. Pode ser que não seja um bando de imbecis. Lembra quando falamos lá atrás do "realismo ingênuo", aquela tendência de achar que só nós sabemos das coisas? Pois é. Muitas empresas só foram descobrir que estavam erradas muito

tempo depois. Por conta dessa demora em cair a ficha, perderam tempo, dinheiro e imagem. Se tivessem investido de saída fortemente nessa hipótese teriam gasto menos dinheiro, poupado tempo e até tido alguns ganhos na imagem. Verdade, cara! Reconhecer o erro conta ponto pra cacete. A humildade enfraquece o "estigma da raça".

(3) Procure oferecer ganhos e melhorias reais, em vez de indenizações "apropriadas" para compensar prejuízos. Esse negócio de "indenização" é complicado. Afinal, quanto vale uma vida humana? Qual é o valor de um valor?

(4) Consulte a história para melhor compreender os argumentos e crenças dos críticos. Nossa cultura valoriza excessivamente o presente e ignora o passado. Pode parecer que uma controvérsia sucede a outra. No entanto, debate sobre valores são milenares. A compreensão da história desses debates pode fornecer dicas para a sua resolução. É um passo para o diálogo produtivo.

(5) Cuidado com as armadilhas dos "argumentos sobre os direitos". Essa é muito boa. A discussão em torno de "meus direitos" torna tudo mais complicado. Exemplo: nos Estados Unidos e na Europa, assim que grupos organizados começaram atacar cientistas por usarem animais em suas experiências e como argumento usaram o "direito dos animais", outros grupos apareceram para dizer que os seres humanos também tinham o direito a buscar curas de doenças a partir da pesquisa com animais. Direito contra direito. Qual deles vale mais? Se fosse pôquer certamente teria o "direito de paus", "de ouros", "de espada", "de copas". Um desses naipes, por definição, seria o mais forte. E a querela se resolveria. Mas o baralho é outro. Enfim, enquanto tiverem usando "seus direitos" como esgrima, a conversa não vai chegar a lugar nenhum. Pra que então perder tempo conversando, né?

Diz *Mary Ann Glendon*, professora de *Harvard*, citada na mesma obra:

"Nossa conversa sobre direitos absolutos gera expectativas não-realistas, aumenta o conflito social e inibe o diálogo que poderia trazer consenso, tranqüilidade ou pelo menos a descoberta de pontos comuns. Cada vez mais falamos mais em "direitos" e menos em "responsabilidades". E conclui: "Obstáculos ao entendimento surgem quando insistimos nos "direitos" em vez de simplesmente buscarmos o consenso".

Grande *Mary*!

(6) Crie fóruns de discussão, estimulando (a) o diálogo em vez da polarização, (b) o exame das diferenças em vez de ataques e (c) a resolução conjunta em vez de decisões unilaterais.

120. Um Caso Hipotético – Aqui, NÃO, Mermão!

Num bairro de classe média de uma grande cidade, surge a notícia que empresários pretendem construir um grande hospital nas redondezas. A reação da Opinião Pública foi imediata. A associação dos moradores logo convocou uma assembléia para discutir a questão. Nessa reunião, vários oradores manifestaram seu protesto. Alguns eram contra o projeto porque – previam – a circulação de ambulâncias e o barulho de suas sirenes iriam acabar com a tranqüilidade dos moradores. Outros porque a desova de lixos perigosos poderia afetar a saúde das crianças e das pessoas idosas residentes na proximidade do hospital. Também se previa que o empreendimento atrairia para o local motoristas de táxis, vendedores ambulantes de todas as espécies, etc. E, por fim, o argumento sustentado por todos: pelas razões apresentadas, o valor dos imóveis seria depreciado. Isto posto, por decisão unânime, a assembléia decidiu que a entidade deveria usar todo o seu poder de pressão para impedir a instalação do hospital. Aqui, NÃO, mermão!

A empresa ainda não tinha nem começado a funcionar, era apenas um projeto no papel e já vivia uma **Crise Empresarial com a Opinião Pública**.

Mas a turma de empresários era carne de pescoço e não desistiu do empreendimento. Buscaram abrir um canal de comunicação com a associação. A primeira reunião foi terrível. Os empresários quase não conseguiram falar e ainda ouviram toda a sorte de impropérios. O encontro só não foi um desastre total porque se conseguiu marcar uma reunião seguinte. Nessa outra, com os ânimos um pouquinho mais serenados, os empresários se propuseram a ouvir todas as preocupações dos moradores. Ouviram com atenção e em silêncio. Outro encontro foi marcado. Agora era a vez de a empresa falar. E falou. Com toda humildade e respeito, deu soluções para cada uma das preocupações levantadas pelos moradores. A questão da circulação das ambulâncias, do tratamento do lixo, da segurança local e outras questões. Falou também da importância para aquela comunidade de ter disponível perto de casa um hospital moderno, com todos os recursos tecnológicos, com uma senhora equipe de médicos e que teria convênios com os principais planos de saúde.

Houve ainda muita gente que continuava achando que o projeto era um absurdo. O resto ficou na posição neutra, nem que sim, nem que não. Mas era questão fechada que a existência de um hospital num bairro tipicamente residencial iria produzir uma desvalorização geral do imóveis. Isso, sem sombra de dúvida. Aqui, NÃO, mermão!

Foi na reunião seguinte, então, que a empresa resolveu tratar da questão da desvalorização. Sugeriu ela o seguinte:

(1) Fazer uma avaliação de cada imóvel individualmente. Essa avaliação seria feita por uma comissão de corretores; um designado pela associação; outro, pela empresa e o terceiro indicado pelo sindicato dos corretores. O valor estimado de cada imóvel – obtido por consenso – seria registrado em cartório. Todas as despesas com essa operação seriam pagas pela empresa.

(2) Dentro do prazo de cinco anos, se alguém quisesse vender o seu imóvel, o preço obtido pelo vendedor seria comparado com aquele valor registrado em cartório. Três situações poderiam acontecer. Na primeira, o valor da venda estar em torno do valor anteriormente estimado. Nesse caso, se comprovaria que o projeto do hospital não desvalorizou o imóvel e, portanto, aquele morador não teria nada a reclamar. Na segunda situação, o preço obtido na venda seria inferior ao estimado. Aí, poder-se-ia dizer que, de fato, houve uma desvalorização. Se isso ocorrer, a empresa se obrigaria a pagar a diferença ao vendedor. E na terceira, o preço obtido superaria o estimado, permitindo-se concluir que a construção do hospital valorizou o imóvel. Nessa situação, o vendedor do imóvel se obrigaria a doar 20% dessa valorização a uma instituição de caridade do bairro.

O pau comeu na reunião. Só chegaram a um acordo quando a empresa resolveu aceitar a redução de 20% para 5% na terceira hipótese.

Dois anos depois, o hospital foi inaugurado com a presença de toda a comunidade. Estavam todos felizes e orgulhosos do bairro que possuía agora o hospital mais moderno da cidade. Mas alguns manifestantes – uns três ou quatro – protestavam na rua com faixas: Aqui, NÃO, mermão!

121. Comitê de Negociação

Excetuando as questões legais nos fóruns apropriados – que devem ser obviamente conduzidas pelos advogados, as negociações com outros constituintes devem ser tratadas por um Comitê de Negociação. Esse comitê não-necessariamente é o mesmo comitê que administra a crise. Mas o trabalho dos dois grupos precisam estar coordenados. A liderança do comitê deve ser entregue a um funcionário da casa, de patente alta – quanto mais alta melhor – com bala na agulha e condição de bater o martelo. Esse "civil" é mais visto como "gente como a gente" do que um profissional especializado em conflitos e com fama de macaco velho. Essa é a razão por que, embora imprescindíveis no Comitê de Negociação, advogados não devem liderá-lo. A presença do advogado no pedaço simboliza "guerra". Significa, também, que a empresa tem muito a perder. "Se eles mandaram um advogado, é porque têm culpa no cartório". Depois, advogados provocam rejeição. O estigma da raposa, da esperteza. "Vai nos passar a perna, vai nos enrolar". Qualquer proposta vinda de advogado é recebida com pé atrás. Mesmo aquelas que são boas para a outra parte. "Onde está a sacanagem?"

Indispensável dizer que o escolhido tenha qualidades pessoais, tais como boa reputação, empatia, capacidade de comunicação, disponibilidade, saúde física e mental, rapidez de raciocínio, e – o que todo mundo pede a Deus – um pouco de malandragem. Valeu, Cazuza!

122. O *Caso Coca-Cola* – Isso, sim, que é Emoção pra valer

Na Europa, em junho de 1999, a *Coca-Cola* teve emoção pra valer. A marca que valia à época 50 bilhões de dólares, foi obrigada a fazer o maior *recall* de sua história, em meio a manchetes sobre multidões envenenadas na Europa. Não era bem assim. O que aconteceu na realidade foi a utilização de dióxido de carbono de má qualidade fornecido à sua fábrica na Antuérpia, Bélgica. [O dióxido de carbono forma aquele gás responsável pelo arroto.] O refrigerante dos lotes afetados ficou com gosto ruim e provocou mal-estar em quem o consumiu. Fora isso, nenhum dano maior na criançada.

O erro da *Coca-Cola* foi achar que o problema estava circunscrito à Bélgica. Fez um *recall* de 2,5 milhões de latas e garrafas e deu o assunto por encerrado. Quando apareceram outros casos aqui e ali, a histeria tomou conta. Nego já andava cabreiro com a questão da vaca-louca, ficou fácil surtar. Por causa disso, vários países europeus proibiram a venda do produto em seus territórios. Em 1990, um laboratório americano achou traços de benzeno, substância cancerígena, em treze garrafas de água mineral francesa *Perrier*. A fábrica mandou recolher e destruir todas os 200 milhões de garrafas à venda no mundo. A operação custou 200 milhões de dólares. Os franceses jamais perdoaram os americanos pela crise. Agora era hora de dar o troco. O assunto mereceu até um comentário oportunista do presidente *Jacques Chirac* feito ao lado do então presidente *Bill Clinton*: "Estamos muito, muito preocupados". *Clinton* – teve que engolir.

Resumo da ópera: a *Coca-Cola* viu 50 milhões de latinhas serem apreendidas, a sua fábrica em *Duquerque* ser fechada em nome "da proteção da saúde pública". Um vexame. As perdas foram estimadas em 60 milhões de dólares sem contar os prejuízos de imagem. [38]

123. Boatos

Boato é o cupim da comunicação.

Boatos nascem e se desenvolvem no vácuo das informações ou no conflito entre elas. Momentos de incerteza, hesitação, vacilação, contradição são excelentes caldos de cultura para os boatos se criarem.

As estimativas não batem. Uns dizem que um consumidor satisfeito reporta a sua satisfação para 3 pessoas, enquanto o consumidor irado espalha a história de terror para outros 33. Já li 5 pra 15, 1 pra 11. Mas, números à parte, todos concordam que pessoas descontentes com um produto ou serviço estão mais motivadas a falar mal deles do que pessoas satisfeitas estão para falar bem. É a energia da raiva.

Segundo vários autores, as pessoas espalham boatos:

1. Por paranóia. Surtos. Falamos lá atrás na Teoria da Conspiração.
2. Por sentir-se vítima, injustiçado, prejudicado, por estar de mal com a vida. O boato é a sua vingança.
3. Para buscar aceitação no seu meio. "Saber das coisas" dá *status*.
4. Por achar que o que ouviu de outra pessoa é plausível, faz sentido.

5. Por razões políticas ou ideológicas. O boato é uma arma da propaganda.
6. Por concorrência desleal.
7. Pra se divertir, tirar sarro.

Alguns boatos que rolam dentro das organizações são clássicos. Boato de demissão – o famoso “passaralho” – é arroz de festa quando os resultados da empresa estão ruins. Ou quando vai haver fusão com outra organização. Ele só morre se a empresa disser: “Sim, é verdade, vai haver demissões”; ou “Não, não vai haver demissões”. Assim mesmo essa última contra-informação só vai funcionar se a empresa tiver bastante credibilidade.

Receita para enfrentar boatos ou – pelo menos – diminuir os seus efeitos:

1. Manter empregados bem informados.
2. Ficar atento aos rumores.
3. Tratá-los como uma enfermidade.
4. Agir prontamente sobre eles.
5. Falar mal do “boato”. Mostrar através da educação interna que o boato é ruim para a organização como um todo e que um bom profissional tem que ser bastante responsável para não ajudá-los a se desenvolver.

Boatos que circulam fora da organização são muito mais difíceis de controlar. A internet hoje é um grande salão de manicuras com enorme poder de fogo. A fofoca come solta e se desloca no espaço velozmente. Ainda não há controle conhecido sobre ela. Quando souber uma forma, me conte.

124. O Caso *Procter Gamble* – Como o Diabo gosta

Certa vez, uma organização foi acusada de ter pacto com o Demônio. A denúncia nasceu num povoado, correu para as cidades próximas e rapidamente atingiu todo o país. A organização passou a ser hostilizada violentamente até pelos seus fiéis admiradores. Tendo – ou não tendo – pacto com o Demônio, a organização conheceu o inferno.

Idade Média?

Não.

Bruxas de *Salém*, Santa Inquisição, algum país em que um fundamentalismo – desses que existem por aí – predomina?

Água, água, água.

Pasme!

País: Estados Unidos.

Ano: 1981.

Organização: *Procter & Gamble* (Faturamento à época de 12 bilhões dólares; 40 bilhões de dólares em 2001)

Que aconteceu?

Durante anos, desde 1882, o símbolo visual da companhia foi um rosto de um homem olhando uma miríade de estrelas, no total de 13 – segundo os historiadores da empresa, uma referência às colônias americanas. Cem anos depois, um caipira fanático achou que as estrelas ocultavam vários símbolos satânicos, a começar pela sua composição que, a seu ver, desenhava o número do Diabo: 666. O resto do surto explicava o porquê da coisa toda. Simples. Para prosperar nos negócios, a *Procter & Gamble* teria feito um pacto com o Diabo. Em troco, faria o *merchandising* da *marca* diabólica em seu logotipo e, de quebra, destinaria 10% de seus lucros a uma seita satânica. Tudo como o Diabo gosta.

Um *remake* da Danação de Fausto, com *Wall Street* de pano de fundo. Se alguém tivesse feito um musical sobre esta história, teria sido sucesso na *Broadway*.

Mas era vida real.

O *boato* espalhou-se como um furacão daqueles que açoitam o país e que tem nome e sobrenome. *Consumidores* leais à empresa telefonavam apavorados. Grupos religiosos fundamentalistas do sul dos Estados Unidos (*Bible Belt*), em passeata, exigiam boicote dos produtos com a marca de Satanás. O mais fantástico de tudo é que a população, em geral, acreditou piamente na história, não se preocupando nem em esclarecer uma questão sempre presente na sociedade americana: a dedutibilidade da doação dos 10% e se eles seriam calculados antes ou depois dos impostos.

A *Procter & Gamble* usou de publicidade para explicar que o seu logotipo fora criado em 1882. Sustentou que a tese da contribuição ao Diabo era absurda porque a empresa pertencia a muitos acionistas, e que, tanto esses como o governo e auditores externos fiscalizavam suas aplicações de dinheiro, seus balanços, etc. Mandou *dossier* para dezenas de líderes religiosos e milhares de organizações. Fez centenas de coletivas na imprensa escrita e televisiva. Processou pessoas que teriam distribuído folhetos acusando a empresa. Entre os processados, tinham distribuidores de produtos de concorrentes. Durante quatro anos, as cartas-anônimas, telefonemas (uma média de 15 mil por mês) continuaram. Em 1985, a *Procter & Gamble* jogou a toalha tirando de seus produtos o maldito logo. [39]

125. Ajuda Externa

Por maior e melhor que seja o seu estafe de relações-públicas, recomenda-se buscar ajuda externa não somente de braços e pernas, mas também de massa cinzenta. O elemento externo fortalece o santo de casa, dirime dúvidas, resolve impasses, "vê de fora", não está sujeito aos humores da política interna, pode dizer que o rei está nu sem rodeios, na bucha. E por último, agrega valor através de sua experiência.

126. Apoio de Terceiros

Um tipo de apoio muito usado são pareceres de especialistas na matéria objeto da crise. Os pareceres mais comuns provêem de juristas, cientistas, médicos, engenheiros, técnicos. Eles podem dar apoio e sustentação à tese que a empresa defende. Em princípio, é uma opinião insuspeita. Mas precisam ser bem trabalhados para não parecerem missa encomendada. Pesquisas apontam que pareceres solicitados por empresas têm baixa credibilidade em relação àqueles solicitados por outros grupos. Uma avaliação feita recentemente na Inglaterra sobre a confiança em trabalhos científicos mostrou os seguintes resultados. [40]

(a) Confiança do público em geral em cientistas que trabalham para

- ONGs – 97%
- Governo – 77%
- Empresas – 64%

(b) Confiança da mídia em cientistas que trabalham para

- ONGs – 73%
- Governo – 41%
- Empresas – 38%

Há casos de empresas que contrataram investigadores para apurar melhor o que há por trás de denúncias, queixas, etc. Geralmente, jornalistas são contratados para essa função. Seria uma espécie de "jornalismo investigativo do bem".

127. Reflexões sobre Objetivos da Empresa em Tempos de Crise

1. A imagem da empresa e de seus produtos e serviços
2. Os valores da empresa
3. Valor agregado para clientes, consumidores e usuários
4. O retorno ao acionista
5. Os interesses da comunidade
6. Os interesses dos empregados
7. Os interesses do país

Estão aí listados os objetivos normalmente perseguidos pelas empresas. Dentro das organizações, cada objetivo tem seus advogados e lobistas. *Marketing* e Vendas advogam o interesse dos clientes. A turma de finanças briga pelo lucro. Os de RH defendem melhores salários e benefícios. Advogados protegem o patrimônio. Em tempos de paz, a organização às vezes privilegia uns em relação a outros, mas procura sempre equilibrar todo esse emaranhado de interesses.

Em tempos de **CEOPs**, surgem outros interesses que não estão contemplados na lista acima ou, se lá estão, têm peso específico pequeno. Por exemplo, a segurança/saúde dos clientes/consumidores, de membros de uma comunidade.

A primeira questão. Quem, dentro do sistema, vai lutar seriamente por esses interesses? Quem, em nome desses interesses, vai enfrentar os advogados e lobistas departamentais? Quem vai defender com todo ardor as vítimas, os ofendidos, os lesados, os prejudicados?

Na maioria dos casos, a resposta é "ninguém". Em algumas empresas, um "*ombudsman*" pode funcionar, em parte, como advogado dos clientes lesados. Mas quantas organizações têm essa figura?

Segunda questão. Quais são os objetivos prioritários da empresa nessa hora: o lucro ou o socorro às vítimas? Não me diga que a resposta é óbvia. Em muitas crises, empresas deixaram passar a idéia que "fariam tudo pelas vítimas desde não tivessem seus lucros afetados".

A administração da crise enfrenta mais essas dificuldades. Como a situação sugere que haverá perdas no futuro, a luta interna pela preservação de interesses fica encarniçada. Ninguém quer abrir mão deles. Como a parte lesada não tem "advogados" dentro da organização, acaba levando a pior. E como a empresa não consegue estabelecer uma nova escala de prioridades, a sua credibilidade fica comprometida.

128. O Caso *Ashland Oil Refinery* – Fazendo de uma cagada a limonada

Em janeiro de 1988, a *Ashland Oil Corporation*, então a 13ª maior companhia de petróleo e a 2ª maior refinaria independente dos Estados Unidos, derrama 750 mil galões de óleo diesel nos rios *Monongahela* e *Ohio*. Um Deus nos acuda.

O vilão da história foi um tanque de mais de 40 anos de idade. Ao tentar-se transferi-lo de localidade, o tanque-ancião não resistiu à operação e rompeu-se. Durante 7 dias, o óleo espalhou-se por mais de 150 quilômetros rio adentro, ameaçando contaminar o abastecimento de água de 1 milhão de pessoas em quatro estados americanos.

Crise pra ninguém botar defeito. Para melhor entendimento do impacto do acidente sobre a Opinião Pública, é importante registrar que ele ocorreu um ano antes do de *Valdez* (lá o vazamento seria de 11 milhões de galões). Portanto, ainda não havendo aquela referência, tratava-se de uma senhora calamidade.

Depois do acidente de *Valdez*, esse caso virou café pequeno e estaria hoje esquecido não fosse a educativa reação da empresa. O posicionamento da *Ashland*, através do seu *chairman John R. Hall*, foi de assumir integralmente a culpa a zero minuto de jogo. Fez uma declaração mais ou menos assim: "Não há o que discutir. Fizemos merda. Temos que limpar a coisa toda e indenizar todos os que foram prejudicados. Câmbio e desligo".

Foi com esse espírito que a empresa foi à luta. Tão logo soube do problema, o *chairman* se mandou para o local do crime. Deu a cara à tapa. Deixou de lado o aconselhamento dos advogados, assumindo publicamente que a empresa falhou ao usar o tanque. Contratou uma empresa independente para fazer a avaliação do estrago ambiental. Mesmo antes das conclusões, chamou a mídia e deu a mão à palmatória. A transparência absoluta e a sinceridade confundiu os jornalistas, acostumados nessas ocasiões a encontrar pronunciamentos cuidadosos, ambíguos trazidos por porta-vozes sem jogo de cintura. Quando não encontram as portas fechadas.

Passada a crise, a empresa fez uma significativa doação à Universidade de *Pittsburgh* para bancar pesquisas sobre impactos futuros do acidente na região.

Sobre a ação da empresa, disse em editorial um jornal local: "A *Ashland* saiu ilesa do acidente e pode-se dizer que tem hoje uma imagem pública melhor do que antes do desastre". Enfim, tudo que uma empresa pede a Deus todos os dias. Podia ser exagero de um jornal local, coisa provinciana. Não era. O insuspeito *New York Times*, também em editorial, registrou: "*Hall* (o *chairman*) moveu os céus e a terra... Assumiu a responsabilidade de limpar a área, visitou todo mundo para explicar o que a empresa iria fazer, respondeu todas as perguntas que lhe foram feitas. Em 24 horas, transformou a imagem da empresa de "uma detestável companhia de petróleo" para "uma companhia de gente decente" (*pretty good guys*, no original). *Hall* recebeu vários prêmios por conta da sua atuação.

A crise custou à empresa 40 milhões de dólares em multas e indenizações legais. Desses 40, 30 foram bancados pelas seguradoras.

Hall declarou que teve apenas um arrependimento na gerência da crise. Ter esperado um dia para posicionar-se. Razão da demora: aguardar informações mais precisas. Segundo ele, a razão não justificava a demora. O posicionamento público – ensina ele – deve ser imediato.

O interessante é que essa história de sucesso na gerência de uma crise não tivesse sido copiada pela *EXXON*, em *Valdez*, no ano seguinte. Se a empresa tivesse, como processo, um sistema de acompanhamento e de estudo das crises na indústria, certamente teria conduzido a sua crise de forma diferente. Mesmo considerando a diferença abismal entre a personalidade de *Hall* e a do *Rawl*. [41]

CAPÍTULO OITO

O QUE FAZER DEPOIS DA CRISE

129. A Crise acabou

A crise acabou? Tem certeza, cara? Olha lá, heim! É bom checar direitinho antes de desmobilizar a tropa. Veja bem, a crise da *Telemar*, no Rio de Janeiro, em julho de 1999, não terminou quando o incêndio de suas instalações na Barra da Tijuca foi debelado. Ao contrário, o incêndio em si foi café pequeno perto do aporrinhol gerado pelos 20 mil telefones mudos. E mesmo depois de recuperado todo o serviço, ainda assim não se poderia dar a encrenca por encerrada. Tinham as ações na justiça, as cartas aos jornais, os artigos na imprensa baixando o malho na empresa, chacotas de cartunistas, a vingança de políticos e de grupos contrários à privatização.

Na verdade, as crises nunca desaparecem na velocidade em que surgem. Não morrem de morte súbita. Elas vão morrendo aos pouquinhos, tendo ainda alguns soluços ao longo dos anos. *Valdez* foi em 1989, *Bhopal*, em 1984. Pode-se dizer que ambas as crises estão mortas e sepultadas? *Valdez* esta totalmente limpa mas a *EXXON* continua dando explicações até hoje. A *Union Carbide* já morreu mas a lembrança do episódio permanece viva. Na cabeça e na memória dos lesados, das vítimas, as crises não morrem nunca. Você pode ter esquecido quando foi que ocorreu o naufrágio do *Bateau Mouche*, num *réveillon*, no Rio de Janeiro. Mas nenhum sobrevivente ou parente das 50 vítimas esqueceu, dia, hora e circunstâncias da tragédia. A crise da *Procter & Gamble*, promovida por seitas fanáticas, durou anos. Enquanto a empresa não trocou o maldito logo, de vez em quando, o boato voltava. *McDonald's* levou um bom tempo administrando a crise dos "hambúrgueres feitos à base de carne de minhoca". A *Nike*, há anos, não consegue se livrar da acusação de explorar trabalho-escravo. Mesmo a *Johnson & Johnson* – que teve uma administração de crise campeã no Caso *Tylenol* – viu o fantasma do envenenamento ressurgir algumas vezes.

Portanto, dizer que um problema está morto e sepultado é difícil. Não há atestado de óbito confiável para as **CEOPs**.

Mas é possível conhecer-se o ponto na curva do desenvolvimento da crise em que ela começa a perder intensidade. Alguns sintomas: cai o número de reclamações, de matérias sobre o assunto na mídia, não há novos boatos. Pesquisas mostram que a Opinião Pública – a não ser que seja estimulada ou até mesmo estimulada – tem dificuldade de lembrar-se do caso. As negociações com os constituintes que tiveram seus interesses afetados começam a caminhar. O estresse interno diminui. As pessoas mudaram de assunto. Estão voltando as flores.

Percebido que a intensidade da crise começou a descer ladeira, que, afinal, o dragão mostra sinais de cansaço, é hora de pensar no que fazer depois da chuva. Juntar os cacos e – como é sugerido na canção – "começar de novo".

130. Caso *Nike* – O Médico e o Monstro

"*Nike*" é um nome inspirado numa deusa grega. Mas os deuses não têm estado cem por cento do lado da empresa. Vai ver por ciúme e deuses são chegados à vinganças. O fato é que a empresa tem enfrentado pesadas críticas com suas políticas de contratação de mão-de-obra na Ásia. No quesito Imagem Empresarial, vive a contradição do médico e o monstro. Por um lado, é vista como uma empresa *cool* – gíria em inglês para "maneiro", "bacana" – todos os ingredientes para conquistar o público jovem; e por outro, a reputação de "exploradora de mão-de-obra escrava" – imagem que atrai inimigos de várias tribos. Seu símbolo já foi chamado de *swooshtica* – a combinação da palavra *swoosh* (que significa o som de um corpo em movimento) e a palavra "suástica" (símbolo usado pelo nazismo). Uma associação pra lá de triste. O bumerangue do "*Just do it*" está voltando com força contra a empresa. A campanha contra *Nike* tem chocado os funcionários – na maioria, jovens – que amam a empresa de paixão. Volta e meia, a alta gerência se vê obrigada a fazer um corpo-a-corpo com o público interno para explicar as coisas. "Estou de saco cheio da comparação exagerada e cruel entre os salários de *Michael Jordan* e dos empregados das fábricas" – teria dito *Phil Knight*, o Número 1 da empresa, aos seus funcionários. Ele se referia à cobrança que críticos fazem a *Nike* para pegar no seu pé, comparando o que é pago ao atleta pela publicidade com as merrecas salariais do proletariado asiático. Cá entre nós, a comparação é uma grande apelação. Mas é o que rola. A verdade é que a empresa, desde que entrou para o clube dos Golias, não teve mais sossego. Virou a *Microsoft* dos tênis. Vai ser difícil determinar o momento em que se poderá dizer com tranqüilidade que essa crise acabou.

131. Operação Rescaldo

Duas tarefas se apresentam de saída para serem incluídas no dever de casa:

1. A recuperação da imagem da empresa.
2. O aproveitamento da experiência para melhoria do **Sistema de Gerência de Crise.**

A primeira tarefa não é mistério pra você, certo? Significa recomeçar o ciclo usando o método clássico das pesquisas. Levantar as lesões existentes por constituintes e administrar as feridas – uma a uma – dentro de um processo de *issue management*.

A segunda tarefa é a novidade e a mais enriquecedora. É na análise dos escombros da crise que a empresa pode fortalecer-se e preparar-se para futuras emoções.

Do dever de casa, deve constar:

1. Faça um bom *de-briefing*

Esse exercício é uma espécie de "*making of*" às avessas.

Numa análise *a posteriori* (*de-briefing*) deve se perguntar:

(1) Foi a crise administrada satisfatoriamente. Se não, por quê?

(2) Se havia um planejamento para crises, o que funcionou e o que não funcionou?

(3) Com que públicos se interagiu durante a crise e como funcionou essa interação?

(4) Faltou algum tipo de habilidade, conhecimento, experiência na administração da crise?

(5) Enfim, o que aprendemos com a crise?

Usando as dicas que foram apresentadas nesse livro, faça uma varredura geral dos escombros.

Importante considerar nessa investigação e análise:

(a) Nem tudo que deu errado deve ser descartado. Isso mesmo. A tendência nossa é "não funcionou, joga fora". Antes de tomar essa decisão extrema, investigue mais. Por exemplo, o(a) "porta-voz" talvez não tenha funcionado não porque não tivesse predicados para a função. Vai ver, o(a) cara nunca foi treinado(a) adequadamente. Não cancele o contrato com a empresa terceirizada por ela não ter trabalhado direito durante a crise. É possível também que tenha havido problemas de comunicação. E tenha certeza de que ela também aprendeu um bocado nessa experiência. Livrando-se dela agora, você pode estar jogando a água fora da bacia com a criança que estava dentro também. Não jogue esse aprendizado fora. Contratar uma outra empresa significa começar tudo de novo.

(b) Nem tudo que deu certo deve ser repetido. Cada crise é uma crise. O que deu certo numa situação, pode não funcionar em outra. Portanto, faz bem pra saúde perguntar: Deu certo por quê? Algumas coisas podem ter funcionado porque não foram fortemente testadas. Se tivessem sido, talvez não passassem no teste. Em Comunicação Empresarial, não existe esse negócio de não se mexer em time que está ganhando. Isso é papo de preguiçoso ou de quem não é do ramo.

2. Documente

A documentação é fundamental.

Quando uma pessoa passa por uma crise – a gente sabe – ela aprende bastante. Toda a experiência vivida fica lá arquivada nos conscientes e inconscientes da vida. Não será preciso, portanto, que ela escreva sobre isto para usar, se necessário, a experiência no futuro. Na vida empresarial – assim como em muitos outros campos – é diferente. Se a experiência não for documentada, ela terá pouco valor. Se ficar só na cabeça dos que viveram "aquela loucura", os ganhos da experiência podem estar perdidos porque, numa próxima crise, quem vai vivê-la certamente não serão as mesmas pessoas, nem o mesmo time. Significa que o novo grupo vai ter que reinventar a roda, começar tudo do zero.

A verdade é que detestamos documentar. Os melhores profissionais, os mais criativos, os mais geniais, têm horror a documentar o que quer que seja. E quem gosta, nem sempre sabe, ou tem tempo. Passada a crise, a tendência é abandonarmos tudo. Esquecer. Partir pra outra. A documentação vai sempre sendo deixada para depois, pras calendas gregas. Também não basta documentar e arquivar a papelada como uma relíquia. A documentação deve ser dinâmica, isto é, freqüentemente examinada, questionada e enriquecida.

3. Avalie quanto custou a crise

Esse é outro exercício importante. Avaliar quanto custou a brincadeira. Pôr na ponta do lápis o que a empresa perdeu por causa da crise. Não é uma tarefa fácil porque algumas das parcelas precisarão ser estimadas. Mas não desanime. O objetivo aqui não é acertar na mosca mas ter a "melhor estimativa".

Alguns itens sugeridos para serem avaliados.

(1) Quanto a marca da empresa se desvalorizou. Por exemplo, a *Ford* no caso com os pneus *Firestone*, em 2000, teve a sua marca depreciada em 80%; a *Microsoft*, por ocasião dos processos por práticas monopolísticas, também teve perdas significativas.

(2) Queda do preço das ações.

(3) Negócios perdidos ou postergados (retração de vendas, queda no faturamento, perda de *market share*).

(4) Impacto na produtividade (horas paradas, redução na produção, etc).

(5) Desvio da atenção gerencial (reuniões internas, viagens, contato com a mídia, com autoridades, com grupos de pressão, com as vítimas ou seus representantes, etc).

(6) Importâncias gastas em indenizações, multas, honorários de advogado.

(7) Gastos em operações de emergência.

(8) Gastos na administração da crise: viagens, equipamentos, telecomunicações, aluguéis, papelaria, horas extras, honorários de consultores, publicidade, campanhas, etc.

(9) Outras despesas não-cobertas por seguros.

Esse exercício tem duas utilidades imediatas. A primeira, dar subsídios para o novo planejamento. A segunda, aquilo que falamos em capítulos anteriores: ajudar na conscientização gerencial quanto à importância da empresa em se organizar para enfrentar crises.

4. Reconheça os heróis

Premiar os funcionários que se destacaram na administração da crise em todos os escalões da empresa. Esse gesto tem como principais objetivos:

(1) O reconhecimento em si. A gratidão mostrada pela empresa.

(2) Reforçar o moral interno que certamente está ou esteve no bagaço.

(3) Lembrar a crise. Muita gente acha que a estratégia recomendada é fazer esquecer os maus momentos e bola pra frente. Negativo. É educativo falar da experiência, se possível discorrendo sobre erros e acertos.

(4) Reenfatizar a importância do público interno como aliado natural da empresa na hora do sufoco.

5. Comunique-se com os demais constituintes

É hora, também, de voltar aos constituintes afetados ou que se envolveram na crise. Mídia, autoridades, clientes, acionistas, comunidades geográficas, fornecedores, associações, etc. Cada um deles deve ter tido um papel – como adversários ou como aliados da empresa. Pense em voltar a eles, agora, quando todos já devem estar com a cabeça fria. Explique o que foi feito e o que será feito. Agradeça a quem tiver que agradecer.

6. Tome cuidado com os legisladores

Depois da crise, as Questões Públicas costumam ser reativadas. O episódio de *Valdez* detonou um enxurrada de leis sobre proteção ambiental. O Caso *Three Mile Island*, idem na área de energia nuclear. No início do século 20, nos Estados Unidos, *Samuel Insull* fez de uma modesta empresa de energia chamada *Middle West Utilities* o centro de um império financeiro constituído por empresas interligadas e diretorias comuns. Uma teia parecida com a armada pelo *ENRON* nos anos 90. *Samuca* foi uma espécie de precursor da maracutaia corporativa. Seu império ruiu em meio a acusações de fraudes acionárias e processos contábeis duvidosos. O caso foi decisivo para desencadear uma onda de regulamentações na década de 1930.

Com o pretexto – e, às vezes, com boas intenções – de proteger a sociedade surgem as leis estapafúrdias que não resolvem o problema e acabam matando a galinha dos ovos de ouro. Nesses momentos em que a excitação chega ao máximo, a atividade de *lobby* empresarial é muito importante. Por maior que tenha sido o erro cometido pela empresa, ela ainda é quem mais conhece o problema, sendo assim a melhor fonte para os legisladores.

7. Faça tudo que prometeu fazer

Pelo amor de Deus, não vá deixar um furo desses de não fazer o que prometeu. Olha a credibilidade que a gente tanta fala! Empresa não é político que pode prometer uma coisa e não cumprir. Prometeu limpar o rio, limpe. Prometeu indenizar as vítimas, indenize. Prometeu suspender o projeto, suspenda. Prometeu punir os responsáveis, puna. Não aposte no esquecimento da Opinião Pública.

8. Volte ao início deste livro e releia-o com cuidado

Agora, com conhecimento de causa, é possível que as coisas que foram ditas aqui façam mais sentido.

132. O Caso *Wal-Mart* – A Crise que não quer terminar

Nos anos 90, não existia nos Estados Unidos um varejista mais bem-sucedido que a *Wal-Mart*, de *Betonville*, *Arkansas*, organização fundada pelo lendário *Sam M. Walton*. Muito do sucesso da empresa veio de um programa conhecido como *Mr. Sam* (trocadilho com Tio *Sam*), programa esse começado em 1985. "Descubram produtos" – ordenou ele para seus gerentes – "que fabricantes americanos pararam de produzir porque não poderiam competir com produtos estrangeiros." A preocupação do fundador foi transcrita numa carta para 3.000 fornecedores americanos da empresa, afirmando que, entre 1981 e 1984, teriam sido perdidos 1,6 milhão de postos de trabalho por causa dos produtos importados. "Alguma coisa precisa ser feita para reverter esta séria ameaça ao nosso *free enterprise system.*"

I beg your pardon, *Sam*, como "*free*"? "*free*" pra quem, cara-pálida?

Wal-Mart adotou um programa conhecido como "*Buy America*". Por um lado, o programa estimulava os cidadãos americanos a dar preferência a produtos americanos em detrimento de similares estrangeiros. Por outro, a *Wal-Mart* assumia com fornecedores americanos compromissos de garantia de compras de longo prazo, o que dava a essas empresas condições de investir em suas instalações, maquinarias e atingir alta produtividade. Em resumo, a empresa executava e estimulava um programa nacionalista como se governo fosse.

Tirando partido do "patriotismo", o programa não só foi uma jogada de *marketing* como também um grande sucesso para a imagem da empresa. Nenhum outro varejista americano estava mais associado aos "interesses" do país do que a *Wal-Mart*. E nenhum empresário era mais admirado e querido por seus empregados e pela imprensa que *Mr. Sam*.

Em 1992, morre *Sam*, o *mister*, logo depois de ter recebido do Presidente *Bush*, pai, o *Presidential Medal of Freedom*. [Parece brincadeira dar um prêmio desses para quem sustentava o fechamento do mercado, mas deixa isso pra lá.] No mesmo ano, a *Wal-Mart* foi eleita entre as dez mais no *Corporate Reputation Survey*.

De repente começou a pintar sujeira:

1. A empresa foi acusada de vender produtos do "*gray market*". Exemplo: imitações de relógios *Seiko* com "garantias da *Seiko*".
2. O Estado de *Nova Iorque* processou-os pela política interna da empresa de não admitir "relacionamentos amorosos" entre um funcionário(a) casado(a) e outro(a) da loja. A empresa havia feito demissões por causa dessa política e teve que readmitir os pombinhos *in love* e em pecado.
3. Teve problemas com os índios da Califórnia após anunciar planos de construir uma loja no local onde havia um cemitério indígena. A empresa declarou que estava preservando a cultura indígena e foram em frente com o projeto sem dar bola pros protestos.

Mas o golpe mais forte veio em dezembro de 1992 quando a *NBC's Dateline* reportou, para 14 milhões de donas de casa, que crianças trabalhavam por 5 centavos a hora para produzir os artigos da *Wal-Mart*, em *Bangladesh*, onde não existiam leis de proteção ao trabalho do menor. A denúncia também dizia que essas mercadorias feitas no estrangeiro estavam sendo vendidas com o "*Made in USA*" nas lojas *Wal-Mart*. Era um tiro na espinha da empresa. *Sam Walton* deve ter se revirado no túmulo.

A acusação forçou *David Glass* – o CEO que sucedeu *Sam Walton* – a botar a cabeça de fora. Numa entrevista dada a mesma *NBC*, desmentiu categoricamente a acusação garantindo que a *Wal-Mart* jamais compraria de um fornecedor que explorasse trabalho infantil. Quero ser mico de circo se alguém provar que praticamos essa barbaridade. Nesse momento, a *NBC* colocou no ar um vídeo com cenas de uma fábrica de *Bangladesh* em que crianças costuravam as etiquetas *Wal-Mart* nos *jeans*. *Glass*, contrariadíssimo, cuspindo marimbondos, retirou-se abruptamente dos estúdios. As câmaras da *NBC* registraram a humilhante cena do homem batendo em retirada. *Sam* agora deve ter dado cambalhotas.

Apesar de tudo, a *Wal-Mart* continuou negando as acusações. Duas semanas depois, comunicou que estava cancelando contrato com um fornecedor de Hong Kong porque descobrira que essa empresa fazia exportações ilegais para os Estados Unidos. Anteriormente, a *Wal-Mart* havia negado conhecimento de qualquer negócio com a empresa contrabandista.

O inferno astral está longe de terminar. Em junho de 2002, empregados entram com ação contra a empresa, acusando-a de exploração de trabalho escravo. Milhares de empregados de 26 estados americanos estariam entrando com ações judiciais contra a empresa sob alegação de trabalhar fora do expediente. Há dois anos a empresa teve que desembolsar 50 milhões de dólares para indenizar 69 mil ex e atuais empregados pela mesma acusação. Segundo o depoimento de alguns funcionários, eles eram trancados dentro das lojas e somente liberados depois que tudo estivesse arrumado. Quem reclamasse seria sumariamente demitido. Feio, né?

Analistas sustentam que a organização ficou avariada e que talvez venha a ter mais problemas com a Opinião Pública no futuro. Certamente. Na verdade, são crises de diferentes naturezas mas todas insepultas. [42]

133. Benefícios da Crise

É difícil falar em "benefícios da crise". Sustentamos ao longo desse trabalho que as empresas perdem muito nessas situações. O que é absolutamente verdadeiro. Portanto, não se pode falar com entusiasmo em "ganhos". É como dizer que um dos benefícios do terremoto que destruiu a sua casa foi você achar, no meio dos escombros, uma coisa que estava procurando há anos. Ou que um enfarte levou o sujeito, depois de recuperado, a gostar de jogar biriba.

Então vamos manter esses "benefícios" assim, entre aspas.

Pra não dizer que não fizemos o "jogo do contente", vamos lá.

• A sacudidela na organização. Muitas empresas que andavam sonolentas e, por causa disso, perdendo competitividade, ao passarem por um terremoto, voltaram depois com força total. Enfim, foram, de certa forma, salvas pela crise.

• Crise dá visibilidade a organização. Se ela se sai bem na sua administração, a imagem da empresa tende a melhorar. A crise é uma oportunidade de mostrar competência e liderança. Muitos executivos fizeram fama por terem se saído bem das encrencas. *Lee Iaccoca* quando liderou a virada da *Chrysler* em 1979; *James E. Burke* que liderou a *Johnson & Johnson* no episódio *Tylenol* em1982; *Lou Gerstner*, revertendo a crise na *IBM* em 1993. Funciona assim na vida pessoal, não é? Aquele amigo que enfrentou a maior barra e conseguiu dar a volta por cima cresceu na nossa admiração.

• Melhora o relacionamento externo em geral. Bem conduzida, dá dividendos no relacionamento com constituintes. A *IBM Brasil*, durante a crise vivida com a Política Nacional de Informática, desenvolveu ótimos canais com segmentos importantes da sociedade brasileira, muitos dos quais eram "inimigos de morte".

• Coisas necessárias são feitas. *Valdez* fez aumentar os cuidados no transporte de óleo. O episódio *Tylenol* acabou resultando numa revolução nas embalagens. O Caso *Three Mile Island* serviu para uma revisão da política nuclear em muitos países.

• Choque na "ideologia dos ilhéus". Faz bem para empresas que vivem no mundo da lua, achando que problemas só ocorrem com os outros. Uma crise é uma rasteira no salto alto organizacional, um choque de humildade.

• Ficar alerta para crises futuras. A tal da conscientização que falamos lá atrás. Há empresas que enfrentaram com sucesso encrencas cabeludas porque tinham aprendido alguns macetes ao vivenciarem encrencas de menor porte.

CAPÍTULO NOVE

EPÍLOGO

Não sei você, leitor(a), mas – falando por mim – eu... eu odeio despedidas.

Portanto, nada de palavras que sugiram a impossibilidade de um nosso novo encontro. Espero revê-lo(a) no futuro, seja nos bailes da vida, seja noutra viagem igual a essa.

Acho que seria produtivo aproveitar o espaço que me resta para repassar as principais mensagens expostas ao longo do livro. Que me lembre, são elas:

- Toda empresa já viveu ou viverá uma crise com a Opinião Pública.

- Crises Empresariais Internas e Crises Empresariais com a Opinião Pública são coisas diferentes. A forma de gerenciá-las e as habilidades requeridas para resolvê-las não são as mesmas.

- Crises Empresariais com a Opinião Pública causam enormes prejuízos para a Sociedade. Perdem acionistas, perdem empregados, perdem fornecedores, perdem clientes e consumidores, perde o governo. Para a empresa, pode custar a destruição de uma preciosa marca ou até mesmo a existência da organização.

- Novas demandas sociais, o surgimento de novos atores, a democratização do acesso à informação são indicadores de que conflitos entre Empresa e Opinião Pública vão aumentar.

- Há muitos preconceitos na Opinião Pública com relação a Empresas e Empresários. Esses preconceitos influem na qualidade, extensão e profundidade das crises e dos conflitos.

- Certas ambiências favorecem o surgimento de Crises Empresariais com a Opinião Pública.

- Toda empresa tem vulnerabilidades. Noventa por cento dessas vulnerabilidades – que vão detonar crises no futuro – estão hoje em processo de amadurecimento dentro das organizações. Desses 90%, 50% são situações do conhecimento do corpo gerencial. Dos outros 50%, 40% dos gatilhos podem ser descobertos através de processos investigativos.

- Crises Empresariais com a Opinião Pública são evitáveis e administráveis. A disciplina "Gerência de Crises" é um novo ramo da "Ciência da Administração Empresarial" e um dos temas que estudiosos mais têm pesquisado ultimamente.

- É importante preparar a empresa subjetiva e objetivamente para uma Crise com a Opinião Pública. O que se gasta na preparação de uma empresa para esse tipo de crise é infinitamente menor do que os gastos decorrentes de uma crise para a qual a organização não estava preparada.

É isto aí. Se me esqueci de alguma das mensagens, fique à vontade, anote aí nessa própria página. Isto é, se o livro for seu.

Espero que tenha curtido este trabalho e que ele lhe venha a ser útil qualquer que seja a sua atividade. Até pra você, caro leitor, que estava acamado no início da leitura. Espero que já esteja de pé, firme e forte. Desculpe perguntar: era dengue?

Mande-me notícias. Diga o que gostou e – mais importante ainda – o que não gostou neste trabalho. A boa comunicação – você sabe – depende desse eterno leva-e-traz.

Você me acha no www.imagemempresarial.com.

Até lá.

Roberto de Castro Neves

NOTAS

(1) Foreign Corrupt Practices Act of 1977 – Total Contigency Planning for Disasters – K. Myers pág. 5.

(2) Miguel Reale Junior, na matéria "Empresários temem o direito Penal", Valor, 22/03/02

(3) Caso Valdez: Crisis Response – Gottschalk, J. págs. 185/213; Crisis Communications – Dougherty.D. págs. 89/92; Crisis in Organizations – Barton, L. ; Public Relations – Strategies and Tactics – Wilcox, Ault. Agee; The Practice of Public Relations – Seitel, F. págs. 66/69; Corporate Self-Defense – Albrecht. S. págs. 64/67 ; Risk Issues & Crises Management – Regester e Larkin; Ética Empresarial – Ferrell, e outras inúmeras publicações.

(4) Caso Tylenol: The Practice of Public Relations - Seitel,F. 458/463; Crisis in Organization – Barton L. ; Corporate Self-Defense – Albrecht S. pág. 150; Public Relations – Strategies and Tatics - Wilcox págs. 185/187; Risk Issues & Crises Management – Regester e Larkin págs. 123/125; Crisis Management – Mitroff.I; Crisis Communications – Dougherty.D; e outras inúmeras publicações.

(5) Caso Hill & Knowton: The Practice of Public Relations - Seitel. F. págs. 323/324 ; Public Relations – Strategies and Tatics – Wilcox pág. 73/77; Imagem Empresarial – R.C.Neves págs. 388/389.

(6) Caso Continental Airlines - Crisis Response – Gottschalk, J. pág. 47/59.

(7) Caso GM: The Practice of Public Relations – Seitel F. págs. 434/440; Public Relations – Strategies and Tatics – Wilcox.

(8) Caso Drexel: Crisis Response – Gottschalk, J. págs. 3/16.

(9) Caso ATT – Network Breakdown: Crisis Response – Gottschalk J. págs. 17/31.

(10) Caso Enron: Site www.imagemempresarial.com ; e inúmeras publicações.

(11) Caso Hipotético: desenvolvido a partir de um caso fictício construído em The Crisis Counselor – Caponigro J. pág. 169.

(12) Pesquisa citada em várias publicações atribuída a Steven Fink.

(13) Caso Panam – Lockerbie : Crisis Response – Gottschalk J. págs. 253/262; e inúmeras publicações.

(14) Harwood L. Childs – Relações Públicas, Propaganda e Opinião Pública. 2ed FGV, 1967.

(15) Caso Union Carbide: Crisis Response – Gottschalk J. págs. 365/382; Crisis Communications – Dougherty, D. págs. 109/110; Risk Issues & Crisis Management - Regester; e inúmeras publicações.

(16) Extraído de "Em Crise com a Opinião Pública" – Susskind e Field – pág. 27.

(17) Citado na mesma obra acima pág. 29.

(18) Extraído da mesma obra acima pág. 49.

(19) Caso Hipotético : desenvolvido a partir de um caso fictício construído em The Crisis Counselor – Caponigro J. pág. 8.

(20) Caso Lifestyle : Crisis Response – Gottschalk, J. págs. 143/148.

(21) Caso ATT – Monkeygate : The Practice of Public Relations – Seitel, F. págs. 344 a 346 ; Imagem Empresarial – R.C. Neves págs. 386/388.

(22) Caso Mobil Oil : Crisis Response – Gottschalk, J. págs. 33/45; The Practice of Public Relations – Seitel, F. pág. 276.

(23) Caso 3M : Public Relations Handbook – Dartnell págs. 856/857; Imagem Empresarial – R.C. Neves págs. 385/386.

(24) Caso Barbie : The Practice of Public Relations – Seitel, F. pág. 57; www.imagemempresarial.com.

(25 Caso Amex/Safra : The Practices of Public Relations - Seitel 138/139; JB 6/11/01.

(26 Caso Schering : *Veja* 26/8/99; *O Globo* 30/6/98 e 3/8/00; *JB* 1/7/98; *Estadão* 2/8/00; e inúmeras matérias publicadas.

(27 Caso Mitsubishi : Diversas publicações em jornais e revistas.

(28) Caso Escola Base: "Caso Escola Base – Os Abusos da Imprensa" – Alex Ribeiro.

(29) Caso Hipotético : desenvolvido a partir de um caso fictício construído em The Crisis Counsellor – Caponigro, J. pág. 194.

(30) Caso Chiquita : Artigo de L. Zuckerman publicado no *New York Times* e reproduzido no *Estadão* em 5/7/98.

(31) Caso Nasa – Challenger : Crisis Response – Gottschalk, J. págs. 383/389 ; Risk Issues and Crisis Management – Regester.M págs 118/119; Crisis Management – Mitroff, I.; The Practice of Public Relations – Seitel, F. pág. 451.

(32) Citado em Crisis Communication – Dougherty, D. pág. 138.

(33) Caso TAM – Fokker 100 : Inúmeras reportagens e artigos em jornais e revistas.

(34) Caso Kraft Foods – Trakinas : da reportagem "Lições de uma crise", de Joaquim Castanheira", publicada em *Istoé Dinheiro*/241 – de 17/04/02.

(35) Caso Three Mile Island : Crisis Response – Gottschalk, J. págs. 107/121; Crisis in Organization – Barton, L. págs. 38/39.

(36) Citado em Crisis Communications – Dougherty, D. pág. 72.

(37) Caso Pepsi – Seringas : The Practice of Public Relations –Seitel, F. págs. 15 a 21; Public Relations – Strategies and Tatics - Wilcox , D. pág. 187 ; Corporate Self-Defense – Albrecht, S. págs. 42/46.

(38) Caso Coca-Cola – Europa : Vários jornais e revistas nacionais e internacionais que cobriram o caso.

(39) Caso Procter & Gamble : Public Relations Strategies and Tatics - Wilcox, D. pág. 523 ; Crisis in Organization – Barton, L. pág. 97; Corporate Self-defeense – Albrecht, S. pág. 55/57; Imagem Empresarial – R.C.Neves págs. 151/152; site www.imagemempresarial.com.

(40) Citado em Risk Issues and Crises Management – Regester pág. 27.

(41) Caso Ashland Oil : Crisis Communication – Dougherty, D. pág. 94.

(42) Caso Wal-Mart : The Practice of Public Relations – Seitel, F. pág. 367/369; *New York Times* – artigo de Steven Greenhouse publicado no *Jornal do Brasil* em 26/6/02.

BIBLIOGRAFIA

Albrecht, Steve. *Crisis Management for Corporate Self-Defense* – Amacon – 1996.

Barton, Laurence. *Crisis in Organizations: Managing and Communicating in the Heat of Chaos* – South-Western Publishing Co. – 1993.

Caponigro, Jeffrey R. *The Crisis Counselor* – Baker Business Books Inc. – 1998.

Castro Neves, Roberto. *Comunicação Empresarial Integrada* – Mauad – 2ª edição – 2002.

Castro Neves, Roberto. *Imagem Empresarial – Como as Organizações [e as pessoas] podem proteger e tirar partido do seu maior patrimônio* – Mauad – 2ª edição – 2000.

Darrow, R.W.; Forrestal, D.J. *The Dartnell Public Relations Handbook* – 1979.

Dougherty, Devon. *Crisis Communications* – Walker and Company – 1992.

Fallows, James. *Breaking News: How the Media Undermine American Democracy* – Vintage Books – 1996.

Ferrell, O.C.; Fraedrich, J.; Ferrell, Linda. *Ética Empresarial* – Reichman & Affonso Editores – 4ª Edição – 2000.

Howard, Philip K. *The Death of Common Sense* – Warner Books – 1996.

Góes, Joaci. *A Inveja Nossa de Cada Dia: Como lidar com ela* – Topbrooks/ Polifucs – 2001.

Gotschalk, Jack. *Crisis Response – Inside Stories on Managing Image under Siege* – Gale Research Inc. – 1993.

Lesly, Philip. *Lesly's Handbook of Public Relations and Communications* – Contemporary Books – 1997.

Lippmann, Walter. *Public Opinion* – Transaction Publishers – 2ª Edição – 1998.

Mahoney, William F. *Relações com Investidores* – IMF Editora – 1997.

Mitroff, Ian I.; Pearson, Christiane M. *Crisis Management: Diagnostic Guide for Improving your Organization's Crisis-Preparedness* – Jossey-Bass Publishers – 1993.

Myers, Kenneth N. *Total Contingency Planning for Disasters* – John Wiley & Sons, Inc. – 1993.

Regester, Michael; Larkin, Judy. *Risk Issues and Crisis Management* – Kogan Page – 1997.

Ribeiro, Alex. *Caso Escola Base: Os Abusos da Imprensa* – Editora Ática – 1995.

Seitel, Fraser P. *The Practice of Public Relations* – Prentice-Hall – 5ª Edição – 1995.

Sikich, Geary W. *Emergency Management Planning Handbook* – McGraw-Hill, Inc. – 1995.

Susskind, Lawrence; Field, Patrick. *Em Crise com a Opinião Pública* – Futura – 1997.

Tuckett, Kate. *The A-Z of Conspiracy Theories* – Summersdale – 1998.

Wilcox, Dennis L.; Ault, Phillip H.; Agee, Warren K. *Public Relations: Strategies and Tatics* – Longman – 6ª Edição – 1997.

CASOS ESTUDADOS

[Obs.: (1) Casos destacados no livro; (2) Casos mencionados no livro. Os demais serviram de base para estudos, mas não foram citados.]

Empresa	Caso	Ano	Tipo	Local	Obs
3M	Política	1975	Contribuição ilegal	EUA	(1)
Ache	Femina	2002	Produto sob suspeita	BRA	
Ansell	Lifestyles	1998	Produto sob suspeita	EUA	(1)
Ashland Oil	Vazamento	1998	Agressão ambiental	EUA	(1)
ATT	Pane no sistema	1990	Interrupção de serviços	EUA	(1)
ATT	Monkeygate	1993	Conflito com minorias	EUA	(1)
Banco BoaVista	Derivativos	1999	Conflito com clientes	BRA	(2)
Barings, Banco	Falência	1995	Fraude interna	ING	(2)
Bayer	Lipobay	2002	Produto sob suspeita	EUA	
BBVA	U$ 200 milhões	2000	Fraude contábil	ESP	
Benneton	Publicidade	1993	Publicidade abusiva	EUR	
BomBril	Remessa ilegal	2002	Lavagem de dinheiro	BRA	
Burger King	Publicidade	1997	Publicidade imprópria	EUA	(2)
Burger King	Recall hambúrguer	1997	Produto sob suspeita	EUA	
Carrefour	Violência forjada	2001	Lesão corporal	BRA	(2)
Chernobyl	Explosão nuclear	1986	Tragédia	Urss	
Chiquita Brands	Cincinatti Enquirer	1998	Acusação não-provada	EUA	(1)
Citibank	Racismo	2001	Conflito com minorias	EUA	
Clínica Santé	Claudia Liz	1997	Suspeita erro médico	BRA	
Coca-Cola	Envenenamento	1999	Produto sob suspeita	EUR	(1)
Continental	Concordata	1990	Conflito com acionistas	EUA	(1)
Coors Brewing	Boicote de gays	1994	Conflito com minorias	EUA	
Dow Corning	Gel de silicone	1992	Produto sob suspeita	EUA	
Drexel	Falência	1986	Fraudes diversas	EUA	(1)
Duloren	Publicidade	1997	Publidade abusiva	BRA	
Enron	Falência	2001	Fraudes diversas	EUA	(1)
Escola Base	Abuso sexual	1994	Histeria coletiva	BRA	(1)
Exxon	Valdez	1989	Agressão ambiental	USA	(1)
Ford	Pneus Firestone	2000	Produto sob suspeita	EUA	(2)
General Motors	Pick-up	1992	Produto sob suspeita	EUA	(1)
General Motors	Astra-Air bag	1994	Produto sob suspeita	EUA	
Gerber Baby Foods	Vidro no vidro	1986	Produto sob suspeita	EUA	
Gessi Lever	Xampu	2000	Produto sob suspeita	BRA	
Hill & Knowlton	Aborto	1990	Conflito interno	EUA	(1)
Hitachi	IBM	1988	Espionagem	EUA	
IBM	Racismo/holocausto	2001	Conflito com minorias	EUA	(2)
IBM Argentina	Banco de La Nation	1995	Corrupção	ARG	
IBM Brasil	Lei de Informática	1980	Nacionalismo	BRA	(1)
IBM Brasil	Caso 301	1984	Livre comércio	BRA	
IBM Brasil	Fraude	1988	Fraude interna	BRA	(1)

Empresa	Caso	Ano	Tipo	Local	Obs
Intel	Pentium	1994	Produto sob suspeita	EUA	
Johnson & Johnson	Tylenol	1982	Produto sob suspeita	EUA	(1)
Kraft Foods	Trakinas	2002	Lesão corporal	BRA	(1)
Leo Burnett	Anúncio Goodyear	1999	Conflito com minorias	Peru	
Light-Rio	ICMS	2000	Sonegação	BRA	
Light-Rio	Apagões	1998	Interrupção de serviços	BRA	
Mattel	Barbie	1992	Conflito com feministas	EUA	(1)
McDonald's	Queimadura	1992	Lesão corporal	EUA	
McDonald's	Carne de minhoca	1982	Produto sob suspeita	EUA	(2)
McDonald's	Massacre	1984	Tragédia	EUA	
Merrel Dow	Bendectin	1980	Produto sob suspeita	EUA	
Merril Lynch	Treinamento	1997	Publicidade enganosa	EUA	
Metropolitan Edison	Three Mile Island	1979	Agressão ambiental	EUA	(1)
Mitsubishi	Defeitos escondidos	2000	Violação de lei	Japão	(1)
Mobil Oil	Tanques	1973	Conflito com governo	EUA	(1)
Nasa	Challenger	1986	Tragédia	EUA	(1)
Nestlé	Chambourcy	1992	Ameaça	BRA	
Nike	Trabalho escravo	1998	Direitos Humanos	EUA	(1)
Panam	Lockerbie	1988	Queda de avião	ING	(1)
Pepsi	Seringas	1993	Produto sob suspeita	EUA	(1)
Perrier	Benzeno	1990	Produto sob suspeita	EUA	(2)
Petrobras	Vazamento no RJ	2000	Agressão ambiental	BRA	
Petrobras	Vazamento Paraná	2000	Agressão ambiental	BRA	
Petrobras	Plataforma P-36	2001	Explosão	BRA	
Philip Morris	Marlboro	1995	Produto sob suspeita	EUA	
Procter & Gamble	Pacto com o diabo	1982	Histeria coletiva	EUA	(1)
Safra	Amex	1989	Concorrência desleal	EUA	(1)
Sandoz Chemical	Vazamento	1987	Agressão ambiental	ALE	
Schering	Pílulas de farinha	1998	Produto sob suspeita	BRA	
Shell do Brasil	Paulínea	2001	Agressão ambiental	BRA	
Swatch	Publicidade	2000	Conflito com minorias	Suiça	
TAM	Fokker 100	1996	Queda de avião	BRA	(1)
Telemar-Rio	Incêndio	1999	Interrupção de serviços	BRA	(2)
Texaco	Racismo	1994	Conflito com minorias	EUA	
Union Carbide	Bhopal	1994	Tragédia	Índia	(1)
United Way	W.Aramony	1991	Fraude interna	EUA	
Wall Street	Black Monday	1987	Crack	EUA	
Wal-Mart	Trabalho escravo	1992	Direitos Humanos	EUA	(1)
Walt Disney	Política RH liberal	1996	Conflito com religiosos	EUA	(2)
WorldCom	Escândalos	2001	Fraudes diversas	EUA	

ÍNDICE REMISSIVO

Nome - Itens

Este livro, da MAUAD Editora,
foi impresso em papel ofsete 70g,
na gráfica Sermograf